集人文社科之思 刊专业学术之声

集 刊 名：中国农村教育评论
主办单位：教育部人文社会科学重点研究基地
　　　　　东北师范大学中国农村教育发展研究院
　　　　　中国教育学会农村教育分会
主　　编：邬志辉
副 主 编：李　涛
本辑执行主编：李　涛

Vol. 5 REVIEW OF CHINESE RURAL EDUCATION

第五辑

集刊序列号：PIJ-2021-434

中国集刊网：www.jikan.com.cn

集刊投约稿平台：www.iedol.cn

邬志辉／主　　编

李　涛／副主编
　　　执行主编

评论 农村教育 中国

REVIEW OF CHINESE RURAL EDUCATION

促进中国式农村教育现代化高质量发展

第五辑

Vol.5

社会科学文献出版社
SOCIAL SCIENCES ACADEMIC PRESS (CHINA)

卷首语

促进中国式农村教育现代化高质量发展

在全面推进乡村振兴战略、实现共同富裕目标的引领下，中国踏上了实现第二个百年奋斗目标的新征程。近年来，中国农村教育取得了令人瞩目的成就：在多项现代化发展指标上进步明显、财政性教育经费持续向农村教育重点倾斜、农村教育师资队伍水平不断提升、农村学生拥有出彩人生的机会更加丰富……在以中国式现代化全面推进中华民族伟大复兴的道路上，农村教育发挥了至关重要的战略作用。

习近平总书记强调："全面建设社会主义现代化国家，最艰巨最繁重的任务仍然在农村。"受制于历史因素，农村教育依然是中国教育体系中最薄弱的环节，城乡教育差距依然存在，实现农村教育高质量发展的目标任务依然艰巨。农村教育是农村社会重要的公共产品，未来中国将持续探索符合本土实际的中国式农村教育现代化发展道路，这条发展道路因前无古人而充满无限可能。本集刊自创刊以来，始终聚焦农村教育理论前沿，探索农村教育田野实践，努力寻找行之有效的中国农村教育改革之路。本辑所精心遴选的论文，俱为中外研究者切实关注现实前沿问题，凸显理论联系实践、行知合一的学术研究成果。

本集刊第一部分主题为"乡村学校与课堂教学"，该部分所遴选的文章，从乡村学校发展的中观视角和课堂教学图景的微观视角出发，探讨了当前我国乡村学校与课堂教学在发展和改革的道路上面临的困境及突围，既有当前我国乡村学校创新发展的优秀经验，又有对乡村课堂教学方式"教书"与"育人"断裂现象的反思，还有对脱贫地区乡村小规模学校价值与意义的再思考。第一篇文章深刻剖析了当前我国乡村学校面临生源及教师大量流失、教学质量难以提升的现实困境，以国内典型的乡村学校建设为案例，详细介绍了中国乡土大地深处的乡村学校如何发挥主观能动性提升教育质量、弘扬乡土文化，不仅为乡村教育开辟出一条新路，而且提供了可复制的、低成本的本土经验，对促进乡村学校发展、推动教育公平具有重要启示。第二篇文章通过对村小和县域课堂教学图景的描绘与剖析，描述了学生在一个个由课堂时间构成的学校生活中，如何经历乡村学校教育的课程教材、教学方法与在家庭、日常实际生活中习得的知识割裂的现象，从而对乡村教育知识传递与行为规训展开批判性反思，重新思考如何将"全面育人"理念贯穿于乡村课堂教学中。第三篇文章以脱贫地区乡村小规模学校为切入点，通过对"三区三州"典型地区的调查，提出当前脱贫地区乡村小规模学校仍面临学校空间可达性较低、教育资源配置水平不高、教育过程质量和结果质量均有待提升等困境，充分挖掘了乡村小规模学校的重要价值及质量问题，并从教育资源有效供给、课程与教学改革、办学模式、评估督导方式创新以及多元主体协同等方面提出切实可行的政策建议。

第二部分主题为"县域乡村教师研究"，该部分通过定量和定性的研究方法，聚焦乡村教师专业成长与职业发展，以期通过学理解释和实践探索回应当前乡村教师在发展过程中面临的现实问题。第一篇文章聚焦乡村教师流动现象，以空间理论为基础，用口述史的方法重现从新中国成立到市场经济体制建立这一时期乡村教师的空间位移。通过再现其空间流动历程，作者发现乡村教师在乡村中处于高位，外化于乡土本色、精英气质、关系在地。该文进一步指出，内部与外部、结构与行动之间的相互作用，构成了这一时期乡村教师向乡流动的样态。在第二篇文章中，作者通过对县域乡村名师工作室问题的研究，探讨了乡村教师的专业发展与职业生态。通过县域乡村名师工作室文化构建的个案研究，作者深度剖析了当下县域乡村名师工作室面临的动机功利化、资源同质化、合作被动的现实困境，通过"日常关系与专业关系"解释框架分析了名师工作室中"日常关系的秩序"和"专业关系的秩序"相互交缠的状态，尝试为名师工作室文化构建提供多种可能，即建立以多元、平等、反思、赋权为主的超脱日常关系的专业成长空间。第三篇文章以乡村青年教师群体为研究对象，选取东、中、西三个地区 18 省 35 县 7606 名乡村小学青年教师展开具体研究，以社会生态系统理论为理论视角，探讨了社会生态视域下宏观－社会地位、中观－学校组织情境和微观－职业心理状态对乡村小学青年教师工作满意度的影响。第四篇文章利用中国教育追踪调查（CEPS）2013~2015 学年数据，基于教育生产函数理论模型，分析初中教师职业满意度和学生学业成就之间的关系。研究发现，教师职业满意度中物质回报满意度和教学满意度对学生成绩产生积极影响，教学满意度对学生新事物学习能力和身体健康水平有正向影响；非教学满意度正向影响学生自我规制能力；物质回报满意度正向影响学生遇事判断能力。交互模型结果显示，教师职业满意度仅对学生成绩的影响存在异质性，在非认知能力和身心健康方面不存在差异。

第三部分主题为"寄宿生活与营养健康"，两篇文章都紧密围绕农村学生展开研究，通过对农村寄宿生的学校与家庭生活样态和特征展开田野调查、对十年来我国农村义务教育学生营养改善计划展开反思，探讨了促进农村学生高质量发展的本土经验，并提出具体改进建议。在第一篇文章中，作者基于对农村寄宿制学校学生的田野观察，提出农村寄宿制学校解决了学生上学远的困难，保证农村适龄儿童、少年完成义务教育，但仍存在基础设施简陋、学校管理欠缺、相关人员配备不足等问题。在应试教育影响下，学校生活被无限延长、学生的课余时间被压缩、亲子互动受影响，造成学生家校生活割裂、情感教育缺失。作者结合陶行知的生活教育理论，提出通过拓宽教育教学阵地、家校社协同育人、教学做合一等方式促进农村寄宿生全面发展。第二篇文章回顾了过去十年我国农村义务教育学生营养改善计划的发展历程。一方面，欠发达地区农村学生营养健康状况得到了明显改善；另一方面，我国农村义务教育学生营养改善计划存在许多矛盾，如配套经费负担重与地方政府主体责任落实不到位、制定膳食补助标准本身的复杂性与现行膳食补助标准不成熟、政府任务繁重与社会力量角色缺位、供餐各环节亟待法律规范与立法条件不成熟等。基于此，作者建议应尽快建立激励相容的经费分担机制，形成定期调整的膳食补助标准调节机制，积极探索以村（社区）为单位的学生营养餐应急供应体系，打造国家主导和民间参与并重的学生营养餐供给体系，加快推动营养餐法进入立法议程，以形成适应高质量教育体系的营养餐体系。

第四部分为"学者访谈"，多伦多大学社会学系熊秉纯教授对中央民族大学滕星教授展开访谈。滕星教授以"走入民族教育的心路历程""民族教育的实践""校本教材开发""乡土教材的收藏"为主线，系统介绍了自己如何走进人类学、民族学和教育学，如何开展对我国本土教育人类学理论研究与话语体系的建构工作。滕星教授的研究促进了本土经验与国际理论展开对话，将人类学、民族学、教育学等学科有机融合，不断探索本土化理论生成之路。

第五部分为"会议综述"，聚焦中国社会学会 2022 年学术年会"共同富裕、乡村振兴与教育发展"论坛。本次论坛由教育部人文社会科学重点研究基地东北师范大学中国农村教育发展研究院和东北师范大学乡村振兴研究院牵头，联合中国社会科学院中国教育发展智库、西南大学教育政策研究所、《探索与争鸣》编辑部、《中国农村教育评论》编辑部、《华东师范大学学报》（教育科学版）编辑部、《东北师大学报》（哲学社会科学版）编辑部等多家单位共同主办。论坛紧密围绕"共同富裕、乡村振兴与教育发展"中心议题，共设立七个子议题，分别是"共同富裕、乡村振兴与教育理论""共同富裕、乡村振兴与学生发展""共同富裕、乡村振兴与教师发展""共同富裕、乡村振兴与学校发展""'双减'、课后服务与教育流动""教育促进发展的经验反思：国际经验和本土案例""教育阻断贫困代际传递：女性、青年与寒门博士"，为进一步深入研究与实践提供了学理支持。

近年来，中国农村教育事业不断取得新突破，涌现出一批富有代表性的学术研究成果和典型实践案例，给中国式农村教育现代化发展带来更多新的源于本土的可能性。本集刊将始终立足中国农村教育的广阔田野，始终不忘办刊初心与使命，进一步创新农村教育理论，改善农村教育实践，服务国家重大决策，不断探寻中国农村教育发展之路！

《中国农村教育评论》副主编、本辑执行主编

二〇二三年三月二十二日于长春

目　录

乡村学校与课堂教学

县域乡村教师研究

寄宿生活与营养健康

学者访谈

会议综述

当前我国乡村学校的创新实践与展望

韩嘉玲[*]

摘　要： 农村小规模学校满足了农村后 20% 没有能力进城上学的弱势家庭的教育需求，由于小规模学校过于分散和偏僻，小规模学校的改造和提升非常困难。本文选取了十个学校作为案例，尝试从不同的维度来看待这些学校的有意思的探索，如微校共同体、村校共建、乡土教学、跨年级教学或混龄教学、复式教学、田园课程、教师发展多元评价、全纳教育。本文通过分析十个鲜活而生动的学校案例来展现中国农村小规模学校的样貌，它们如何因地制宜地提升学校的教学质量，面对困境如何实现"小而美""小而优"的学校。

关键词： 小规模学校；乡村教育；乡土教学；共同体

从新中国成立到 20 世纪 90 年代，我国逐步形成了以"就近入学"为特征的义务教育规划布局。21 世纪以来，随着出生率下降、城市化以及撤点并校等政策的实施，我国乡村教育逐渐告别了一村一校的传统格局，转变成当前的"城挤""乡宿""村弱"的局面。2001 年以来，我国义务教育实行"地方政府负责、分级管理、以县为主"的管理体制，进一步加剧

　　* 　韩嘉玲，暨南大学经济与社会研究院讲座教授，北京社会科学院社会学所研究员，主要研究方向为农村发展、人口迁徙、农村教育、社会发展等。

了教育资源的城乡倒挂、经费不足与资源分配的错位问题，并面临生源及教师大量流失、教学质量难以提升等问题，乡村学校的生存和发展举步维艰。如何在困境之中求得生存与发展，是摆在所有乡村学校面前的难题。

在中国乡土大地深处，仍然有一些乡村学校凭借自身和外部的努力，走出了一条属于自己的特色发展之路。这些学校最大限度地发挥了自己的主观能动性，它们在提升教育质量、弘扬乡土文化、推动教育公平等方面做出的努力为乡村教育开辟出一条新路，提供了可复制的本土经验。本文希望通过对国内典型的乡村学校建设案例的经验总结，探索中国乡村教育的未来发展路径，为促进乡村学校发展、推动教育公平提供有益的启示。

一 构建乡村学校发展的共同体

针对学校的弱势地位，乡村学校通过共同体的建设，团结一切可以团结的力量，利用好每一种可能利用的资源，通过学校之间、教师之间、师生之间、生生之间、学校与村寨/社区之间形成的紧密联系，发挥学生、教师、家长、村民、村寨/社区的主体性，使之积极参与学校教育。

（一）"孤岛"变"群岛"，区域学校共同体的形成

单独一所乡村学校"校"微言轻，无论是争取社会资源，还是面对地方教育主管部门都容易被忽视。为了更好地为乡村学校争取资源，促进共同发展，一些地方开始进行区域学校共同体的建设，乡村学校联盟是其中的表现形式之一。

2014年12月19日成立的利州区微型学校发展联盟是全国最早成立的区域乡村学校联盟。这个由14所学校自主组成的微校联盟与当前流行的集团化办学"强校带弱校"的做法是不同的。14所联盟的学校成员间平等互助，通过理事会共同探讨乡村小校的出路，大家发挥各自优势，取长补短，互相学习。针对联盟内部学校出现的困难和问题，成员学校一起动脑筋合力解决。例如，为解决学校共同面临的最迫切的艺体教师长期不足的问题，

联盟在现有教师中遴选一批教师，通过短期培训让他们成为兼职艺体教师，通过线上学习平台分享联盟内的课程资源。联盟成立的主要优势在于，一方面，社会力量更愿意和一个拥有 14 所学校的联盟合作而非同单独一所学校合作；另一方面，通过联盟，地方政府、教育局也会给予乡村学校更多人力、经费、制度等方面的支持。

（二）形成紧密的师生关系

紧密的师生关系应该是乡村学校最大的特点。学生少是微校、小校的劣势，但同时也是优势——由于人少，校园内师生都相互熟悉。校长、老师们都认识全校的学生并能直接叫出学生的名字，其实就是这样看似简单的小事让师生的关系变得紧密。范家小学的孩子们会直接扑到老师的怀里，梁家川村小学的老师和学生一起跳皮筋、捉迷藏，烧灰坝小学的师生穿着民族服装一起跳民族舞。这些小学的师生一起玩耍打成一片的场景，让我们感受到他们的关系紧密而融洽。紧密的师生关系让学生在校园及课堂中很有安全感，感受到被看见、被聆听、被认可和被尊重，这些都会促使学生热爱学习、主动参与学习并积极应对在学习过程中遇到的挑战。

（三）同学之间团结友爱

大孩子欺负小孩子是当前普遍困扰中小学领导和老师的问题，而在创新型的乡村学校中，同学之间完全是另外一番景象。放学时，同一个村子的大哥哥、大姐姐们带着同村的弟弟妹妹们，沿着公路或跋山涉水回家，他们大带小的场景令人动容。大孩子带小孩子一直是乡村教育的特点。在梁家川村小学的校园里，经常可以看到高年级学生帮助照顾低年级学生。西侯中心校中下肢无法行动的小笛，上厕所不便，同学轮流背他五年；学习成绩好的小笛也通过帮助同学解答题目来感谢大家。这一个个动人的故事让我们看到乡村学校的小而美所在。这些乡村学校通过共同生活、合作学习形成的团结友爱的氛围，与当前的校园霸凌现象形成反差，也为我们解决霸凌问题提供了思路。

（四）加大对教师的培养力度，建立互帮、互助、互学的教师关系

乡村学校面临教师"下不去、留不住、教不好"的困境。如何凝聚教师力量、增加他们对学校的认同感，让他们融入进来，让他们把学校当成家园，而不是把自己当成乡村学校的过客？如何让在乡村任教的教师也能得到专业发展，从根本上解决"下不去、留不住、教不好"的现实问题？为此，一些乡村学校开展了有益的尝试。

1. 构建"传帮带"的教师成长模式

为了解决乡村学校教师经验不足并缺乏培训机会的实际问题，针对缺乏教学经验的年轻老师，梁家川村小学与西侯中心校让有丰富经验的老教师带他们，通过听课、评课、磨课等方式，提升新教师的教学能力。

2. 建立合作无间的教师团队

为了解决村小教师教学能力不足的问题，梁家川村小学及西侯中心校通过校内教研、教育专业论坛、教师专业发展评价等活动，引领教师团队的专业成长。梁家川村小学的老师们形成了共享教学经验的机制，无论哪位老师参加教学比赛，其他老师都会帮助参赛老师设计、修改方案。教师共享教学经验，彼此相互学习、共同进步，建立了一个平等、友善、沟通能力强的教学团队。同时，学校每周二组织业务论坛，要求全校所有老师参加，大家共同探讨新课程、新理念、新技能，以充分促进教师专业化成长。

3. 充分发挥老教师的帮带作用

长期以来，乡村学校教师年龄一直存在两极分化的问题。老教师不会上网、不会熟练使用电脑，无法承担英语、音乐、体育、美术等教学任务，被认为跟不上时代，因此往往被差遣负责食堂及后勤工作，多年积累的教学经验完全被否定。在不受重视的情况下，他们逐渐得过且过，而这又会导致他们更加边缘化。

在梁家川村小学及西侯中心校我们看到了不一样的情景。首先，老一代教师对乡村教育的坚守和奉献包容的精神，激发了"90后"教师对教育传承的热情，促使教师们在教育教学和学校管理岗位上不断创新。其次，西侯中心校重视老教师数十年的教学经验，激发他们的荣誉感，让他们展现自己的实力，使老教师也能发光发热。这让年轻教师从心里敬重老教师，从而使得教师团队合作更紧密。最后，老教师多半住在学校附近村寨，因此更熟悉所在的村寨及家长，可以帮助新教师更好地认识村寨、了解地方民风民俗，尽快融入学校所在乡村的生活。此外，老教师还扮演了大家长的角色。他们把家里的新鲜蔬菜及自制的菜肴送给住校的年轻教师，邀请他们到家里做客、参与村寨的民俗活动。这种朴素的人情味让背井离乡到乡村教学的年轻教师感受到乡村的温度。很多教师也逐渐将学校所在的村庄当成自己的"第二故乡"。这也是远离县城的一些乡村学校能"留得住"新教师的重要因素之一。

4. 激发本地教师守望乡土的热情

相较而言，本土教师更有守望乡土和建设家乡的热情和信心，因此，培养本土教师是解决乡村教师"留不住"的最好途径。达祖小学曾经面临没有师资力量、只能依靠志愿者接力棒式流动教学的困境，为了改变这种情况，捐赠达祖小学的达祖公益平台开始资助当地的高中生上学，他们完成学业后都回到达祖小学任教。目前，学校十名本地教师中的四名教师是当年受资助的学生，极大地增加了本地教师的力量。

总之，通过"传帮带"以及教师团队的密切合作，年轻教师的教学能力得到了迅速提升。此外，学校注重充分发扬老教师宝刀不老、坚守教育的精神及本地教师守望乡土的热情和改善本地教育质量的信念，这些都为"留得住"教师起到了积极作用。

二　回归教育的本质：关注每个儿童的发展

由于当前村小及教学点学生少，教师对学生更为了解，也让教师可以按照教育的规律，认真发现与思考学生的特点，回归教育的本质开展教育教学活动，这反而使乡村学校将其在应试教育中的劣势转换成优势。乡村学校的相关改革和创新探索主要表现在实施多元评价激励机制、开展差异性教学、创新教学组织形式以及关注学困生和特殊儿童等方面。

（一）实施多元评价激励机制

城市化倾向的教育评价注重学生在分数和各种学习能力上的竞争，而在"小而弱"的乡村学校，仅用学习成绩进行评价会使学生和学校陷入垫底及追赶的困境和压力之中。为了改变这种被动局面，部分乡村学校改变了单一的学生评价体系，注重学生学业以外的能力培养，走出了一条属于乡村学校的特色发展之路。例如，大均乡中心校从帮助学生提升自信开始，改变了过去单一的学生评价体系，建立了"七彩葫芦娃"评价体系，确立了"诚信、文明、好学、进步、合作、环保、多才多艺"七个奖励维度，让学生可以在多元评价体系中发现自己擅长的方面。范家小学尝试用"八美少年"（阅读、运动、勤学、勤劳、友善、阳光、文明、诚信）的多元评价来鼓励学生个性化成长。学校老师根据学生自己设定的目标，为学生们提供更有针对性的支持和帮助。这样的多元评价体系让每个儿童都能在学校找到自己的价值感、自信心和成就感，对学习产生兴趣，并发现自己擅长的方面，不断完善自我。

（二）开展差异性教学

乡村学校学生少，老师对每个学生的学习进度、个性、特点都非常熟悉，因此有条件基于学生的个体差异开展差异性教学。浙江省景宁县从2006年就开展了对小班教学的探索，就是要挖掘小班的优势。大均乡中心校开展差异性教学时，要求教师洞察与尊重每个学生之间的差异，并促成他们富有内涵地相互学习。在这个过程中，教师需要改变教学速度、教学内容或教学类型，以适应学习者的学习风格和兴趣。课堂上，教师要针对不同学生的特点，采取灵活的教学方案，或开展集体教学，或组织小组学习；根据不同的主题、内容、条件，或开展同质性小组或异质性小组学习，或开展自主学习。这些乡村学校能够最大限度地利用"少"的优势，通过关注学生的个体差异，真正践行有教无类的教育理念。

（三）创新教学组织形式

由于乡村学校班额小、师资少，学校围绕教学组织形式进行了一系列改革与探索，以整合教育资源，提高现有资源的有效利用率，充分实现现有资源的价值。它突出表现为两种创新的教学组织形式：一是复兴与改革复式教学，探索在微校开展更为灵活的跨年级教学形式；二是尝试开展网络教学，通过现代技术加强与其他乡村学校、城镇学校的课堂交流及对教育资源进行共享。

1. 改革复式教学，开展跨年级教学

草窝小学改良了传统的复式教学机制，通过创新的"同动同静"式教学方式，促进不同年级学生之间和师生之间的互动，提高了学生的自主学习能力和合作能力。仁和小学根据学生能力重新编班，打破年级界限进行差异化授课。在跨年级的教学探索中，学生的个性差异因教学形式的变革而受到老师的关注，老师也因为应对差异化学生的需要实现了教学组织能力的提升。

2. 探索网络课堂模式

范家小学通过科研机构搭建的线上教育平台，为学生们提供了多种多样的网络直播课程。一方面，教师接触新的理念和方法能够激发他们的教学热情；另一方面，学生通过网络课程了解了不同地域学生的学习课程，接触了更多新鲜的知识。师生们通过网络，实现了知识技能和精神面貌的提升。

（四）关注学困生和特殊儿童

乡村的弱势地位决定了留下来的学生通常是"走不了"的学生，其家庭的社会经济地位较低，其学习成绩也比较差。面对这些学生，部分乡村学校并未轻易放弃任何一个学龄儿童，身体力行地践行着教育公平的理念。

例如，大均乡中心校的学困生小许，上课不能集中注意力，还经常违反纪律，是个令人头疼的学生。老师发现他有音乐天赋后，通过吹葫芦丝让其建立自信，这反过来又促进了他成绩的进步。在乡村学校，像小许这样的学困生有很多，但是他们的老师不是放弃他们，而是改变心态，做好陪着"蜗牛"去散步的准备，绞尽脑汁地寻找适合他们发展的对策，通过一次又一次的尝试，逐渐摸索出激励他们进步的有效策略。

西侯中心校接收了肢体残障的小笛入学，五年间他靠着老师和同学轮流背完成了学业，毕业后实现了自力更生。智力障碍的小亚在 10 岁入校时基本生活还不能自理，到毕业时能独自走路，独立进食，穿着干净整洁，能控制住自己的情绪、表达自己的感情，能写自己的名字。乡村学校学生少，教师熟悉每个学生的学习进度、个性、特点，因此有条件基于学生的个体差异开展差异性教学。虽然学生少，但是这些乡村学校能够最大限度地利用"少"的优势，通过关注学生的个体差异，真正践行了有教无类的教育理念。

三 乡村社区与乡土资源引入

乡村学校如何根植于乡村，如何在教育中传承地方乡土文化特色，是许多学校正在思考和面临的问题。可以肯定的是，乡村学校不仅是年青一代获得知识的场所，还是联结家庭和村落的重要力量，更联结着村庄的过去和未来。创新型的乡村学校通过家访、主动参与社区活动、开放场地和共享资源、充分鼓励家长参与并利用家长资源回归乡土，通过开发和使用乡土化、生活化、本土化的教育内容等方式实施开放办学，实现了与社区的融合。

（一）开放办学：村校共建

要办好乡村学校，需要学校秉承开放办学的理念，主动保持和村庄及家长之间的密切联系。具体落实方式包括以下三个方面。

1. 重视和加强家访

家访是我国乡村教育工作的宝贵经验，梁家川村小学、西侯中心校及范家小学的教师们继承了这种传统、朴素的教育工作方式，并在这个基础上通过现代技术进一步加强与家长的沟通和联系。由于梁家川村小学、西侯中心校离县城很远，教师一般周末也留在学校。他们往往利用周末时间，走进学生家中，真实地了解学生的家庭生活环境。学生所处的家庭环境到底怎样，不是依靠电话、互联网就可以了解的，只有通过家访深入学生真实的生活，教师才能体会到留在村小儿童的"别样童年"。

2. 积极参与社区活动

学校师生积极参与社区举办的各项活动，为所在村庄的活动注入青春活力。仁和小学学生在参与社区活动中发挥创意，设计推广当地稻米的商标及稻米营销影片、走入幼儿园带领小弟弟小妹妹参加课外活动，深受社会大众的欢迎。这不仅为所在乡村注入了年轻的力量，而且向当地社区展现了学校教育的成果以及服务社区的精神面貌。

3. 开放场地和共享资源

作为村庄里传播与继承文化的中心，学校特别是村小，不仅是学生学习课本知识的地方，而且是乡村社区所有人学习的场所。例如，达祖小学白天学生上课、晚上开设扫盲班，周六日开设辅导班和技能教育班，并且建造了达祖小学森林农场，为村民提供生态农业示范。仁和小学在学生放学后开放校园，让社区民众有运动场地，并提供多功能教室为村民举办大会等，同时把学校场地提供给附近幼儿园的儿童，让他们可以在宽敞的校园开展活动。

（二）融合社区和家长资源

一些创新型学校通过让家长、村民参与，加强了社区内人力和物力的有效利用，促进了家校合作，同时整合了社区内家长的智力资源，让学校能开发新的课程内容。

1. 人力和物力的支持

建造达祖小学时，经过村民大会讨论决定，全村每户人家不但要出工出力，还要捐出两根木头、两方石料。在学校建造过程中，村民们每天都来学校干活，甚至除夕夜大家都在搭建校舍中度过，因为这是大家共同的学校。仁和小学的家长会协助学校争取更多的学习资源，通过家长们的努力，学校获得了企业捐赠的全新课桌椅，并发动社区家长合力组装完成，为学生提供了良好的学习环境。此外，家长会协助学校联系企业，让学生参与光学未来营活动及参观科学园区，让乡村的学生也有机会学习高科技。仁和小学邻近快速道路与高速公路交流道，周遭车辆来往频繁。为了避免学生上下学发生交通事故，爱心妈妈每天都在路口协助指挥交通，分担学校教师的工作压力。

2. 作为课程资源的家长参与

黎族家长的种植技术和范家小学家长生活中的美食——火锅，都成为学校乡土课程的内容；达祖小学将纳西族先民的东巴文字及在泸沽湖使用的传统生产工具猪槽船，发展为课程内容，这使传统文字及技艺通过特色课堂而有机会传承下去。

（三）乡土化、生活化、本土化的教育内容

乡村学校必须回归生活、回归乡土去找寻他们唾手可得的资源，这些他们熟悉的、日常生活能接触到的资源，会让老师的教学更加得心应手。这些乡土化、生活化、本土化的乡土课程联结着学生与土地，帮助学生了解乡土知识与文化，不仅让学校的学习内容不再局限于教材，还以大自然中的天地万物为教材，让学习走出"课堂只在教室发生"的传统设定，使学习空间从校内走向校外，将广阔的天地变成课堂。更重要的是，学生通过走出学校来理解真实的世界。这些与真实生活、大自然相结合的课程，培养了学生发展自我、提升素养与能力、与他人协作、爱乡爱土的感情，促进了学生对民族文化的传承。

1. 养成教育始于日常生活

儿童教育从日常生活开始，从认识、熟悉和适应新环境中与日常生活息息相关的方面开始，才能使儿童迅速融入校园的学习与生活。范家小学的教育理念就是从日常生活的小事开始着手。作为寄宿制学校，一年级的乡土课程就是认识自己的学校，包括哪里是食堂，哪里是宿舍，灭火器如何使用，上下楼梯应该注意什么。寄宿生们还要面临个人卫生、穿衣服、叠被子等生活习惯的培养。暑假来临前，梁家川村小学将乡村学生可能发生的溺水问题让学生和家长共同探讨，增强了学生的安全意识。学生日常生活能力的提高能有效改善他们的生活质量，也为日后他们的独立生活打下坚实基础。对于学生来说，包含基本生存技能的生活教育是弥足珍贵的。对于有特殊需求的儿童来说，学校的教育让他们学会了基本的日常生活技能。这些日常生活能力提高了他们的生活质量，也是他们面对未来生活的基础。基本生存技能及生活教育是教育的重要内涵。

2. 通过地方文化教育强化乡土文化认同

一些学校通过乡土文化建立与儿童生活的联系，以身边既熟悉又陌生的经验来感受真实的民族和村落的历史、文化，使学生从学校中获得的知识和学习可以同真实的世界联系起来，并由此产生热爱乡土的自豪感和建设家乡的愿望。例如，杉木坪小学原本破旧、缺乏生机的校园与学生没有任何关系及情感联结，甚至遭到学生的故意破坏。学校的老教师蒋勃反思：为什么学生对家乡、对学校没有感情，"那一定是因为学校里的东西和他们的生活没什么联系"。基于此，杉木坪小学通过建立文化展示墙，向同学们展示了当地有影响力的人物故事和文化特色。同时，文化陈列室中陈列了学生最熟悉的农用工具，陈列室成为他们了解祖辈以及乡土文化的重要窗口。建校时达祖小学的建筑风格就特意与村落的建筑风格保持一致，保留民族特色，有意识地保护民族文化。学校还专门编了一套东巴文学习读本，让学生学习自己的民族语言。从 2013 年开始，学校在二到六年级开设东巴文课程；东巴歌曲成为音乐课程内容的一部分，课间操选择纳西族的特色舞蹈；校内的校牌、校训、标语均以汉字及东巴文两种文字制作，极具东巴文化色彩。坐落在嘉南平原的云林是台湾稻米的主要产地，仁和小学在校园中打造具有地方特色、稻香含义的古亭畚，赋予仁和小学校园空间新活力。学校还以地方主题来规划图书室，经过全体学生投票，图书室被命名为"智慧星空门"。这些具有地方特色的学习空间及环境，不仅激发了学生的学习乐趣，而且拉近了学生与乡土文化的距离。

3. 从乡土文化中汲取学科知识

乡村学校坐落在远离城市的乡村，与大自然有着天然联结，地处偏远使其保留着乡土文化特色。这些乡土资源成为学校可以利用的宝贵的在地教育资源。很多学校开始跃跃欲试，因地制宜地发展出具有自身特色的乡土课程。例如，大寨小学将靖宁县的特产苹果，长坑小学将婺剧、笛子、下棋、根雕、民乐纳入学校课程；达祖小学将东巴文、骑马、划船、射箭，甘肃凉州四坝学校将凉州攻鼓子等纳入学校课程。这都是因地制宜充分挖掘在地资源。海南长龙小学通过结合学生平时在田园里种植、施肥、管理等亲身经历开展数学等教学活动。阅读与写作、美术与绘画欣赏、科学、音乐、品德等学科与种植实践课进行嵌入式融合——种植课有"猜想系列"作文、"小苗成长记"观察日记系列、"田园风光写生"、"丈量我们的种植地"等，"田园艺术节"上各班创作的田园歌曲和诗篇、"丰收节"也是学科大融合。知识在田园中的应用，让学生了解数学来源于生活，生活中处处有数学知识。

4. 日常生活经验助力学科教学

现行教材多以城市儿童为教学实施的对象，忽视了乡村儿童不同的生活经验。特别是对于年幼的儿童来说，如果缺乏教材知识，就可能给儿童的学习带来阻碍。如对于从小只使用方言的少数民族学生来说，汉语中相近的词语"喝""找""叼"等动词，以及"慢慢地""缓缓地"的细微差别，都是教学上的难点。对于这些他们不理解的课本知识，他们要么"死记硬背"，要么放弃学习这些与他们生活没有联系的知识，久而久之就会变成学校教育中的学困生。

烧灰坝小学傈僳族的乡村教师余应芳在教学中将母语作为辅助的教

学语言，通过乡土文化资源进行有针对性的解释和补充，将学生难理解的词语转变为儿童熟悉的、可以理解的内容，为傈僳族儿童的认知发展提供"脚手架"。此外，她还将课文中抽象的知识编成一首首儿歌或者顺口溜，"省份简称歌""单位换算歌"这样的形式更便于学生们记忆。余老师还通过民族服装的颜色让学生掌握"颜色词"，应用民族服装上的图案让学生"找规律"，让学生模仿动词的动作，从而充分掌握这些词语的含义。有经验的老师在教学中充分利用身边生活化的情景，让学生们在熟悉的场景中接受新的知识。

陶行知曾说：生活即教育。杜威也认为最好的教育就是"从生活中学习，从经验中学习"。从经验中学习使学校里知识的获得与生活过程中的活动联系起来。"生活化教育"中的"生活化的事物"是学生平时生活中常见的、熟悉的事物，他们对此有认知、有体验、有情感，学生乐于接受，也乐于表现。"创设适合不同层次学生发展的生活情境教学"，内容源于学生生活，学校将教材内容转化为源于本校学生实际生活的内容，让学生在活动过程中产生独特的感受，充分体现课程的生活性。

四　小结与反思

长期以来向城市倾斜的政策及城乡二元经济社会结构导致城乡教育的差距，21 世纪以来快速的工业化、城镇化进程更拉大了这种差距。如何保障乡村地区义务教育适龄儿童的受教育权，成为我国教育发展中一个亟待解决的难题，处在乡村教育最底端、教育资源极度贫乏的学校就成为这一难题的聚焦点。

现行政策下，人们往往简单地用城镇学校的标准去衡量乡村学校的发展，将大规模学校的经验推广到乡村学校，以为城市本位的教育资源建设能给乡村学生建构与城市学生同样的"课堂"，反而有可能进一步拉大城乡教育的差距。这种对乡村学校建设及长期以来存在的城市化倾向课程的统一标准化，看似平等，实则是不公平的。因为它没有考虑学校及学生的实际需求，这不仅会造成人力、物力的浪费，还会导致资源的不足。这种不考虑差异性、地方的特殊需求及实际情况的表面平等，拉大了城乡教育的差距。

在全社会对优质教育的极度渴望下，对教育的认识成为对优质教育的追求。而优质教育又会被简单地等同于学校排行榜及考上名校学生人数靠前的名校，名校就等同于优质教育，家长们想尽办法让子女"挤"进名校。在全民竞相希望通过教育来摆脱被淘汰命运的大环境下，当前学校教育的"筛选功能"远远强于"育人功能"。在这种以竞争性流动为核心的教育选拔制度下，乡村学校的学生毫无竞争能力。这反而使乡村学校可以不参加这样的"竞争"，冷静下来思考什么是教育。

偏远的乡村小校通过共同体的建设，充分调动了教师、学生的积极性，彼此团结、友爱、互助，动员家长、村民，并源源不断地汲取乡土历史文化等地方资源，使原本资源匮乏的乡村学校，化被动为主动，朝着有乡土特色的乡村小校方向发展。鉴于班额小、师资少，乡村学校围绕教学组织形式进行了一系列改革，探索乡村小校发展更为灵活的教学组织形式，从关注每个儿童的差异性出发创新教学方式及教学组织形式，发挥学生的主体性，通过合作、自主学习及参与社区活动等激发学生的潜能。

乡村学校积极地尝试开展丰富多样的、适合本校学生的、有乡土气息的、贴近生活的教学活动。它们以天地为课堂，以万物为教材，充分挖掘地方特色优势，将乡土资源与村落文化转化为重要的课程资源。走出教室、走出学校，只有在大自然与社会里才能帮助学生建立对知识与科学的整体认知，才能获得探索的精神和态度，这才是有质量的教育。"一种低成本的、人本的、生活化的、社区化的教育"，正在我国乡村学校中酝酿成长，并将引领我国的教育回归自然、回归本源。这种教育方式与国际上当前倡导及推崇的注重生活教育的方式有很多相似之处。

教育的意义并不只是促进阶层流动，不是学生分数的提高。这些乡村学校教育的存在，也不仅仅是做好基础教育的"兜底"工作，不是去筛选"读书的料"，而是从有质量的教育出发，从关注每个人的成长及未来出发，看学生是否能得到适合的教育，是否能回归教育的本质。

参考文献

陈向明，2008，《参与式教学与教师专业发展》，北京大学出版社。

丁学东，2006，《中央地方共担建立农村义务教育经费保障机制》，《中国财政》第 3 期。

丁艳华、万江红，2007，《对中国农村教育"泛城市化"的反思》，《农村经济》第 2 期，第 109 页。

21 世纪教育研究院，2013，《农村教育向何处去——对农村撤点并校政策的评价与反思》，北京理工大学出版社。

费孝通，2017，《乡土中国》，华东师范大学出版社。

《关于做好 2006 年农村义务教育阶段学校教师特设岗位计划实施相关工作的通知》，中华人民共和国教育部，http://www.moe.gov.cn/srcsite/A10/s7058/200605/t20060519_81622.html。

《国务院关于进一步完善城乡义务教育经费保障机制的通知》，中华人民共和国中央人民政府，http://www.gov.cn/zhengce/content/2015-11/28/content_10357.html。

韩嘉玲，2018，《农村小规模学校的变革故事》，教育科学出版社。

韩嘉玲，2019，《小而美：农村小规模学校的变革故事》，教育科学出版社。

韩嘉玲、高勇、张妍、韩承明，2014，《城乡的延伸——不同儿童群体城乡的再生产》，《青年研究》第 1 期，第 40~52 页。

纪德奎、张海楠，2013，《城乡教育一体化进程中乡村学校文化的本土化选择》，《中国教育学刊》第 10 期，第 4 页。

教育部发展规划司组，2011，《中国教育统计年鉴 2010》，人民教育出版社。

《教育部关于进一步做好村小学和教学点经费保障工作的通知》，中华人民共和国教育部，http://www.moe.gov.cn/srcsite/A05/s7499/201312/t20131219_161336.html。

李书磊，1999，《村落中的"国家"——文化变迁中的乡村学校》，浙江人民出版社。

梁晓燕，2020，《教育公益领域发展观察报告（2010~2019 年）》，载《中国教育发展报告》（2020），社会科学文献出版社。

卢安克，2015，《是什么带来力量——乡村儿童的教育》，中国致公出版社。

倪建雯、邬志辉，2017，《农村小规模学校：谁的孩子在这里上学？——基于西北某县家长访谈资料》，《现代基础教育研究》第 3 期，第 6 页。

秦玉友，2010，《农村小规模学校教育质量困境与破解思路》，《中国教育学刊》第 3 期，第 1~4 页。

王蓉，2006，《农村义务教育经费保障机制改革：政策设计的若干问题》，北京大学中国教育财政科学研究所简报。

王蓉，2008，《公共教育解释》，中国财政经济出版社。

晏阳初，2014，《平民教育运动简史》，载晏阳初《平民教育与乡村建设运动》，商务印书馆。

Han，Jialing.2018. "China's Small Rural Schools：Challenges and Responses." United Nations Educational,Scientific and Cultural.

知识传递还是行为规训：县域学校的课堂教学图景

林小英 *

摘　要：课堂教学占据了学校生活的主要部分。本文不仅展示了某县由家庭没条件送到城镇上学而只能留在村小念书的孩子和特岗教师组成的课堂教学活动，传递教材知识成为村小课堂教学的主要任务，还展示了一所普通县域高中实验班的数学课堂实录，教师自如地将对学生的行为规训穿插于知识传递之中，这是长期以来我国普通高中存在的典范课堂。这说明，教书还是育人，教书而且育人，方式应该因地制宜，没有一定的成规。在倡导"全面育人"的今天，如何全面、育什么人、育成什么样的人都需要随机应变。

关键词：县中；村小；县域教育；课堂教学

北沙湾小学四年级刚刚学完试商，老师在单独辅导一位智力特殊的四年级学生，题目内容是求 121 除以 19 的商和余数。老师要求学生先读题。

学生：21 除以 19。

老师：看好了！是多少除以多少？

---

*　林小英，博士，北京大学教育经济研究所副教授，研究方向为教育政策、县域教育、质性研究。

学生：211 除以 19。

老师：多少？

学生：121 除以 9。

老师：多少？

学生：121 除以 19。

……

老师：20 乘以 1 是多少？

学生：20 乘以 1 是 1。

……

老师：1 减 1 得多少？

学生：1 减 1 等于 2？嗯，1 减 1 还是 1。

老师：原来有 1 个减去 1 个还剩几呀？

学生：（没有说话）

老师：你原来有 1 把尺子我拿去了 1 把尺子，还剩几把尺子？

学生：0。

（2018 年 9 月 4 日上午河北省某县北沙湾小学四年级数学课）

　　从小学开始，孩子们进入正式的学校教育系统。北沙湾小学的孩子从一年级开始领受这个校名所标定的身份时，就意味着他们是被筛选后剩下的。尽管他们已经入学，但一个年级全体学生总共不到 10 人，老师声嘶力竭地教学，越发显得学校的孤寂、学生的孤单——同龄人中那些优等生和中等生都去了镇上、县上或城里。失去了一个正常的组群结构，这些孩子似乎用尽全力也难以理解学校是怎么回事。成长过程中正常的同伴学习、社会交往、长辈教化等平时日用而不知的潜移默化的力量都极度缺乏，难以成为学校教育和家庭教育的辅助力量。

　　学校一直存在两种相互消磨的力量。一方面，孩子们开始学习过制度化的生活，学校施加的教育行动是一种专断权力，所强加的以灌输方式进行的文化专断，客观上是一种符号暴力（布尔迪约、帕斯隆，2002b：13）。

另一方面，也正是在这个尚未定型的阶段，这些孩子发展出各种各样的适应性策略。在接下来的学习生涯以及此后的生活当中，这些都将一直陪伴在他们左右（杰克逊，2021：序41）。

然而，这些适应性策略并不是清晰呈现的，它们渗透在师生对话、学生细小的行为动作、小伙伴之间的互动、课后游戏等情节之中。这些适应性策略被包裹在日常的课堂生活之中，并不构成显见的"事件"而被关注，但从对生活方式和生活意义的影响来看，那些很少被人提到的事与那些耸人听闻的事同样重要。与我们谈论的东西相比，这些无人提及的东西占据了我们经验的大部分。教师往往很难意识到，学生眼里的学校生活的主次事件与成年人的重视程度可能恰好相反。这意味着，老师们努力种瓜，学生们未见得能收获瓜，他们期待的是老师们赶紧给他们种豆。而好的老师，在长年累月直面特定情境要求和特定学生需求的经验积累中，是否能发展出一种令人钦佩的本领：种瓜得瓜又得豆，在教书的时候做到较为全面地育人？

一　既种瓜又种豆：面向"低洼地带"学生的村小课堂

河北省某县北沙湾小学每个班基本上都有3~4个智力特殊的学生，但是家长因为家庭条件限制并没有把他们送到特殊教育学校上学。二年级的四个学生中，只有一个智力相对正常，其余三个当中有一个完全跟不上，剩下两个学习速度比较慢，老师说完的话可能10分钟之后才能反应过来，"抄都不会抄"。其中，一个"会照着书上写字，但是并不认得自己写的是什么"；另外一个"念起课文结结巴巴的，说话不利索"。

这些孩子不能代表农村学生的全面状态，只能说是很微小的部分。这些学生基本上不能独立完成作业，需要老师一点一点指导，但是有的学生在老师盯着的情况下还是一个字都不写，甚至把自己的作业本撕掉。上课的时候，老师只能带着他们念念课文、写写生字，如果课文比较长，那么可能一堂课连课文都读不完。在这样的情况下，老师只能教他们一些比较基础的内容，或者为他们留一些简单的作业。

　　写作业和练习册都得盯着，自己不会（主动写），回去就写点生字，在这里能写就在这里写。有时候一个字也不写，生字看着书上也不会写。这个班里的孩子不行，就是写写字，念两遍课文就下课了。上语文就连着三节语文，上数学就连着三节数学，就得连着，本本拿回去就扯得没了，就得在课堂上写好，写不好放在那儿等下节课再写，有的时候你在他跟前也不写。这个班教会点字就行了，太深了也弄不懂。（魏老师）

　　数学留下了五道计算题，普通学生完成的质量和效果都是没有问题的；剩下的特殊学生可能一道也不会完成，可能留了五道题目，完成了两道题目，还会错一道题目。（武老师）

我们不用质疑教师是否拿到了教师资格证，这道门槛在国家大力振兴乡村教育时就已经努力筑牢了。在扶贫的大背景下，各种农村教师补偿计划的政策都逐一落实，并且得到了资金保障。然而，认识何为真实的农村教育，却是当今任课教师准入制度中的盲区。换句话说，如何面对和处理教育的"在地化""情境化"难题，是任课教师应该具备的能力。在义务教育阶段，无论学生位于农村还是城市，哪怕是在同一个班级，都是独特的存在，教师在具备了教好正态分布中间位置多数学生的能力后，还应该有面对正态分布两端人群的意识和基本技能。有不少孩子并不是一个标准的学生，但也未被纳入"特殊教育"范畴之内，如何教育他们，更能考验一个教师教书育人的本领。

　　教师看待这类孩子的"取景框"是正态分布中的大多数，所以他们对这些孩子在课堂教学中的行为界定就趋向于消极的一端。

　　今天会了，明天换一换又不会了，前两天讲连加、加减混合，学生学了托式，再让他们列竖式就又不会了，尤其是有括号的，又不知道先做哪一步了。问2加3等于几，得掰着手指头算，都得数。（魏老师）

　　跟他说一遍根本不行，脑子有点不太行，反应比较慢，他念了两个三年级。一会儿就忘了，记性不好，刚教了一会儿就忘了。（武老师）

　　我们在调研过程中反复告诫自己的一句话就是，千万不要轻易下结论，千万不要看到一个片段就给这个老师或学生定性！尽管老师们会抱怨，但村小老师如有时间还是会非常耐心地辅导这些学生完成作业。下面是二年级和四年级老师辅导特殊学生的课堂片段，从中可以领会教师在教学过程中的无奈和无力。

　　二年级刚刚学习完乘法的初步认识，老师在辅导班里的特殊学生完成练习册。题目内容是一共有 4 堆气球，每堆有 5 个，共 20 个气球；题目要求是看图先写加法算式，再写乘法算式。在数每堆有几个气球的时候，学生每次都会忽略那个被遮挡住一部分的白色气球，在老师反复强调的情况下每次还是会少数一个。在计算得数时，因为学生不会计算，老师就让学生自己数总共有多少个气球，学生一共数了 10 遍，前三遍数出了 12 个，第四、第五遍数出了 10 个，第六遍数出了 5 个，第七遍数出了 19 个，到第十遍才数出了正确答案 20 个。

　　老师：下面这是几个，数一数。

　　二年级学生：4 个。

　　老师：少数一个吧，这是几个？你先数这个是几个，中间这个也是呀。这里的这个不算了？空的这个也是，一共 5 个，先写上面加法。5 个加上几个，缺了 1 个，中间也是，只不过画到了后面，不是写上面，写下面，还是 5 个，再加，数数一共是多少个？不对，每个都少数一个。不对，数数总共是多少个？

　　二年级学生：10 个。

　　老师：怎么就是 10 个了呢？好好看，重新数。这个数不数？怎么数到最后是 5 个呢？重新数。还没数对，重新数，5 乘以几，你怎么又改成 5 个了，最后数出来不是 20 个吗？你写完了吗？别玩尺子了！一共几堆呀？你数数。一共是 4 堆对不对，总共是多少个？你不是都数过一遍了吗？这里写总共多少个，总共多少个？

（2018 年 9 月 11 日下午第三节二年级数学）

看图数气球在正常的城市学校课堂上根本无须教授，但在村小需要反复教，这给年轻的特岗教师带来很大的冲击：原来孩子们连数数都数不清。实际上，当仔细去观察孩子们的行为时，你会发现他们并不是不会数数，而是在日常生活中他们几乎没有接触过绘本或图画，更不懂绘画中的"透视原理"，他们认为一个气球被遮掉一半，那自然不算一个完整的气球。但是，在这种背景知识严重缺乏的情况下，教师绞尽脑汁都不知道为何学生们不懂。城市孩子在家庭生活中耳濡目染就学到的知识和技能，在村小的孩子们那里都得等到正式入读小学以后才被当作理性知识灌输。家庭教养与学校教育完全对接不上，在年轻的刚大学毕业的老师看来，孩子们严重缺乏常识。殊不知，常识的习得需要孩子们在一个自然而然的环境中长期浸染，再加上课本和教材上展示的是以城市生活为蓝本的知识背景，更让村小的孩子们畏惧学习。照理，教师应该努力将学校知识与农村本土生活对接，指引孩子们从在地化的日常情境中走入课本教材所代表的普遍化文化与文明。然而，在人所共知的"人往高处走"的人生哲学指导下，教师们心安理得地无视眼前的情境制约，认为优秀的孩子们终将走出乡土，进入城市，学困生反正也走不出，费力教书反而不讨好。放任日常生活与课本知识脱钩，成为无论对哪一层次的学生来说都不成问题的问题。

对于任教于低年级学段的教师来说，这些学生上课的时候可能会离开自己的座位在教室里乱走或者跑到操场上闲逛，有的时候会影响其他学生上课的正常秩序，这是令人头疼的问题。正如孙老师所言，"没办法教他们什么，你只能上课安抚他们不乱闹腾。但是你说花很大的工夫去培养这些智力特殊的孩子，精力真的达不到，另一个就是很难出什么效果"。村小的老师基本都没有学过特殊教育，不知道该怎么辅导这些比较特殊的学生，又没有那么多的时间和精力去单独培养他们，基本上只能保证他们不出安全事故，不影响别的孩子上课。

　　你，干嘛呢，站住，上着课就走出去了？上课也是上着上着走
出去了？干嘛呢你，把手拿出来，脏的……小树同学，别弄人家的，
小树同学，你干嘛呢，干嘛呢你，不许弄人家一年级的。那铅笔放起
来，扎了眼呀，我看你可吓得慌呢，把铅笔放起来，老师吓得不行。
把你的铅笔都放起来，小树同学，小心我拿你的，小树同学，我过去
拿你铅笔去呀……嘿，小树同学，还得逮你去！

　　　（2018 年 9 月 12 日下午第二节一、二年级合班上的美术课）

　　这里展现的课堂教学并不是村小的代表性状况，而是最极端的现状之
一。一般人可能认为，偏远和贫穷是农村教育的典型特征，实际上随着国家
脱贫攻坚任务的完成，这些状况随之得到极大的改善。这里呈现的问题并
不是直接的经济困难造成的，而是学生从家庭中获取的"初始习性"与学
校试图灌输的习性之间的冲突和张力的展现。教育系统通过长期的灌输工
作使文化专断的原则以一种习性的方式内化，内化成功的概率主要取决于
家庭教育灌输的习性（原有的文化专断）与学校教育试图灌输的习性（强
加的文化专断）之间的距离的大小（布尔迪约、帕斯隆，2002b：45~53）。
在此基础上，学业体系促进所有间隔的再生产，并使这些间隔合法化，这
些间隔无时不在组成我们的社会结构（布尔迪厄，2004：243）。村小学生
就是这个社会结构的一端再生产出来的"产品"，他们在学校的行为方式清
晰地表明家庭教育与学校教育之间的间隔和距离的弥合，需要从哪里做起，
需要付出怎样的努力。

　　老师们认为，村小的学生反应比较慢，在学习新内容时需要更长的时
间，很多学生不会举一反三，尽管老师反复强调，有的学生还是理解不了。
下面是一年级的语文课堂教学片段。

　　学生：m-i, bi。

老师：m-i，bi，你觉得对不对，你今天中午吃大米饭了吗？你吃的是大米饭吗？你吃的是米饭吗？你说米饭。

学生：米饭。

老师：米，拼。

学生：m-i,mi。

老师：m-u？

学生：m-u,bu。

老师：就变成 bu 了？

（2018 年 9 月 12 日下午第三节一年级语文）

二年级学生正在学习乘法的初步认识，题目内容是两个 3 相加，改写成乘法。学生在改写乘法的时候总是会写成 3 乘以 3，尽管老师反复强调，但是很多学生还是会以为 3 乘以 3 就代表两个 3 相加。在改写 4 个 2 相加、两个 6 相加和 4 个 3 相加的时候，学生也出现了类似错误，根本没有办法理解老师是如何把加法改写成乘法的。而老师也没有变换过教学方法，似乎根本无法理解学生为什么不能理解自己讲的。除了不断强调以外，他们束手无策。

老师：看看老师刚讲了，这是几个 3 呀？

学生：3 个。

老师：这是 3 个 3 吗？数一数几个，两个 3 你写 3 个 3，老师讲你一点也没有进脑子。老师看你写对了没有，还是 3 乘 3，几个 3 呀，听啥呢，这是两个 3，你写成 3 个 3 干嘛呀，是两个 3，两个 3 就是 3 乘以 2 呀，写上 3 乘以 2，写吧。几个 2？数一数。连几个 2 都数不清楚，这里几个 2 呀？4 个 2 就是 2 乘 4，又变成 4 乘 4 了？

……

老师：一个篮子有几个猫，两个篮子有几个，一共有多少朵花，怎么计算？6 乘 6？几个 6，两个 6 是 6 乘几，怎么是 6 乘 6 呢？

……

老师：4 个 3 相加，怎么能是 3 加 4 呢？一束花有 3 朵，哪有 4 呢？看看是 7 朵花吗？这是一个 3，加 3，再加一个 3。

（2018 年 9 月 11 日上午第一节二年级数学）

老师们认为村小学生的学业基础普遍比较薄弱，对基础知识的掌握不够牢固，"一些学生到了五年级还分不清平翘舌音，很多三年级的学生二声和四声都分不清楚，拼音小的时候学不扎实再学就很难了"。虽然这才是小学一、二年级的学生，但此时他们已经被打上了"基础薄弱"的标签。城市里的父母生怕孩子输在起跑线上，而村小的孩子还没起跑就被判定为输了。

下面是三年级数学课的一些片段，老师在讲授如何计算整十整百的乘法，方法就是先把十位和个位上的数字乘起来，再补上最后的零。其实学生在二年级的数学课上就已经学习并背诵过乘法口诀了，但是老师叫同学起来回答问题的过程中暴露了很多"基础问题"。由于学生的乘法口诀掌握得不好，老师需要花很多额外的时间纠正学生的各种错误，教学进度很难推进。

老师：9 乘 3 等于多少？

学生：21。

……

学生：50 乘 6 等于 110。

老师：等于 110？5 乘 6 等于多少？

学生：30。

老师：后面再补零，怎么就成了 110 了？

……

学生：80 乘 5 等于 85。

老师：80 乘 5 等于 85？

学生：450。

老师：等于 450？老师怎么教的，用十位和五乘起来，五八多少？

40 后面补个零呢？

  学生：80 乘 5 等于 400。

  老师：你是不是又忘了乘法口诀，得回去重背乘法口诀。

  ……

  老师：我们看 33 乘以 3，十位上是 3，30 乘 3 等于多少？

  学生：60。

  老师：三三得六吗？

  学生：90。

  老师：50 乘 5 等于多少？

  学生：25。

  老师：25？老师说的是 50 乘 5。

  学生：250。

  老师：250+45 等于多少？

  学生：245。

  老师：245？多少？

  学生：295。

  ……

  学生：18 乘 6 等于 648。

  老师：等于多少？ 10 乘 6 等于多少？

  学生：60。

  老师：8 乘 6 呢？

  学生：48，最后等于 108。

  ……

  学生：19 乘 9 等于 117。

  老师：117？

  学生：等于 171。

  学生：80 乘 6 等于 840。

  老师：840？

老师：六八多少？

学生：88。

老师：乘法口诀差（太）多啦，应该等于多少？

学生：480。

老师：你下去好好背乘法口诀。

……

学生：74 乘 7 等于 67。

老师：十位上是 70，70 乘 7 等于多少？

学生：49。

老师：七十乘七？

学生：490。

老师：四乘七等于多少？

学生：28。

老师：你是怎么算的，（两者相加）等于多少？

学生：518。

（2018 年 9 月 6 日下午第二节三年级数学）

在政府对"从有学上到上好学"的要求下，村小的教育教学被纳入城乡一体化的标准要求之下。北沙湾小学开设了语文、数学、英语、音乐、美术、体育、科学、书法、道德与法律、围棋、微机等课程，这在村小当中属于课程门类比较齐全的，但是因为学校老师的人手比较有限，很多"副课"都由"主课"老师兼任，也会把相邻的两个年级合并在一起上"副课"。因为不是很专业，在讲音乐、美术、科学、道德与法律课程的时候，老师基本上就是在照着课文读或者让同学们跟着录音唱。全校的音乐课都由六年级的语文老师兼任，这位老师不懂乐理，自己也不太会唱歌，但是因为年龄偏大，学校就给了一门比较好教的"副课"。以北沙湾小学一、二年级的一堂音乐课为例，这堂课上学生复习了《一年级小学生》这首歌，学习了《咱们从小讲礼貌》和《你唱歌》两首歌。学校的音乐教室配备有多媒体白板和音响，老师就让学生采用跟着有歌词的录音唱、跟着没歌词的录音唱、自己唱、拍手唱、朗读歌词等方式，让学生重复唱了两遍《一年级小学生》，5 遍《咱们从小讲礼貌》和 26 遍《你唱歌》。

请观看我们所做的课堂实录，体会一下硬件配备与教学能力之间的差距，以及一、二年级小学生在一门音乐课上应该拥有怎样的耐心才能把一堂课"熬过去"，同时深入思考一下村小特定的教育需求和村小教师的专业发展问题。

> 老师：那天不是学了一首歌嘛，你们会不会唱？
>
> 老师开始放录音《一年级小学生》，学生跟着唱了一遍。
>
> 老师：音量低一点再唱一遍。
>
> 学生又跟着录音唱了一遍。
>
> 老师放录音《咱们从小讲礼貌》，学生跟着有歌词的唱了两遍，跟着没歌词的唱了一遍，又跟着有歌词的唱了一遍，跟着没歌词的唱了一遍。
>
> 老师放录音《你唱歌》，学生跟着有歌词的唱了一遍；跟着没歌词的唱了一遍；老师又放有歌词的录音，学生跟着唱了两遍；老师又放了没有歌词的录音，学生跟着唱了一遍；老师放有歌词的录音，学生跟着唱了一遍；老师放没有歌词的录音，学生跟着唱了一遍；老师放有歌词的录音，学生跟着唱了一遍；老师放没有歌词的录音，学生跟着唱了一遍；老师放有歌词的录音，学生跟着唱了一遍；学生自己唱了一遍；老师领读三遍歌词；老师放有歌词的录音，学生跟着唱了一遍；老师放没有歌词的录音，学生跟着唱了一遍；老师放有歌词的录音，学生跟着唱了一遍；老师放没有歌词的录音，学生跟着唱了一遍；拍手唱，老师放有歌词的录音，学生唱了一遍；老师放没有歌词的录音，学生拍了一遍手；拍手唱，老师放有歌词的录音，学生唱了一遍；老师放没有歌词的录音，学生拍了一遍手；老师放有歌词的录音，学生拍了一遍手。

老师：跟老师朗读一遍好不好呀，跟老师读啊，和（四声），四声这个字，这是个多音字。

老师：做得真好，再唱一次。

老师：刚才我们拍了双腿，这样交叉拍胸，记住，边唱边拍。

老师：会了吧，休息一会儿。

（2018年9月10日上午第三节一、二年级音乐课）

村小会根据节日和季节组织一些集体活动，如元旦联欢、六一文艺会演、会操比赛和踢毽子比赛。由于学校规模比较小，活动的形式和内容也会相对简单一些。此外，学校还尝试利用第七节课开展兴趣班活动，学生可以根据自己的爱好选择美术、音乐和阅读班，不需要缴纳任何额外的费用，但是教授这些兴趣班的老师并不是专业出身。

学校的第七节课有一个美术班、一个音乐班、一个阅读班，我负责音乐班，学校一节课多给五块钱补贴，但是我们不是因为给五块钱才上的，因为（上这种课）也是对我的专业的扩展。对学生是免费的，打乱年级，三个班里面任选一个班去上，必须选一个。这三个班只需要我们三个老师上课，别的老师就在办公室备课。我从基础开始教学生，从网上找怎么认识指挥，讲一讲什么是流行歌曲，什么是民族歌曲，给他们讲一些很简单、很容易接受的知识。（康老师）

村小教师由此迫切需要有"一专多能"的本领，在教学过程中能够充分考虑到家长和学生的整体情况，讲授的时候充分考虑到基础薄弱的学生。村小也经常会根据教师的总体情况调换各个老师讲授的科目，老师们经常需要讲授一些非本专业的课程，开展一些跨学科的学习，但实施起来很有难度。

尽管村小的规模比较小，但是各方面的管理制度比较健全，包括考勤、备课、授课、作业批改各个方面都有具体要求。每个学期开学前和期末总结时，学校都会组织教师一起学习相关的管理制度。如果有老师违反制度要求，校长也会在开会的时候点名批评。村小年轻的特岗教师大多从小在县城长大，"相对来说要娇惯一些，可能会出现迟到早退的现象"，但是学校怕管理太严"人家"走了，所以村小在对教师的专业性要求方面会相对宽松一些。

课堂就是这样以 40 分钟为单位时间的一个个"瞬间"，这些"瞬间"无法被惯常地简化为极少数符号性事件，然而，我们的孩子就是在这样的单位时间里慢慢成长。就连孩子们自己也很难甚至不愿意去回想和复述每节课到底是怎么上的，自己到底是怎么度过的，可能更愿意说"我们班上今天来了一个新的同学""班主任老师今天脾气特别不好，老发火""坐我后排的同学上课的时候总是戳我的后背"等事件。对这些偶发事件的细节描述要比一节 40 分钟的课堂教学更丰富，课堂教学被一个科目名称"语文课""音乐课"定义了，似乎再也无法说出更多。当我们不厌其烦地还原这些课堂实录时，却发现对"学校生活"可以说得更多。

孩子们的学校时间可以做精确的数量描述，当教学改革不断强调"向课堂要效率""构建高效课堂"时，侧重的是教学效率和教学效果，但是其对孩子们成长的心理意义相对忽视。我国学校系统的时间周期安排一般来说是一年分为两个学期，每个学期大概 20 个星期，除去双休日，学生一年的在校时间为 200 天。其中，一个完整的工作日大约有 8 个小时（包含中午时间），从早晨 8 点到下午 4 点。因此，如果一个学生一整年都没有缺勤，那么他将有 1600 个小时处在教师的监护之下。除去幼儿园时间，一个学生在上初中之前的小学阶段，就已经花了将近一万小时的时间待在教室里了。因此，我们没有理由不描述教室里每天持续发生的事情。

同样的道理，作为一个教师，其工作时间也主要是待在教室里，和不同数量、不同状态、不同背景的学生们在一起，承担传道、授业、解惑的职责。师生双方共处于一个正式的学校教育系统之中，从走进教室的那一刻开始，有很多事情都是必须要面对的。没有人的成长是一帆风顺的，走走停停，退几步又走几步，爬一段又跑一段，是常有的事。"高效课堂"意味着不允许慢腾腾，不允许个体的节奏和速度与众不同，更无暇顾及给学生探索自己内心的空间。

二　在瓜田里种豆：书本知识与在地化冲突中的村小课堂教学细节

相对而言，村小学生平日的生活所涉范围比较小，很多都没有去过城市，他们去的最远的地方可能就是县城了。但是在学校所接触的教材、题目和老师举的例子当中有很多与城市生活相关的内容或背景，很多学生因为没有见过，脑子当中根本没有相关的概念，理解起来就非常困难。

下面是四年级和五年级的三个教学辅导片段。四年级正在学习《火烧云》一课，老师讲到火烧云颜色变化的时候补充了一些形容颜色的词语，如橄榄绿、宝石蓝、象牙白、祖母绿和翡翠绿等，但是很多学生根本就没有见过橄榄、宝石和翡翠，很难想象这到底是怎样的颜色。

> 老师：橄榄枝代表和平，还有和平鸽，奥运会每个比赛项目的前三头上都会戴橄榄枝编成的花圈，看过奥运会没有？
> 学生：没有。
> ……
> 学生：老师，宝石蓝是什么意思？
> 老师：蓝色的宝石，比较昂贵的东西，你可以去珠宝店里看看宝石，看电视剧可以看到人家戴的宝石项链。
> 学生：珠宝店是什么？
> ……
>
> （2018 年 9 月 7 日下午第二节四年级语文）

五年级正在学习如何描述方位，教材上"练一练"题目的要求是，假设学生坐火车来到北京，在地铁线路图上选择自己所在的位置和想去的地方，说一说如何乘车。但是很多学生都没有见过地铁，把二号线说成"二号路"，对这些地名更是没有任何概念，借助这些背景帮助他们理解抽象的方位概念多少有一些困难。甚至很多老师也没有坐过地铁，当学生说到"苹果园"的时候，老师说"别老苹果园了，苹果都吃够了"，还把一号线说成了"一路线"。

> 老师：打开数学书，昨天留了两个作业，第五页"练一练"的第一题的第二小题，如果你坐火车来到北京，假设你所在的位置在这儿，想去的地方在那儿，说一说如何乘车。
>
> 学生：我现在在苹果园。
>
> 老师：换个地方，别老苹果园了，苹果都吃够了，你非得往那边看，这边这么多地方也行啊。
>
> 学生：我现在在四惠。
>
> 老师：不知道去哪儿我给你定了，你现在在四惠是吧，我让你去积水潭帮我买东西，怎么坐车？
>
> 学生：走八站。
>
> 老师：你步行过去的？你追着地铁跑的？四惠怎么走啊，向西走，向西一直跑，一路向西，要坐什么？地铁是不是？交通工具，你得说清楚，从四惠坐几号线？
>
> 学生：五号线。
>
> 老师：往哪儿走？
>
> 学生：往西走。
>
> 老师：从四惠，坐一路，一路线，一号线，到哪儿？复兴门，几站，十站，其他人给他看着，我没数，然后呢？
>
> 学生：向北走乘坐二号路，二号线，向北走三站到西直门。
>
> （2018 年 8 月 31 日上午第一节五年级数学）

受生活环境的影响，很多村小孩子的见识比较有限，对例子、教材和练习册中的一些背景概念并不了解，这些内容无形中为学生理解抽象知识增添了障碍。五年级的数学作业当中有一道练习换算的题目，这道题目的内容是去国际商场购买一种电子熊猫玩具，标价为美元和欧元，请学生换算为人民币。但是有的学生根本不知道什么是美元和欧元，也不知道人民币和美元、欧元兑换意味着什么，所以在完成题目的时候非常吃力。老师给他解释了什么是美元和欧元之后，这位学生就顺利地列出算式进行计算了。

老师：国际商场内有一种电子熊猫玩具，售价是2.45美元，如果用人民币购买需要多少钱？你想，美元和人民币是不是得换算？你知道什么是美元吗？

学生摇头。

老师：你知道什么是人民币吗？

学生：知道。

老师：咱们用的钱就是人民币，美国人用的钱就是美元，每个国家都有自己的一套货币，（货币与货币间）有一个兑换的汇率，一美元就是6.9元人民币，现在售价是2.45美元，那是多少元人民币呢？

学生：2.45乘以6.9。

老师：对，列式子吧。

（2018年9月14日下午第三节五年级数学自习）

村小老师在上课的同时有一个城市教师不太需要强调的工作：纠正学生的卫生习惯和行为习惯。北沙湾村里没有自来水系统和排水系统，村民基本上都是隔一段时间到县城的公共澡堂洗澡。家长整天在地里忙，卫生习惯也不是很好，很多学生在家庭环境的影响下经常不洗脸、不洗脚，到了夏天味道就比较大，老师上课的时候需要反复和学生强调基本的卫生习惯。

老师：好味儿啊身上，回去洗一洗，洗洗澡去。

（2018年8月30日上午第四节六年级数学）

老师：回去洗脚去啊，可臭呢，你也是啊，听见没？两天了，别忘了上学期老师怎么告诉你的。夏天就要过去了，男生把胳膊呀、手呀好好洗洗。

（2018 年 8 月 29 日上午第二节六年级数学）

老师：你们的衣服几天换一次？

学生：一个星期。

老师：多长时间洗一次头？

学生：一个星期。

老师：多长时间洗一次澡？

学生：一个月。

老师：有的同学是不是很长时间才洗？身上出的汗太多了，有害物质是不是会伤害你的身体呀？最少也得一星期洗一次。

（2018 年 9 月 4 日下午第一节四年级道德与法律）

除了强调卫生习惯，老师还需要在课堂上强调很多行为细节，如要让家长帮忙把铅笔削尖、用直尺比着画直线、写作业的时候不能偷工减料或者要用铅笔写字、注重书写规范等。因为很多家长无力关心孩子的学习，所以村小的老师需要承担一部分家长的角色，关注学生在卫生习惯和行为习惯养成方面的细节。

布迪厄指出，家庭在社会空间和社会关系再生产方面起着决定性的作用（布尔迪厄，2007：120），学生从他们的原生家庭中获得"初始教育"，形成特有的"初始习性"，这种"初始习性"将成为学生接收和掌握学校信息的本源。之后，学生会通过学校教育，也就是"第二步的教育工作"，获得一定的习性，这种习性是学生接收和掌握文化工业生产和传播的信息的本源（布尔迪约、帕斯隆，2002b：52～54）。而学生在学校的学业表现取决于家庭教育灌输的习性（原有的文化专断）与学校教育试图灌输的习性（强加的文化专断）之间的距离的大小，也就是说，一个阶级的文化习惯与教育制度要求或定义教育成功的标准越接近，学生的学业表现越好（布尔迪约、帕斯隆，2002a：25）。北沙湾小学的课堂就像是一个舞台，真实地再现了学生从原生家庭中习得的惯习与教师所代表的学校教育要求之间的碰撞场景。

面对学校中一部分智力特殊、无法完成基本学业的学生，很多老师并不知道如何教他们，只能保证他们的日常安全，帮助他们掌握一些基础知识。在能力方面，由于家庭无法提供有利于学业的环境和氛围，很多学生无法提前从家庭中获取必要的知识。与城里的孩子相比，在课堂上他们对新知识的理解和掌握就要慢很多，老师只能通过不断重复帮助他们理解。在习惯方面，不少学生的父母承认自己在读书的时候没有养成良好的学习习惯，在教育孩子的过程中也没有能力和意识给孩子传递高效的学习方法，孩子在听课的时候漫不经心，并不会有意识地复习以前学过的内容，各方面的基础都比较薄弱，他们希望老师来完成本该由家长督促形成的很多行为规范和习惯。在思维方面，村小学生受限于眼前的起居劳作，与城市化的生活样式有一段距离，所以他们在理解教材、题目或者示例当中的与城市背景相关的信息时比较吃力，这无形中为他们理解并掌握抽象知识增添了阻碍。[①]在生活方式方面，乡村和城市也存在很大的差异，很多家长自己都没有养成良好的卫生习惯，所以只能依靠村小老师反复强调。

通过村小和教学点的诸多课堂教学片段，我们可以看到新课改一直批判的"以教材为中心"的问题有多严重，几乎每门课程都是围绕教材开展教学的，但教师并未吃透教材，在教学组织形式上也会使用"国培计划"倡导的小组合作学习等教学手段，但对于这些孩子们来说，这无异于是跟同伴"瞎玩"的好机会，看不到教师有意识地进行任务设计，有计划地进行学习反馈，有针对性地组织教学。然而，缺乏这么多有效教学要素的课堂依然是"以教师为中心"，教师十分强调课堂的组织纪律，对学生的状态几乎只有一种应对方式，那就是"统一的秩序"。这不但体现在教学内容的死板上，也体现在师生问答的语言秩序上，惯常的课堂问答往往是这样进

---

① 关于城乡差异对学生的学校教育过程的影响，学术界有不少研究，可参见杨东平，2000；林秀珠，2009；柯春晖，2011；韩小凡，2019。

行的：老师说前半句，学生接后半句。课堂看似井井有条，实际上学生不知所云。教学主旨在于寻找教学参考书规定的正确答案，这构成了几乎每堂课的主体教学思路，同时，这样的教学可能具有一个令人意想不到的效果：培养了学生察言观色的本事，表达能力是"半截的"。即必须有大人提示前一半，学生才会想到后一半，学习的反应回路是封闭的。

无论是主动选择还是被动选择结果，村小的学生就像是一群被选"剩下的孩子"，在习惯、思维、能力和生活方式方面都与学校所要求的标准存在需要日后付出极大努力才能弥合的差距。

三　种瓜得瓜又得豆：对一堂高二数学课的全程观察

这是陕西省某县某中学田老师上的一堂完整的高二数学课实录。当你耐心看完以后，大概会有两个感受：一是看不懂，不知道老师讲的是什么；二是知识点相当密集，一个点没懂，后面的内容就都看不懂。请注意，在阅读课堂实录的纸质版时，我们还有机会跳回上一个段落停下来琢磨一下，再反复研读，直到弄懂了为止。但课堂教学都是在时间之流中完成的，任何一堂课都是一个历史的存在，不可能重来。知识教学一环套一环，一层叠加一层，学生们不可能在一处停留太久。此时此刻，你应该能体会一个学困生的感受，也能理解"学业负担"是什么。

在课堂实录和课后的教师访谈中，我们也详细记录并标注了教师在知识传授过程中随时夹杂的对学生的情感、意志、志向等方面的培育方式，这是高中教学的特点。在20年来的教学改革中，不断被倡导的建构主义教学法，如探究式学习、小组合作学习、教师要少讲而让学生多讨论的指导建议层出不穷，而田老师在这一节高二数学课的课堂教学中并未刻意地使用这些方法，但让人感到"全面育人"的教育目标落在了各种细微之处。遗憾的是，在"国培计划"大力推进各种舶来的教学模式时，县域中学教师通过自身的积累创建的这种行之有效的"老法子"课堂越来越稀缺，他们被要求学习很多新式做法，而这些做法并不见得在当地的教学情境中有效。老式课堂早就因为不符合"以学生为中心""以经验为中心""以活动为中心"的"新三中心"教学理念①（布鲁巴克，2012）而不被教学改革重视。从田老师的课堂教学实录中可以看到，德育并不是单独从"授业"中剥离出来的，知识的规训本身就带有德育的功能，课堂教学能够做到"种瓜得瓜又得豆"。实际上，从初中开始，学术性分科就逐渐明显，英文单词 discipline 既可以翻译成"科目"，也可以翻译成"规训"，知识的传递与人格的形成可以同时在一个完整的课堂教学中兼顾。如果说小学阶段对人的教育主要依靠行为引导和情感连带，那么中学阶段的教育就主要靠学术分科来进行了。

　　2020 年 11 月 11 日上午 10：40～11：20（共 40 分钟）第三节，高二（五）班数学课。该班为理科重点班，班里男生比较多。授课教师姓田，50 岁左右，任该中学的党委书记。他授课给人的总体印象是教风自在、自信、从容，老师亦庄亦谐、有人格魅力，课堂氛围轻松、幽默、生动。

开场："定心丸"与拿错卷

　　师：第 15 题我没有讲过，但还是有很多同学答对，我心里特别高兴。这一次成绩好还是不好，咱们都无所谓。因为毕竟它是一个期中考试，对吧。（生：对）咱们在时间这么短的情况下，应急性地考一次试，好与差没有关系。我想的是咱们这次考试过了以后，赶快把我们缺的东西补上，这是重点。

---

①　教学方法中的"三中心论"是后人的总结。一般来说，"老三中心"是指以教师、系统书本知识和课堂教学为中心的传统教学体系。它以赫尔巴特的重视知识传授的教学理论为依据，主张在教学中以传授系统知识为主要目的，以课堂讲授为主要组织形式，要求绝对树立教师的权威，是传统教学论的重要主张和主要特征。"老三中心"强调系统知识的摄入，重视基础知识和基本技能的获得，对形成学生完整的知识结构，大面积、高效率地传递教学内容，提高教学质量等有非常重要的作用。"新三中心"是指在教学过程中"以学生为中心"、在教学内容的选择上"以经验为中心"、在教学过程的组织上"以活动为中心"的现代教学体系。它是以杜威的进步主义教育理论与实用主义教育思想为基础发展起来的教学过程体系，主要特点是教师辅导学生从自己组织的活动中去学习。教学方法在教育史中的演变，其实并不是泾渭分明的新旧之争，而是随着时代的需要发生渐变，在某一时代被摒弃的方法，过了几百年以后又有所复现和强调，其背后是教育哲学乃至政治哲学的变迁。可参见布鲁巴克，2012。

　　老师说的是一道线性规划题，课程还没有讲到线性规划。但是同学们说讲过，大意是说之前讲其他内容的时候简单讲过怎么做，只是没有系统地讲解知识点和做题。没讲完课就考试了，老师先给学生吃"定心丸"。

　　　　因此这一节课，我准备给大家讲我们前面落下的一点内容，我记得我们前面有一道题是强训题，我当时说晚上要给大家讲，结果我晚上到了广坪，没讲成。我要先讲这个。数学强训六我讲完没有？强训六我讲完了。大家还记得不，最后一题我说的是关于 x 的不等式 $x^2+ax+b<0$ 的解集是（-1，2），求 $a+b$，对吧？当时这道题我让大家作为重点考虑，还有印象吧？（学生：有）

　　老师提前调课，得到了一节晚自习加课，但是因为有扶贫任务，老师临时去了距离学校很远的一个镇，所以晚自习没加上课。其实题他都讲完了，他自己不记得，看到题后想起来自己是怎么讲的了。

　　　　这道题我们讲完了，就直接进入期中考试。因为大家的题都在我们手头，你交的是答题卡，题拿出来，我先把答案给大家说一下，然后我们确定要讲的问题。

　　学生拿的是试卷而非答题卡，我旁边的同学有的把选择题和填空题的答案写在试卷上了，有的忘写了，大题也只是有简要步骤而没有答案。不发答题卡看着题讲，其实很吃亏，还好这节课老师只讲了选择题和填空题，影响不是特别大。讲题是重点攻克而非逐个击破，说明老师有侧重，而且学生数学水平还可以。

　　　　老师刚开始拿错卷子了，对答案的时候发现不对，"第一题简单，选的什么？""B。"老师懵了，"为什么？"学生："不能为2，小于 0。""B 行吗？"学生："行。"老师才反应过来大家看的不是一套卷子。老师换了正确的卷子，开始带着大家对答案。"第一题？"学生："B。""第二题？"……

田老师上课的时候神采飞扬，教起来也游刃有余，但是一开始上课有点不知今夕何夕的感觉，在自己讲课进度、该拿哪张卷子这些细节上迷迷糊糊。一方面，可能是老师不拘小节；另一方面，他在从行政管理工作的状态切换和进入教学状态时需要一个"缓冲"和"醒神"的过程，切换的过程中出现了一些问题。

师：这几道题里面有需要讲的吗？

生：10、12。

师：我再随便挑几个给大家说一下，好吧？我认为大家需要注意的。第一题不用说，第二题也不用说。第五题需要说，第五题已经考了多次，这个函数我们其实不用画图像，利用函数的性质可以搞定。我们抓住函数的哪几个性质？

生：奇偶性。

师：对，首先是奇偶性。显然该函数是一个什么？（生：奇函数）下面显然是奇函数，奇函数我们要排除哪几个？（生：A、B）然后你再看 C、D 两个选项的图像是有本质区别的。

你看 C 在第一象限里图像在 x 轴上方，对吧？（生：对）而 D 在 y 轴右侧一部分正，一部分负。可能不可能你看一下解析式就知道，你看函数解析式，$f(x)$ 分母是 x 加一个绝对值，分子是 x 的 3 次方，我们这个图像在 y 轴右侧时，是不是 $x>0$ 的情况下，图像不可能为 0，也不可能到 x 轴的下方去。所以我们在这里选哪个？C。一定要注意，这是利用函数的性质来操作。我们有些人一看这种比较复杂的解析式就有点担心、有点慌神了，这是不需要的。考虑函数的性质可以解决问题。

接下来，我们的第六题是一个不等式的问题，这里要选 D，其他的你看都是有问题的。$a\backslash b\backslash c$ 是实数，$a>b$ 你看倒数性质不能用，因为倒数性质我们有一个要求是 $a\backslash b$ 必须同号才能使用，再说一遍，要怎样？（生：同号）至于 A 和 B 选项，你看在 $a>b$ 的基础上，乘以 c 或者乘以 c^2，是不是都要考虑 c 的正负和是否为 0 的问题？（生：对）所以我们都不能选它。

田老师回顾函数图像性质和倒数性质的时候，重述性质，并且让同学们重申性质，以达到巩固复习的效果，同时对错误选项能够快速排除并讲清楚道理。这样看来，每道题的讲述详略得当。

往下来，我们要说的第八题看着文字很杂，这是一个阅读型应用题，也是一个数列题。多少项的数列？（生：12）12 项的数列，你用项 a_1、a_2、a_3 去表示就行了，把给你的条件整理一下，就是 $a_1+a_4+a_7=37.5$，$a_{12}=4.5$，那你就求出首项 a_1 和公差 d，最后搞定了吧。

第九题也是一个要关注的点，这四个选项是有规律的，你注意观察下，A 和 C 都是奇函数，一个为真一个为假；B 和 D 都是偶函数，一个为真一个为假。我们首先要解决它是奇函数还是偶函数，是不是就可以排除两个？（生：是）如果把 x 变成 $-x$，加个负号，是不是分子变成相反数了，提个负号出来，说明它是什么函数？（生：奇函数）奇函数的话，我在 A、C 里面选，对吧？（生：对）接下来看增或者是（生：减）看增减怎么看呢？我现在想知道大家是怎么判断出增减的？（生：代两个数试一下）这也是一种办法——特值法，还有什么办法？因为我们现在没有学导数，不能用其他的办法，可以用特值法去判定。

重点一：在数列题分析中强调"周期性"的意识[①]

咱们刚刚说的是第 10 题和第 12 题，是吧？（生：是）那我们看一下第 10 题吧，数列问题，是我们高考的一个重点，咱们高考的规律

---

① 为了展现田老师的教学技巧，本小节的课堂描述中我们对一些文字进行了加粗处理，这是教师用各种体态语言对学生发出的强调指示。

是数列和三角函数一般来说都会选择性地出一道大题。

这里首项为 2，且数列 $\{a_n\}$ 满足了，$a_{n+1}=\dfrac{a_n-1}{a_n+1}$，后项等于它的前项加一分之前项减一。现在这个式子我们可以认为它是递推公式。在这种情况下，前 n 项的和是 S_n，现在要求 S_{2016}。

大家把这道题打上重点号，这种题型我们还真是第一次碰到。因为我们前面没做多少练习。（生：对呀）这种题做的练习很少，你看我们这里给你题的时候，就发现一个东西让你求——S_{2016}，前 2016 项的和。

那如果你要硬求这个式子的话，你现在知道这个数列是什么数列吗？（生：不知道）你不知道它是等差还是等比，对吧？你得去试探它，要去证明它是等差或者等比，这是第一；第二，证明完了以后，你要求和，又要用求和公式去操作，比较麻烦；而且我们要求这么多项的和。遇到这种题的时候，我告诉大家一个规律，一般来说，这种数列它是有规律的，我写一个词大家注意一下。

教师在黑板上写了两个汉字：周期。下面有一个同学看到写出的字说"周期性"。

图 1　田老师一边板书一边引出数列的"周期"

师：对，这个词叫"周期"。数列的项是成周期出现的，这样求和才容易。我们这道题实际上就是这个问题。**我们得有这么一个意识。**

你看我把给的递推公式写出来，a_{n+1} 等于什么——（教师在黑板上写的同时引导学生一起说）（生：$\frac{a_n-1}{a_n+1}$），如果我们按正常思路去操作的话，两边同时乘以 a_n+1，**我看了一下还是有一点特点，但是你要写它的通项还比较麻烦。于是我们又想出第二招，**因为我们现在知道 $a_1=2$，按递推公式，n 取 1 的时候，是不是可以算出（生：a_2），大家算一下 a_2 是多少？（生：$\frac{1}{3}$）。a_2 有了是不是可以算 a_3，a_3 等于多少？（生：$-\frac{1}{2}$），同理，我是不是可以算出（生：a_4），a_4 等于多少？（生：-3）**算对的举手，没算对的赶快算一下。**$a_3=-\frac{1}{2}$ 往里面代入，$(-\frac{1}{2}-1)/(-\frac{1}{2}+1)$，**一定算一下，不要人云亦云。**

在黑板上写 $a_4=-3$，"算出来的举个手，没算出来的不要慌，继续算。后面同学抓紧时间"。

田老师随手把屏幕向上拖动。他对电子黑板的使用，包括放大、拖动、换颜色，也非常熟练，像玩 iPad 一样。板书工整、字迹清晰。

再算一下，$a_5=2$，这时 a_5 和 a_1 重复了，如果你继续代入，会出现 $\frac{1}{3}$，再下一个出现 $-\frac{1}{2}$，再下一个出现 -3。所以会出现 a_5、a_6、a_7、a_8 分别对应的是 2、$\frac{1}{3}$、$-\frac{1}{2}$、-3，这样 a_1 到 a_4，a_5 到 a_8，a_9 到 a_{12}，每四项周期性出现一次。现在我们回过头来要去算 S_{2016}，它本来是 $a_1+a_2+\cdots+a_{2016}$，我每四个项加一下，对吧？（生：对），把 2、$\frac{1}{3}$、$-\frac{1}{2}$、-3 加起来看一下这前面总共有多少个周期，我们可以算一

下（生：504）2016 除以 4 恰恰是 504 个整的周期，意思就是说我只需要把 a_1 加到 a_4，加起来乘以 504 就可以了。来，大家把 a_1 加到 a_4 加一下，是多少？（生：$-\frac{7}{6}$）那也就是说这个题可以这么写了：$504\times$（$a_1+a_2+a_3+a_4$）等于 $504\times$（$-\frac{7}{6}$），等于负的多少？（生：–588）–588。

看一下，这道题说明了一个问题：**在计算这种求和的时候，一定要注意一个问题，就是我刚刚在这里写的"周期"，一定要考虑它的周期问题。**你想，如果没有这么个周期，你从第一项加到第 2016 项，这个难度有多大。所以**题干往往是暗示了一个东西，要注意好。**

在 21 世纪历次教学改革下，像田老师这样穿插了讲授、问答、讨论、辩论等教学策略的教学方法，并不会被认定为符合新课改所倡导的"探究式""合作式""小组学习"等教学模式，但广泛扎根在县中的中年教师往往使用的就是这种教学方法。他们长期在教学一线，积累了大量应对考试的技巧，他们理解学生，也有办法解决学生的"疑难杂症"；在讲题过程中，他们能想尽一切办法引导学生关注重点，适时总结思路。例如，田老师想到了用"周期"和"观察题干暗示"这些"妙招"，在自己的教学工具箱中随时提取大大小小的"小贴士"。

重点二：在数列题分析中综合运用累加法和裂项相消法的思路

下面呢，我看了一下第12题，这道题是一个选择题，但如果这道题搞成一个大题，我觉得大家做起来也不轻松。**给你5分哦，这太值了，对吧。**大家**注意观察**一下这个题的问题在哪里。$a_1=1$ 满足了对于任意的 $n\in$ 正整数都有，现在大家看，后项等于第一项加前项加了一个项数 n，我们现在要去求 $\frac{1}{a_1}+\frac{1}{a_2}+\cdots+\frac{1}{a_{2019}}$ 等于多少，**还是求和的问题。**大家试想，如果我现在知道数列 $\{\frac{1}{a_n}\}$ 通项的话，是不是问题就好办了？（生：对）但是能不能知道也不一定，我得按照前面的规律去讨论一下。这里有一个递推公式，递推公式是什么？（生：$a_{n+1}=a_1+a_n+n$），那我们把这个整理一下吧，后项减去前项，不就等于 n 加了一个 a_1？a_1 是知道的吧？多少？（生：1。）大家注意观察一下，我们看到的这个式子大家实际上并不陌生。**后项减前项等于一个代数式。** 我在前面给大家讲过求通项公式其中有一招就是这种东西。（生：对）

老师提问：这种用的方法叫什么方法？有一个同学很快小声说出"累加法"，然后同学们冒泡一样地小声说出"累加法"。"当时我是给你总结了，遇到这种题型我们求通项的时候用什么方法？"同学们异口同声：累加法。老师提高音量：叫什么法？同学们也提高音量：累加法。老师：有些人想起来，有些人没想起来。叫什么？老师和学生同时说出"累加法"。

那意思就是说我现在可以**递推**了。**我怎么个递推法，你们看一下。** 于是就有 a_2-a_1 等于 n 取 1 的时候，就是（生：2）。同理递推，a_3-a_2 是多少？（生：3）那 a_4-a_3 等于 4。实际上这个规律很明显，**我就不写那么多，省略了。** 接下来我只需要写 a_n-a_{n-1} 等于多少（生：n），**注意对应规律。** 等于多少？（生：n。）是不是等于 n？（生：是）等于 n 对吧。那接下来我们只需要怎么办？累加吧，不是说的累加的吗，怎么个累加法？（师／生：**左边加左边，右边加右边。** 有一个女生在老师话音未落时就脱口而出，大多数同学在老师说完前半句也很迅速地接上了这句话。）左边一加是不是可以抵消一些关系？这些是不是可以抵消掉，你看一下是不是可以依次抵消？（老师在电子黑板上换了一个颜色的粉笔依次划掉了抵消的部分）接下来我们可以得到一个什么东西？（师／生：$a_n-a_1=2+3+4+\cdots+n$），我继续把它整理一下，$a_1=1$，移过来就是 $1+2+3+4+\cdots+n$，这是一个等差数列，**这个结果我们背都背下来了吧，** 等于多少？（学生众说纷纭，语气犹疑，没有像之前一样很肯定地回答，也没听到正确答案。）

看来我们确实没下功夫。这回考不好是正常的呀。 1 加到 n 都说不出结果来啊。［生：$\dfrac{n(n+1)}{2}$］太不像话了吧，我说的梯形面积公式，这个结果有了对吧。**有了以后，大家注意观察**，我们这才完成了第一步工作。**相当于我们现在知道了** a_n **的通项。**

田老师说"看来我们确实没下功夫""太不像话了吧"的时候都不是真生气，更接近打趣和调侃。

图2　田老师在讲解数列的裂项相消法

图3　同学们都比较认真地在听，和老师的互动也很多

现在 a_n 的通项有了，我刚才往黑板上写了一个东西，大家注意没有，**研究这道题需要** $\dfrac{1}{a_n}$ **这个新数列的通项**，对吧？（生：嗯）a_n 都有了，$\dfrac{1}{a_n}$ 是不是自然可以写出来了？那我们来把这个写一下，**于是我们有……**

老师边说边在黑板上写下公式推导过程：$\dfrac{1}{a_n}=\dfrac{2}{n(n+1)}$。

这是一个倒数，一倒数的时候分子变成 2 了吧？（生：对）大家看到的时候想到了什么？现在我们要求 $\dfrac{1}{a_n}$ 的前 n 项和，看到这个式子你想到了什么？**我之前讲到了求和的其中一种方法叫什么？（生：裂项相消法）裂项相消法是不是就满足这个关系了？那我怎么用裂项法？你看一下。**我们知道，这个式子我写成 $\dfrac{1}{n}-\dfrac{1}{n+1}$，但是通分后分子变成多少，你看一下。一通分，分子是 1，还需要把 2 提到前面，2 倍的它就可以了吧。（生：对）

$$\frac{1}{a_n}=\frac{2}{n(n+1)}=2\left(\frac{1}{n}-\frac{1}{n+1}\right)$$

那现在，照这个说法的话，这道题我觉得已经可以操作了。怎么来写？大家看一下，裂项相消法，这种方法我在前面已经给你们讲了多次了，现在求的是什么？假设 $\left\{\dfrac{1}{a_n}\right\}$ 这个新数列的前 n 项和我用 T_n 表示，是不是求了一个 T_{2019}，意思就是说 $\dfrac{1}{a_1}+\dfrac{1}{a_2}+\cdots+\dfrac{1}{a_{2019}}$，我裂项相消的话，每一个展开式都有一个 2，我把 2 提出来放到最外面来，可以吧，这里面就变成什么？第一项就写成什么？（师／生：$1-\dfrac{1}{2}$）是这个样子吗？（生：是）那就是 $1-\dfrac{1}{2}$，加了一个多少？（生：$\dfrac{1}{2}-\dfrac{1}{3}$）加多少？大声点说，不要闷着。（更多学生高声地说：$\dfrac{1}{2}-\dfrac{1}{3}$）一直加到多少？（生：$\dfrac{1}{2018}-\dfrac{1}{2019}$／$\dfrac{1}{2019}-\dfrac{1}{2020}$／$\dfrac{1}{n}-\dfrac{1}{n+1}$，众说纷纭），最后一项是 $\dfrac{1}{n}-\dfrac{1}{n+1}$。**给大家两分钟，把结果算出来。**

当 n 是 2019，最后一项应该是多少？**大家都要看一下黑板。**n 在这里具体是多少？（生：2019），所以最后一项是（师/生：$\frac{1}{2019} - \frac{1}{2020}$），最后一项是这样的。**算一下，我需要结果，算快一点，是哪一个结果。**

这里既用了**累加法**，又用了**裂项相消法**，所以这道题非常重要，把我们常规的知识都用上了。好了，结果出来了吧。算出结果的举手。多少呢？（生：$\frac{2019}{1010}$），大声说一下（生：$\frac{2019}{1010}$），答案是对的吧。（生：对）

在讲数列的时候我给你们补充的求通项的方法和求前 n 项和的方法是不是已经都够用了？关键是你要把它用熟了，用活了，用好了，就可以了。其实第12题在考试时需要时间，你们要算出这道题得几分钟？（生：五分钟）大家五分钟能做完吗？这道题做对的举个手我看一下，**做对的，不是蒙对的，蒙对的也算数吧。**

有4位同学举手了。**"×××都没蒙对啊。"**

就说到这儿吧，**这道题还是作为重点下去整理一下，好吧。**（学生弱弱地：嗯）"嗯?"（生：好）

30分钟讲完选择题。

下面我们看一下填空题，填空题第一个分数不等式，我这两天正在改这道题，我们等价转换的时候，老是认为那个分母不等于0，没给人家排除掉。所以它的区间是一个前闭后开的区间，那应该是——（师/生：大于等于1，小于3）

查漏补缺：直线与圆中的数形结合

第二小题是 $\pm\sqrt{3}$，这个题好像也没有问题，对吧。会做这个题吧？14题做对的举手？这么多人竟然出问题了。这道题不是我们本学期学的，是前面的知识。你看一下，给了一个直线方程，直线方程你注意一下，是恒过（0，1）点，对吧？（生：对）嗯？（生：对）又给了一个圆，这个圆也特别特殊吧，在什么位置？（几个学生：原点）**圆心在哪儿？没在你身上就大声地说吧。**（生：原点）圆心在原点，半径是啥？（生：1）那半径是 1 的话，显然和 y 轴会交于（0，1）点，刚好这条直线是不是也经过（0，1）点，**看题要看特殊条件的，看到大脑没反应是不行的。**然后告诉你∠POQ=120°，随便做个示意图看一下不就行了嘛。

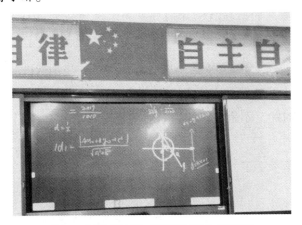

图 4　田老师画的"直线与圆"示意图

这种题，没有难度，**我可以说你高一这一块的知识学得应该不是太好，有问题啊。**随便画一下，这是（0，1）点，把这个圆大致做出来，这是一个圆。过（0，1）点还有一条直线，假如我做这样一条直线，做完这条直线，它交于圆于 P、Q 两点，是不是？我标出 P、Q 两点，现在是不是有一个角，∠POQ=120°，显然我们做直线的时候并不止这一条，我如果沿这个方向做对称的一条，是不是也能满足这个角是 120°？（生：是）

我现在不管那么多，总之这个角 120°有了，现在圆心在这儿，显然我能算出圆心到直线 1 的距离。（下面有学生受启发，几乎是同步甚至比他还要快地说出"圆心到直线的距离"）

可以吧？（生：可以）圆心到直线的距离可以用解三角形搞定，

做一条垂线过来，这个角是 60°，这个圆的半径是几？（生：1）显然这个距离（指垂线段）就是 $\frac{1}{2}$，谁到谁的距离是 $\frac{1}{2}$？（师 / 生：圆心到直线的距离）那我现在马上利用这个距离 $d=\frac{1}{2}$，用点到直线距离公式，马上可以算出 k 来。

这条直线方程谁来说一下？$y=kx+1$，圆心（0，0）到直线的距离是 $\frac{1}{2}$，点到直线的距离公式还记得吧？知道的请举手。

总结基础知识

田老师说到以上学习过的点到直线的距离公式，居然只有三三两两的学生举手记住了这个公式。

我觉得这也太无助、太丢人了。点到直线的距离公式，咱们一个重点班这么多人记不住啊。需要我给你们说一下点到直线的距离公式吗？"（生：需要）

$$d = \left| \frac{Ax_0 + By_0 + C}{\sqrt{A^2 + B^2}} \right|$$

(x_0, y_0) 就是点的坐标（0，0），直线方程要化成一般式才行，化成 $kx-y+1=0$ 就行了吧？动手，算一下。

公式记不住，你们这学期从来没看过书啊？嗯？有点说不过去。

老师这时不是非常生气，但明显意难平，同学们在算题的时候跟学生讲，课后接受访谈时又跟我们讲了公式记不住这件事。

把（0，0）点往里面一代入，分子就是常数 1，分母就是 $\sqrt{k^2 + 1}$，你说这有啥难，两边一平方，k 就解出来了，对吧？解出来的举手。没几个人解出来了，动作快一点。

老师走到学生们当中看大家是怎么做的，在一个学生面前停留，"弄啥呢，分子都不用解，（0，0）往里一代，分子就变成1了，你还写那么长干啥。可千万不要拉一个长式，看怎么算快"。

好，现在解完了没？（生：解完了）现在解出来的举手，很简单的一个方程。这是我们中规中矩的解法，其实**这道题"杀鸡不用宰牛刀"**。我们画这个图的时候已经看出来了，这个点太特殊了，是（0，1）点，对吧？知道这个角是120°，这个角是30°，这条直线的斜率就出来了，60°，而这个角是120°，这条斜率k是负的，等于$\tan 120°$，等于多少？$-\sqrt{3}$就完了嘛。因为它具有对称性，还有一条直线和它是关于谁对称的？（一个学生：y轴）所以它的斜率是互为什么？（师/生：相反数），实际上这两条直线斜率是互为相反数的，这一条直线肯定就是$y = \sqrt{3}x + 1$，另一条直线是$y = -\sqrt{3}x + 1$。这样也可以看出是$\pm\sqrt{3}$，但是我看了一下我们同学，这一块忘得太多了，高一学成这样有点说不过去。

田老师在此讲了两个方法：数的方法和形的方法。前者常规一点，后者在计算上简单一点。老师可以讲出两种方法，但是学生能用其中一种方法算出来的都很少。

好了，15题我不想多说，15题我没讲，**能答出来就是你的运气好。（生：算出来的）那是投机取巧。**（学生笑了）因为我要告诉大家，**我们真正的线性规划可不是这么搞的，**不然的话，讲那么多东西就没用了，**老师用五分钟就让你算出来了，你说我们线性规划还有啥用？**不是这么搞的。这是投机取巧。线性规划的作用很大，我们后面会详细讲。

16题是一个解三角形，（下课铃响）正弦定理，余弦定理，中间转换一下就搞定了，对吧？（生：对）这道题的答案是 $5\sqrt{6}$，做出来的举手。下去再算一下，由于时间关系，我们先下课吧。

一节课基本讲完选择题和填空题（一张卷子共 16 道选择题和填空题，差一道题没讲完）。课后田老师反馈说，学生基础不好，"点到直线的距离"都不能掌握；有的时候问简单的 1 加到 n 数列求和、点到直线的距离公式等基础知识，学生都不能很快答出来，但是我们看到学生状态还是不错的。田老师再次像在课堂上对学生说的那样强调，"我希望大家都动起来，口到、手到、心到"。在他眼里，教学才是他所认为的"正事"，才是值得投入的、让自己觉得有价值的事情。

虽然我们很难进入高中二年级的数学课堂去考察教师的教学能力和学生的学习效果，但整体来看，这位精力主要放在行政管理、扶贫攻坚等"杂事"上的校领导，在准备并不是很充分的情况下，走上讲台，还是能让我们看到一位有经验的数学老师讲的一节习题课，几乎能够达到示范课的水准，特别是其中展现的教学基本功和课堂组织策略都是今天的教师教育比较缺乏的。第一，教师注重观察，不断强调学生对题目的观察，"看题要看特殊的条件的"。第二，强调方法，"周期""累加法""裂项相消法"等关于数列的很多方法在一节课上练习过很多次，这可被称为"高效课堂"。第三，教师懂得怎样清晰地讲好简单的题——复习核心知识点、快速排除错误选项；难题怎样去突出和强调重点，如关于"周期"的导入、使用、总结强调的过程，使课堂教学详略得当。第四，强调学生动手。不是满堂灌、自己讲，让大家去算去练习，使课堂的节奏很好。"没算出来的不要慌，继续算""我希望大家都动起来，口到、手到、心到"这些照顾学生心理状态的话语随时从教师那里发出，自然亲切。第五，老师有意识地调动学生的积极性，让学生积极反馈，并且不断地提问，而且提问中有平等沟通，"我现在想知道大家是怎么判断出增减的？""那我怎么用裂项法？你看一下。"学生们有时候像在哄一个老小孩，而教师有时候也会开玩笑，营造出良好的课堂氛围，"做对的，不是蒙对的，蒙对的也算数吧。""圆心在哪儿？没在你身上就大声地说吧""能答出来就是你的运气好。(生：算出来的)那是投机取巧。"类似这种自如的课堂互动很多，互动出自本能和本心，这让课堂严肃和活泼兼具。第六，教师的板书整洁美观，详略得当，边写边讲，思维过程直观展现，令人印象深刻。

这里展现的课堂可能是很多人都亲身经历过的，当我们阅读这些课堂实录的时候，可能会回想起当时的场景、对话、氛围和情绪。身在局中与置身事外，是不一样的体验，也会生发出不一样的观点。课堂和教学永远是学校教育最重要、最核心的环节，能够引起我们对学校生活各个方面的关注。

四 结语

日常生活的灰色调本身拥有一种粗粝的潜能，我们要重视人生中的那些单调元素的文化意义（杰克逊，2021：3）。我们每个人都经历过课堂生活，一堂课也在教师技能培养和领导监控中被拆分成可见的类似"五步教学法"一样的规程和惯例。在实地考察一所学校时，评判者往往更多关注课堂生活以外的"花样"，如特色项目、比赛、社团等，以及能简单代表学校办学成就的考试成绩排名、学校荣誉室陈列的各种奖杯奖状。然而，只要你能拿到学校的总课表，一个个年级、一个个班、一门门课程地听过去，最多花上一个星期，你对这个学校的绝大多数事情都可以了如指掌。遗憾的是，很少有人这么做。日常的课堂教学是每个学校的基本运行单位和行为舞台，它看似简单，实则十分复杂，需要通过不断变换镜头角度、调整焦距来进行观察和评论。

课堂教学占据了学校生活的主要部分，但公众、家长甚至上级教育行政管理部门经常只是习惯性地关心那些容易被注意到的地方。他们关心的都是学校生活中那些不寻常的方面，而不是那些平平常常、看似琐碎的东西。可是，这些东西充斥着学校生活的每一分、每一秒。教师也和家长一样，关注某个学生具体做错了什么或者取得了什么成就，然后用这些代表这个学生在一整天里的学校表现，尽管这些事在时间上只占极小的比例。他们很少思考那些构成课堂生活常态的千万个瞬间。本文所展示的课堂教学片段，每天都在发生，可是经常不被纳入教育评价和教学质量考核的范畴，但实实在在是师生之间的"重大事件"。教书还是育人，教书而且育人，方式应该因地制宜，没有一定的成规。知识传递和行为规训可以在一堂课中兼而有之，也可以分布在一学期的课堂中各有侧重。在倡导"全面育人"的今天，如何全面、育什么人、育成什么样的人，都需要随机应变，而万变又不离其宗：教书育人。

参考文献

布尔迪厄，2004，《国家精英：名牌大学与群体精神》，杨亚平译，商务印书馆。

布尔迪厄，2007，《实践理性：关于行为理论》，秦岩译，生活·读书·新知三联书店。

布尔迪约，P.、J.-C. 帕斯隆，2002a，《继承人：大学生与文化》，邢克超译，商务印书馆。

布尔迪约，P.、J.-C 帕斯隆，2002b，《再生产：一种教育系统理论的要点》，邢克超译，商务印书馆。

布鲁巴克，约翰，2012，《教育问题史》，单中惠、王强译，山东教育出版社。

韩小凡，2019，《农村初中生的"反学校文化"与社会再生产》，硕士学位论文，南京师范大学。

杰克逊，菲利普·W.，2021，《课堂生活》，丁道勇译，北京师范大学出版社。

柯春晖，2011，《城乡统筹发展中的教育政策取向和政策制定》，《教育研究》第 4 期，第 15~19 页。

林秀珠，2009，《从文化再生产视角解析中国教育的城乡二元结构》，《教育科学研究》第 2 期，第 14~17 页。

杨东平，2000，《对我国教育公平问题的认识和思考》，《教育发展研究》第 8 期，第 5~8 页。

脱贫地区乡村小规模学校的价值、质量困境与对策

——基于甘肃省临夏州的实证调查*

赵　丹　周兆海　林晨一　赵　阔**

摘　要：乡村小规模学校是脱贫地区适龄儿童就近入学、公平接受优质教育的重要教育载体，发挥着确保弱势儿童受教育权的空间正义、提供优质教育服务、助力脱贫攻坚与乡村振兴有效衔接的重要作用。通过对"三区三州"地区甘肃省临夏州的调查发现，脱贫地区乡村小规模学校教育质量现状仍有待改善，其困境主要体现在：学校空间可达性水平较低、教育资源配置水平不高、教育过程质量和结果质量均有待提升。因此，本文建议增加教育资源有效供给，改善小规模学校办学环境；深化小规模学校课程与教学改革，提升学生学习获得感；创新办学模式，促进脱贫地区小规模学校内涵式发展；建立个性化评估督导机制，注重教育质量隐性因素；多元主体协同建设小规模学校，助力脱贫地

* 基金资助：国家自然科学基金面上项目"基于集群发展的乡村小规模学校教育质量提升研究"（71874140）、国家自然科学基金管理学重点项目"基础教育公平实现机制与服务均等化研究"（71433004）、陕西省哲学社会科学研究基地项目"乡村振兴背景下乡村小规模学校高质量发展研究"。

** 赵丹，陕西师范大学教育学部特聘教授，博士生导师，研究方向为农村教育；周兆海（通讯作者），陕西师范大学教育学部副教授，研究方向为农村教育；林晨一，浙江大学教育学院硕士研究生；赵阔，中国人民大学教育管理学院博士研究生。

区教育振兴。

关键词：脱贫地区；乡村小规模学校；教育质量；教育资源

一　研究缘起

《中共中央 国务院关于实现巩固拓展脱贫攻坚成果同乡村振兴有效衔接的意见》提出"进一步提升脱贫地区公共服务水平""加强乡村寄宿制学校和乡村小规模学校建设"。在后脱贫时代，广大偏远地区的乡村小规模学校为脱贫儿童提供必要的教育公共服务，它们在方便就近入学、降低求学成本、防止辍学失学、改善脱贫儿童受教育质量等方面将发挥更加重要的作用。特别是"三区三州"地区，脱贫不稳定户、边缘易致贫户等群体数量庞大，大量脱贫留守儿童就读于乡村小规模学校。据最新统计，2019年我国乡村小学数量为 88631 所，而小规模学校（主体为教学点）数量为 84495 所，约占两类学校总数的 48.81%（中华人民共和国教育发展规划司，2020）。可以说，乡村小规模学校是确保脱贫儿童公平接受优质教育不可替代的教育形式，更是志智双扶、促进脱贫攻坚与乡村振兴有效衔接的重要载体。然而，受地理位置、办学资源等条件的限制，"三区三州"地区小规模学校在办学质量方面仍不尽如人意，这直接影响到农村高质量教育体系的建设和乡村教育振兴目标的实现。那么，在后脱贫时代，乡村小规模学校的重要价值体现在哪些方面？其教育质量存在哪些问题？应从哪些方面提出对策解决上述问题？这在现实中迫切需要解答。

基于此，本研究选取甘肃省临夏回族自治州（以下简称"临夏州"）6个县、23 个乡镇、88 个村、79 所学校（含 58 所小规模学校）为调查地[①]，共发放学生卷 1560 份、教师（校长）卷 336 份，回收有效学生卷 1459 份、

[①] 本研究对小规模学校与大规模学校的区分主要以区位特征为标准，即将位于农村地区的村小和教学点界定为小规模学校，而将位于县镇的中心学校界定为大规模学校。这一区分与学校的规模大小区分基本一致，即位于农村地区的村小和教学点规模大多在 200 人及以下，而县镇学校规模大多超过 200 人。这一标准与 21 世纪教育研究院（2014）的界定相一致。

教师（校长）卷 317 份，问卷有效率分别为 93.53% 和 94.35%。问卷调查内容主要包括学生基本情况、学校可达性、学校教育输入质量（办学经费、师资、教学设施等）、教育过程质量（课程和教学实施、师生互动、学生学习体验等）和教育结果质量（学生学业成绩、学习自信心、同伴关系等）等多方面信息。同时，课题组对部分家长、村民和教师进行了深度访谈，充分挖掘乡村小规模学校的重要价值及质量问题，并提出切实可行的政策建议。

二 脱贫地区乡村小规模学校的重要价值

（一）保障脱贫儿童就近入学，促进弱势群体受教育权的空间正义

空间正义是指具有社会价值的资源和机会在空间的合理分配是公正的，避免对贫困阶层的空间剥夺和弱势群体的空间边缘化（曹现强、张福磊，2011）。现实中，提升小规模学校教育质量是调节县域义务教育空间正义与优质均衡的关键。在空间正义缺位与质量失衡的挤压下，农村学生与家长常常被迫面临"就近入学"还是"追求质量"的选择难题。要破解上述难题，城镇大规模学校和乡村小规模学校的优质均衡发展是必然路径。特别是对于广大乡村地区来说，优化小规模学校布局并提升办学质量，能够让乡村儿童就近入学的同时不因教育质量差距而面临选择困境。从教育公平的本质内涵——教育起点、过程和结果公平的视角来看，小规模学校多位于乡村儿童居住地所在社区或邻近社区，可以为当地儿童提供最为便利的教育公共服务，确保其教育起点的公平；同时，改善小规模学校办学环境、提升课程与教学质量等均能最大限度地提升乡村儿童教育过程和结果的公平性。

（二）满足脱贫儿童优质教育需求，补齐城乡教育均衡发展短板

继党的十九大报告提出"我国社会主要矛盾已经转化为人民日益增长的美好生活需要和不平衡不充分的发展之间的矛盾"之后，党的十九届五

中全会、六中全会也分别提出"我国发展不平衡不充分问题仍然突出""人民对美好生活的向往是我们的奋斗目标"。上述矛盾在义务教育领域的具体表现就包括农村学生及家长日益增长的对优质教育的需要同当前城乡、县域义务教育发展不均衡之间的矛盾。长期以来，乡村小规模学校作为县域义务教育均衡发展中的短板，其办学质量的提升是破解上述矛盾的关键。特别是对于脱贫地区来说，小规模学校为脱贫儿童在人生起点阶段积累人力资本提供了重要保障。因此，解决我国县域内义务教育质量发展不平衡不充分的难题的关键在于乡村小规模学校，只有乡村小规模学校的办学质量提高了，才能为脱贫儿童提供公平优质的教育服务，进而能够满足农村学生及家长对优质均衡教育的需求和期待。如 2019~2020 年临夏州投资 3.24 亿多元，建设 151 所乡村小规模学校，并通过三区支教、轮岗交流、调整配备等办法，累计向乡村学校选派教师 3500 多名[①]，极大地提升了小规模学校的办学水平，为脱贫儿童接受优质教育奠定了坚实基础。

（三）提升弱势群体人力资本水平，促进脱贫攻坚与乡村振兴有效衔接

教育是阻断贫困代际传递、促进脱贫人口获得更高水平人力资本的根本途径。正如舒尔茨（1997）所提出的，"经济增长的源泉，主要决定于知识的进步和把这些知识运用于生产比从前质量更好的物质资本形式，决定于人们在他们经济努力中有用能力的巨大增进"。小规模学校是脱贫儿童接受义务教育的不可替代的教育载体，可以保障他们在人生起点阶段获得优质教育，进而为其人力资本提升奠定坚实基础。具体来说，包括以下两个方面。

其一，降低求学成本和辍学风险。在后脱贫时代，我国偏远农村仍有大量的脱贫不稳定户、边缘易致贫户等群体。受到自然地理、生态环境恶劣等因素的影响，这类群体的经济生存能力仍然较弱，返贫风险较大。他们的子女在接受义务教育过程中，对因上学距离而产生的交通、生活成本极其敏感，很容易因上学远、上学难而产生辍学念头。而小规模学校恰恰

---

① 《临夏：大力发展教育　增强"造血"能力　助力乡村振兴》，中国甘肃网，http://www.gscn.com.cn/gsnews/system/2021/04/14/012572389.shtml。

能够保证这类儿童就近入学，最大限度地降低其求学成本，消除其跨区域入学的多重压力，进而降低辍学风险。

其二，提升脱贫儿童的内生发展动力和可行能力。正如著名经济学家阿马蒂亚·森所提出的，"教育可以使一个人在商品生产中效率更高，增加其收入；还可以促使个人从教育中得益——在阅读、交流、辩论方面，以及更知情的方式作出选择方面，在得到别人认真对待方面；等等"（森，2013）。但现实中，限于家庭社会资本、文化资本、经济资本等多重劣势，脱贫儿童的自主发展能力普遍较弱。针对上述问题，小规模学校能够通过课堂教学、社会实践、素质拓展、技能培训等多重途径，培育学生从小树立自强自立信念，提升知农爱农为农素养，掌握农业生产和多元实践技能，进而提升人力资本水平和可持续发展能力，这对促进脱贫攻坚与乡村振兴有效衔接具有重要意义。

（四）传承乡土文化、提升社会认同，助力乡村全面振兴

中华民族有着数千年的农耕史，以农耕文化为主要代表的乡村文化，既是中华传统文化的重要组成部分（韩美群、杨威，2020），也是乡村振兴的动力和灵魂，还是乡村能否全面振兴的体现与标志。乡村文化的传承必须要依托乡村学校这一载体，这对于脱贫地区的小规模学校而言也不例外。在实践中，首先，乡村小规模学校是很多乡村的文化活动中心，是村级文化最活跃、最具凝聚力的场所，因此成为村史、村风的传承载体。学校通过将学生文化素质拓展课与村民文化活动有机融合，举办村史档案参观、农耕文化展览、文艺演出、祭奠仪式、读书交流、演讲比赛等活动，吸引村民参与乡村文化建设，增强村民的集体感、责任感、荣誉感，进而在乡村找到归属感。其次，随着乡村地区社会阶层分化、社区群体多元化特征的显现，小规模学校与村委会发挥协同治理作用，通过组织村民集会议事、讨论制定村规民约等，促进村庄内异质性群体交换意见，提升村民对公共事务的参与程度；通过集中开展农业科技培训，提升村民文化素养和技能水平；等等。总之，乡村小规模学校对后脱贫时代的乡村文化传承具有重

要价值。在乡村振兴战略深度实施进程中，小规模学校将持续传承耕读传家、仁善为本、慈孝治家、家国天下等传统文化中蕴含的核心价值观，承载乡村社会治理、文化治理等多元功能，有效促进乡村全面振兴。

三　脱贫地区乡村小规模学校教育质量存在的问题

（一）学生上学距离较远，学校空间可达性有待提升

学校空间可达性是指学生从家到达学校的便捷程度，它受制于家庭、学校的地理位置以及学生所采用的交通工具，是反映学校教育质量的关键变量（孔云峰、李小建、张雪峰，2008）。从学生上学物理距离、时间距离、上学方便程度三个典型指标来看，乡村小规模学校的空间可达性水平仍然较低。

首先，在物理距离和时间距离方面，小规模学校和大规模学校学生上学的平均物理距离分别是 16.85 里和 10.31 里；花费的上学时间分别是 24.90 分钟和 18.04 分钟。两组数据 T 检验 sig 值分别为 0.064 和 0.001，差异呈现一般显著和极其显著水平（见表 1、表 2）。小规模学校学生上学物理距离和时间距离均值大于大规模学校，一方面源于很多大规模学校学生寄宿导致每日上学距离均值降低；另一方面，也是更主要的，源于近年来小规模学校被大量撤并，保留的小规模学校分散布局在偏远山区且不具备寄宿条件，学生上学路途遥远。

其次，从上学方便程度来看，小规模学校和大规模学校样本群体中反馈"非常方便"和"比较方便"的比例之和分别为 72.6% 和 78.0%，虽然差异不显著，但小规模学校学生认为方便的比例略低于大规模学校。其原因主要在于临夏州地处青藏高原与黄土高原的过渡地带，平均海拔为 2287.6 米。大量小规模学校建在山地、高原处，学生往返家校常常需要翻山越岭，所花费时间较长。访谈中，临夏州临夏县一名六年级男生谈道，自己家与学校的直线距离不到 2000 米，但因隔着一座山，平时上下学走盘山公路需

要 40 分钟甚至 1 个小时。而且，小规模学校学生父母外出务工比例较高，学生无人接送现象普遍，导致其上下学不便。

表 1 小规模学校与大规模学校学生上学物理距离情况

学校类型	均值	标准差	均值标准差
小规模学校	16.85	89.643	3.694
大规模学校	10.31	47.086	1.910

T=2.074，*df*=1195，*sig*=0.064

表 2 小规模学校与大规模学校学生上学时间距离情况

学校类型	均值	标准差	均值标准差
小规模学校	24.90	28.828	1.123
大规模学校	18.04	16.003	0.624

T=3.309，*df*=1314，*sig*=0.001

（二）教育资源质量及利用率不高

教育资源配置是指如何把资源分配给不同层次、类型和地区的学校，其首要标准是公平性，即根据学生不同的教育需求以及不同的教育背景、地理背景，将资源公正地分配给学生（博伊德，2011）。但作为县域内长期处于弱势地位的小规模学校来说，其教育资源水平仍然较低。

其一，乡村小规模学校的办学经费短缺、教育设施利用率不高等问题仍然存在。在以县为主的义务教育财政管理体制之下，脱贫地区县域财政能力仍然薄弱，加之小规模学校隶属于完全小学或中心学校管理，缺乏独立的财政自主权，导致大量小规模学校办学经费不足。调查中小规模学校教师样本群体反馈办学经费"比较短缺"和"非常短缺"的比例之和为57.5%，显著高于县镇大规模学校的比例（32.2%），卡方检验 *sig* 值为 0.000（见表 3）。此外，从办学条件来看，绝大多数小规模学校已经达到标准化办学，但一些教育设施的配置水平和利用率还有待提高。以电子白板为例，有 83.1% 的小规模学校教师反馈其学校配备了电子白板，显著低于大规模学校的比例（95.7%）。访谈中教师也反馈，由于操作不当、仪器正常折旧等损坏的电子白板，长期得不到维修、更换，导致难以正常使用。

表 3　小规模学校与大规模学校办学经费情况反馈

		小规模学校	大规模学校
非常充足	频数	4.0	6.0
	所占百分比（%）	2.1	4.8
比较充足	频数	18.0	15.0
	所占百分比（%）	9.3	12.1
一般	频数	60.0	63.0
	所占百分比（%）	31.1	50.8
比较短缺	频数	67.0	35.0
	所占百分比（%）	34.7	28.2
非常短缺	频数	44.0	5.0
	所占百分比（%）	22.8	4.0
合计	频数	193.0	124.0
	所占百分比（%）	100.0	100.0

Likelihood Ratio=31.453, *df*=4, *sig*=0.000

其二，小规模学校的师资配置水平较低。小规模学校教师样本中反馈师资短缺的比例为 70.8%，显著高于大规模学校的比例（41.9%），卡方检验 *sig* 值为 0.000（见表 4）。其中，音乐、体育、美术等小科课程师资更为短缺，多由语文、数学老师兼代，进而加重了教师的负担。数据显示，小规模学校教师平均每周上课节数为 21.42 节，显著高于县镇大规模学校教师的 15.53 节。个案调查也发现，以临夏州积石山县 Y 小学为例，该校校长每天不仅要负责学生安全与卫生管理工作，还要上 3 节以上数学课。他白天忙于教学、行政管理等工作，晚上在线监督各班级微信群，回复教师和家长的提问。该校其他教师每天至少上 6 节课，语文、数学、辅导循环进行，各科作业全批全改，同时承担学生心理辅导、教室卫生等工作。不少教师在高强度的工作下落下眼疾、肺病、咽喉病等，身体长期透支。

表4　小规模学校与大规模学校教师配备情况反馈情况

		小规模学校	大规模学校
恰好配齐	频数	14.0	14.0
	所占百分比（%）	6.7	13.2
富余	频数	49.0	49.0
	所占百分比（%）	22.5	44.9
短缺	频数	153.0	46.0
	所占百分比（%）	70.8	41.9
合计	频数	216.0	109.0
	所占百分比（%）	100.0	100.0

Likelihood Ratio=24.279，df=4，sig=0.000

（三）课程教学模式与小规模学校实际不够契合，教育过程质量偏低

教育过程质量主要体现在课程和教学实施、师生互动、学生学习体验等方面。当前小规模学校教育过程质量的问题主要体现在以下三个方面。

其一，在课程和教学实施方面，音乐、体育、美术等课程被挤占问题比较突出。小规模学校学生样本中反馈音乐、体育、美术课程"经常被挤占"和"有时被挤占"的比例之和为34.5%，显著高于大规模学校的比例（9.4%）（见表5）。访谈中很多学生、家长反馈，学校音乐、体育、美术课程多由主科老师兼代，他们教学任务繁重又缺乏音乐、体育、美术专业知识，甚至经常占用音乐、体育、美术课程讲授主科课程。此外，"互联网+"教学方式应用不足。小规模学校学生样本中反馈教师经常采用"互联网+"教学方式的比例为68.1%，显著低于大规模学校的比例（82.6%）。访谈中广河县N学校学生谈道，老师有时会使用"青骄第二课堂""考拉阅读"等手机软件辅助阅读训练，他们只能携带爷爷奶奶或父母的手机进行学习，很

多贫困学生只能旁观其他同学的手机。学习过程中虽然有老师指导，但机械化的操作多于探索性学习。因此，"互联网+"教学方式无法深入实施及形式化问题亟待关注，这既没有发挥出提升教育质量的作用，也给贫困学生家庭带来经济负担。

表5 小规模学校与大规模学校音乐、体育、美术课程被挤占情况

		小规模学校	大规模学校
经常被挤占	频数	128.0	18.0
	所占百分比（%）	16.7	3.1
有时被挤占	频数	136.0	37.0
	所占百分比（%）	17.8	6.3
说不好	频数	211.0	334.0
	所占百分比（%）	27.6	57.3
很少被挤占	频数	141.0	10.0
	所占百分比（%）	18.4	1.7
从来不被挤占	频数	149.0	184.0
	所占百分比（%）	19.5	31.6
合计	频数	765.0	583.0
	所占百分比（%）	100.0	100.0

Likelihood Ratio=296.351，df=4，sig=0.000

其二，教师与学生在课堂学习中互动不够充分。良好的师生互动是教师及时获取教学反馈、优化教学方式的重要保障。但当前小规模学校师生互动还不够充分。调查数据中，学生样本群体反馈与老师课堂互动"非常充分"和"比较充分"的比例之和为77.7%，显著低于大规模学校学生的比例（87.3%），其卡方检验sig值为0.000（见表6）。值得注意的是，虽然小规模学校的班级规模远远小于大规模学校，但很多小规模学校未能发挥出小班小校的优势，教师包班授课、高强度工作等问题导致其在教学中精力不足，加之教师年龄老化、教学理念更新慢等原因，其普遍采用以教师为

中心的讲授法进行教学，直接影响到师生互动的频率和效果，不利于学生的主动思考和自主学习能力提升。

表6 小规模学校与大规模学校师生互动情况

		小规模学校	大规模学校
非常充分	频数	424.0	351.0
	所占百分比（%）	51.4	60.3
比较充分	频数	217.0	157.0
	所占百分比（%）	26.3	27.0
一般	频数	124.0	57.0
	所占百分比（%）	15.0	9.8
不太充分	频数	40.0	9.0
	所占百分比（%）	4.8	1.5
非常不充分	频数	20.0	8.0
	所占百分比（%）	2.4	1.4
合计	频数	825.0	582.0
	所占百分比（%）	100.0	100.0

Likelihood Ratio=226.709，df=4，sig=0.000

其三，小规模学校学生参与课外实践活动的机会较少，影响其综合素质的提升。小规模学校学生样本反馈"经常参加"和"有时参加"课外活动的比例之和为63.7%，显著低于大规模学校学生比例（73.0%），其卡方检验 sig 值为0.003（见表7）。访谈中有教师反映，虽然近年来甘肃省实施的多项政策有效地促进了薄弱学校办学条件的改善，多数小规模学校的音乐、体育、美术教学器材、设备等配备比例得到了大幅度提升，但由于师资配置、校本课程资源不足以及学校与社区合作缺失等原因，小规模学校仍然缺乏与乡村文化融合的特色实践类课外活动，加之学校多实行封闭式管理，学生走出校园参与农业生产劳动、体验农耕文化、了解乡村社会等实践机会仍然不足。

表 7　小规模学校与大规模学校学生参加课外活动情况

		小规模学校	大规模学校
经常参加	频数	261.0	323.0
	所占百分比（%）	37.1	45.0
有时参加	频数	187.0	201.0
	所占百分比（%）	26.6	28.0
一般	频数	113.0	82.0
	所占百分比（%）	16.1	11.4
很少参加	频数	74.0	53.0
	所占百分比（%）	10.5	7.4
从不参加	频数	68.0	59.0
	所占百分比（%）	9.7	8.2
合计	频数	703.0	718.0
	所占百分比（%）	100.0	100.0

Likelihood Ratio=16.017，df=4，sig=0.003

（四）学生学习效果与优质学校存在差距，学校教育结果质量较低

教育结果质量主要反映在学生学业成绩、学习自信心、同伴关系等方面。当前小规模学校学生在上述方面的表现仍有待提升。

其一，在学生学业成绩方面，调查样本中小规模学校和大规模学校学生语文成绩均值分别为 64.223 分和 72.567 分，数学成绩均值分别为 64.314 分和 72.075 分，英语成绩均值分别为 65.918 分和 78.959 分，三组数据 T 检验结果均呈显著差异（ sig 值分别为 0.000、0.000、0.000）（见表 8）。这说明小规模学校学生的学业成绩与大规模学校学生存在一定差距，学习效果有待提升。访谈过程中，一些小规模学校学生家长认为学校教学质量远比不上县镇学校，其主要原因在于教师素质不高，并表示"一个学生学不好，是学生的原因，但所有学生都学不好，则一定是教师的原因"。与之相反，

小规模学校教师则普遍将学生成绩较低的原因归结于"学生基础差，家长不配合"。这也说明家校合作缺失在很大程度上影响了小规模学校学生的学习效果。

表8　小规模学校与大规模学校学生学业成绩均值

	学校类型	样本数	均值	标准差	均值标准差	
语文成绩	小规模学校	567	64.223	19.237	0.8079	$T=-5.813$, $sig=0.000$
	大规模学校	602	72.567	18.082	0.7370	
数学成绩	小规模学校	555	64.314	20.882	0.8864	$T=-5.816$, $sig=0.000$
	大规模学校	600	72.075	18.615	0.7600	
英语成绩	小规模学校	490	65.918	20.830	0.9410	$T=-10.573$, $sig=0.000$
	大规模学校	538	78.959	18.714	0.8068	

其二，在学习自信心方面，小规模学校学生反馈对学习"非常有信心"和"比较有信心"的比例之和为77.9%，显著低于大规模学校学生的91.0%（卡方检验sig值为0.000）（见表9）。调研过程中，多名学习成绩尚可的学生认为自己学习较差，其家长反馈主要原因在于学校老师较为严厉，对学生缺乏鼓励，加之环境闭塞，学生与外界交流较少，容易陷入自卑情绪，这在很大程度上制约了学生的心理健康发展。

其三，在同伴关系方面，小规模学校学生反馈与同伴关系"很好"和"比较好"的比例之和为82.9%，略高于大规模学校学生的比例（81.7%）。这在一定程度上反映出小规模学校学生同质性强、同伴关系相对亲密的特点。但对比来看，其并未表现出显著优势。主要原因在于，小规模学校学生多为1~3年级低年级儿童，且留守、贫困、残障儿童比例较高，这些儿童缺少父母的关爱和教导，社会交往能力较弱，甚至容易受到不良价值观的影响，进而影响同伴关系。课题组调查发现，东乡县M小学一位三年级的女生G，父母离异且常年在外务工，家里还有一个妹妹和智障的哥哥，兄妹三人由年迈的爷爷奶奶照料，爷爷体弱多病，奶奶只会说东乡语。其家里经济困难，仅靠政府补贴维持基本生活。由于父母离异及缺少关爱，G 同学性格内向、学习成绩较差，经常受到同学的嘲笑，甚至被孤立、排挤。经过班主任长期的疏导和管理，G 同学和同学的关系才有所缓解。

表 9　小规模学校与大规模学校学生学习自信心反馈情况

		小规模学校	大规模学校
很有信心	频数	348.0	346.0
	所占百分比（％）	56.7	76.2
比较有信心	频数	130.0	67.0
	所占百分比（％）	21.2	14.8
一般	频数	80.0	32.0
	所占百分比（％）	13.0	7.0
不太有信心	频数	24.0	5.0
	所占百分比（％）	3.9	1.1
非常没信心	频数	32.0	4.0
	所占百分比（％）	5.2	0.9
合计	频数	614.0	454.0
	所占百分比（％）	100.0	100.0

Likelihood Ratio=56.0347，df=4，sig=0.000

四　提升脱贫地区乡村小规模学校教育质量的对策建议

（一）增加教育资源供给，改善小规模学校办学环境

教育资源供给是提升小规模学校教育质量的根本保障。首先，应进一步提升财政资源供给水平，通过强化省级统筹、规范县域教育行政部门财政管理行为、确立小规模学校财政管理自主权等措施，切实满足其办学经费的实际需求。其次，应确保小规模学校体育设施、远程教育设备、营养餐及生活保障设施等达到标准化要求，特别要确保教育设备及时维修、软

硬件及时更新等，提高教育设施利用率。再次，提高小规模学校教师工作待遇，在确保脱贫地区教师补贴足额发放的同时，进一步提高其生活补贴，加大力度投入资金支持教师接受高质量的教学业务培训。改善其住宿生活条件，提高教师往返家校交通补助、通讯补助等；针对不同类型教师的家庭结构情况，采取个性化的支持政策，如对于配偶也是乡村教师的小规模学校教师，根据其需求调整其配偶的工作地点并为双方职业发展提供倾斜政策，确保小规模学校教师安心从教。最后，追加小规模学校教育信息化专项资金、部室管理资金与设备维修更新资金等，为学校教育信息化设备、教学硬件设施的正常使用提供保障。

（二）深化小规模学校课程与教学改革，提升学生学习获得感

教育部等四部门印发的《关于实现巩固拓展教育脱贫攻坚成果同乡村振兴有效衔接的意见》特别指出，"健全教学质量保障机制，深化教育教学改革，不断提高农村教育教学质量"。因此，对于小规模学校来说，第一，应结合乡土文化和特色资源，开发乡土课程和实践类课程。广大乡村地区自然资源丰富、优秀传统文化底蕴深厚，乡村小规模学校应充分挖掘乡土资源，开发乡土自然课程、地理课程、生物课程、科学课程、乡土历史课程、音乐美术课程等，拓宽学生视野，丰富学生知识。同时，学校可以整合农业生产场所、乡村社区公共空间、村史博物馆、农耕文化馆等资源，开发实践类课程，让学生体验农耕文化、了解乡村文化、学习农业生产技能。第二，灵活运用多元教学模式提升小班教学质量。小规模学校应统筹校内教师、校外优质师资资源形成教学发展共同体，探索复式教学、分组合作教学、深度学习、混合式教学等多元教学模式，并根据学生的学习需求灵活加以应用，在教学实践中推动教学发展和创新，满足学生的差异化学习需要。同时，小规模学校应充分利用现代网络媒介，借助"互联网＋"教育工程，建立开放灵活的教育资源公共服务平台，通过远程教育等现代科技手段帮助农村、边远地区小规模学校师生实时共享跨空间的优质教育资源。

（三）创新办学模式，促进脱贫地区小规模学校内涵式发展

小规模学校多分布在偏远乡村，所处自然、经济环境较差，如何因地制宜、创新办学模式是其高质量发展的关键。

其一，应打破小规模学校"地域隔离""各自为政"的局面，通过建立学校集群、促进资源共享的方式创新办学模式。具体来说，可以根据校际距离，在5~10公里范围内选择一所办学条件较好的学校作为集群中心学校，辐射带动周围5~8所小规模学校。集群内各学校在人力、物力和财力等方面实现资源共享。例如，可将计算机室、体育馆、图书室、精密仪器等不可移动的教育设施固定在中心学校，集群内其他学校学生定期来中心学校共享上述资源。同时，促进可移动教育资源特别是教师资源的跨校共享，包括校际校长定期交流，共同制定管理目标、管理制度，学习管理经验等；短缺科目教师走教；教师定期跨校交流、集体备课；等等。服务范围超过3个村庄或服务人口较多的小规模学校，应重点采取本土培养优秀教师、全科型教师等政策，提高其工作和生活待遇，确保他们能够长期扎根小规模学校执教。

其二，应发挥小规模学校特色优势，促进内涵式发展。一方面，应充分考虑学校的地理位置、所在社区的经济文化背景、规模、生源状况等因素，将乡村优秀传统文化融入学校办学理念，形成办学特色，进而深入推进立德树人根本任务、提升育人质量。正如邬志辉教授所提出的，"创设乡土特色学习环境，践行天地人和谐、教学做合一、家校社共育的大教育观念"（邬志辉，2020）。如临夏州积石山县、和政县等多所小规模学校将当地武术文化、书法艺术等元素融入校园文化建设，通过举办"中华武术进校园""花儿艺术进校园""书法进校园"等活动，形成学校的办学特色，为学生综合素质提升提供平台。另一方面，发挥小班小校优势，探索高质量教学和管理模式。小规模学校可以深入挖掘复式混龄教学、分组合作教学等模式，实施个性化教学，提升学生自主学习能力和核心素养。同时，促进教师对每位儿童实施针对性的心理辅导、生活教育等，提升教育教学

的精细化程度。另外，基于学校教师数量少的特点，应充分挖掘小型组织的管理优势，通过参与式、民主化管理营造良好的管理氛围，提升教师的获得感和参与度，进而促进学校的高质量发展。

（四）建立个性化评估督导机制，注重教育质量隐性因素

基于小规模学校教育质量呈现的多维特征化困境，教育评估与督导应更加重视契合小规模学校特征的质量评估指标，特别是将能够反映其教育质量的隐性因素纳入评估体系中。

其一，学生发展方面的指标应重点关注学生上学距离与方便程度、学生营养与视力、学生饮食饮水安全、留守及贫困儿童心理发展、低龄学生自理能力、学生自信心与自我效能、表达能力、审美能力及兴趣发展情况等。上述指标更加关注就读于小规模学校的弱势学生的特征，进而驱动小规模学校教育质量的有效提升。

其二，教育教学方面的指标应包括以班师比、科师比或教师工作量为基准的教师资源配置水平、教师教学技能水平、多元教学方法应用、"互联网＋"教学应用、师生互动过程、学生学习获得等方面。该类指标体系应重点从教育过程质量维度引导小规模学校夯实教育教学基础，切实提升学生学习质量。

其三，在评价实施和教育督导方面，应以学校发展与改进为目的，以发展性、增值性评价为主要手段，并进一步完善监督反馈机制，增强学校高质量发展的持续性。值得注意的是，地方政府应切实转变教育治理的态度和方式，不能只看小规模学校发展的结果而忽视其过程，更不能看到结果后不深入了解原因，甚至抱着"有困难克服一下""没有办法就要学校自己想办法"的态度，进而加剧其办学困境。

（五）多元主体协同建设小规模学校，助力脱贫地区教育振兴

自党的十八届三中全会提出基层社会协同治理要义以来，我国广大基层政府、市场、社会组织、民众等利益相关主体，通过互动、协商、合作

等方式，不断推动对公共事务的共同治理。小规模学校作为乡村社区教育公共事业的关键主体，也应充分发挥多元主体的协同治理作用，持续提升办学质量。

其一，进一步提升基层政府的治理效能，包括县级政府、教育行政部门应加大力度支持小规模学校发展，在经费保障、设施改善、师资配置等方面给予更多倾斜；乡镇政府、村委会等应在土地划拨、经费补给、社会网络支持等方面发挥更多作用。

其二，充分利用乡村社区各类资源促进学校发展，如邀请村委会成员、新乡贤、返乡社会精英等参与学校治理，为学校发展建言献策；聘请乡村能人、手工艺人、退休教师等进课堂授课；利用特色产业基地、农业资源等开展实践教学活动，拓宽学生视野，丰富学生知识。

其三，充分挖掘公益组织资源。小规模学校校长和管理人员应与公益组织、乡村社会组织等建立深度联系，争取他们在资源、教学等方面的支持，助力学校办学质量的提升。如 2017 年临夏州东乡县大树小学与甘肃新星公益慈善中心合作，获得其捐赠的课外图书 246 本、益智航模 265 个、体育用品 102 个、有声读物 6 套，为学校开展课后阅读、科学实验、体育活动等提供了重要保障。

参考文献

博伊德，W. L. 主编，2011，《教育大百科全书：教育管理》，高洪源等译，西南师范大学出版社，第 89 页。

曹现强、张福磊，2011，《空间正义：形成、内涵及意义》，《城市发展研究》第 4 期，第 131~135 页。

21 世纪教育研究院，2014，《发现美丽乡村教育——探索农村教育科学发展高峰论坛专刊》，第 46 页。

韩美群、杨威，2020，《充分发挥文化在乡村振兴中的作用》，《人民日报》11 月 18 日，第 9 版。

孔云峰、李小建、张雪峰，2008，《农村中小学布局调整之空间可达性分析——以河南省巩义市初级中学为例》,《遥感学报》第 5 版,第 800~809 页。

森,阿马蒂亚,2013,《以自由看待发展》,任赜、于真译,中国人民大学出版社,第
　　292 页。

舒尔茨,1997,《经济增长与农业》,郭熙保等译,北京经济学院出版社,第 108 页。

邬志辉,2020,《乡村小规模学校高质量发展,路在何方》,《光明日报》9 月 15 日,第
　　15 版。

中华人民共和国教育发展规划司编,2020,《中国教育统计年鉴 2019》,中国统计出版
　　社,第 148 页。

固守村校：家校生活绘制的教师空间位移

常亚慧　冯璐瑶　白海萍[*]

摘　要：乡村教师流动作为一种实践活动，是主体在特定时空所做出的策略性选择。本文以空间理论为基础，用口述史的方法重现从新中国成立到市场经济体制建立这一时期乡村教师的空间位移，探索其中隐含的线索和规则。基于乡村教师的主体实践，从空间表征下解读其流动的历程，本文发现，乡村教师的流动轨迹主要围绕乡村内部的家校生活展开，在这种流动历程中，他们凭借制度性身份的完善和集体情感的施展逐渐展开。这种"自我调适"将个体自身的发展嵌套进社会场域中，形成在特定时代下群体认同的空间。

关键词：乡村教师流动；空间位移；家校生活

一　研究背景

乡村教育作为乡村底部攻坚的重要力量和基层动员的主要抓手，不断得到关注。但受既存的"城乡半二元结构"（杨卫安，2020）的影响，乡村

---

*　常亚慧，陕西师范大学教育学部教授，主要研究方向为教育社会学；冯璐瑶，陕西师范大学教育学部硕士，主要研究方向为课程与教学论；白海萍，陕西师范大学教育学部硕士，主要研究方向为教育社会学。

教育的发展仍有很大的空间（常亚慧、李阳，2020），其中最为显著的是乡村教师资源的短缺（常亚慧，2021）。但在城市主流文化的话语体系建设及推演中，乡村教师的流动之势已愈演愈烈（刘善槐、王爽、武芳，2017）。虽然流动是个体的选择，但它与老一辈乡村教师的坚守形成了鲜明的对比，也裹挟着资源的流失，对乡村教育产生不利影响。因此，本文关注从新中国成立至市场经济体制建立这一时期乡村教师个体的流动选择，通过再现其空间流动历程，探寻流动背后的机制，为当今青年乡村教师的选择提供经验借鉴，激发他们的责任感与使命感，这对稳定乡村教师队伍、提升乡村学校课堂教学质量、推动义务教育事业的均衡发展具有重大现实意义。

二 文献探讨

流动不仅指人们在地理空间上的变化，也标志着行为主体在社会结构中位置的移动（吴增基、吴鹏森、孙振芳，2018），它是人们为了获致一定的地位转换但受到宏观社会结构的制约而产生的"逃离"行为。不同的时代背景下，乡村教师的流动呈现不同的流动路径（范国锋、王浩文、蓝雷宇，2015），不同的流动路径背后也映射了不同的主导性结构因素（石亚兵，2017；夏茂林，2016；贾建国，2009；薛正斌、刘新科，2011）。关于乡村教师流动的成因，已有研究多将乡村教师流动看作一种现象，立足于宏观维度，自上而下地"俯视"教师流动，认为乡村教师流动是受宏观的社会结构"挤压"所形成的。这种观点较少关注制度情境中教师主体的行为，忽略了乡村教师个体的生存境遇和生活历程。乡村教师流动的话语体系从宏观的结构性因素转向微观形态的探究，并逐渐关注乡村教师的主体性，因此，主体的行动是窥探教师流动不可或缺的因素。从生命历程来看，乡村教师的工资待遇、发展前景、关系互动是影响乡村教师流动的重要因素（罗梦园、张抗抗，2020；金志峰、阳科峰、杨小敏，2021；冯文全、夏茂林，2010；龚宝成、殷世东，2019），由此造成了乡村教师"逐利性"流动。以上研究将教师主体在流动中的能动性展现出来，为我们从宏大体系逐渐转入对个体的经验探讨提供了借鉴和参考（米尔斯，2017）。乡村教师的流动看似"无章法"，实际上在特定时期形成了同质化的流动路径，贯穿于个体发展的全过程，与个体的生活史相互交织，透射出宏观的社会结构变迁。这种流动是这一时期城乡关系的映现，在一定程度上形塑着固有的二元结构。因此，本文旨在将结构 - 行动弥合，从宏观的空间结构因素出发，从微观维度研究乡村教师的日常生活与空间意识的形成历程，进而深入细致地探究乡村教师流动背后深层次的社会结构原因，为教育资源的合理配置和乡村教育振兴提供方法论基础和在地政策的适切经验。

三　研究地点与方法

（一）所在县域介绍

本文选取了 L 县为研究地点，该县位于 S 省 W 市的西南部，沂山北麓，弥河上游，古时有骈邑之称号。L 县总面积达到 1835 平方公里，县域辖 6 个镇、4 个街道（W 市统计局、W 市统计学会，2021）①。L 县人口基数庞大，总数不断增长（S 省 L 县史志编纂委员会，1991：165 ~ 168）。L 县境内多山，地势南高北低，东西隆起，南部由连绵山峰组成低山中等山区，山区面积占全县的 47% 左右；北部为山前和山中平原，地势低平，面积占全县的 13% 左右；东部是低山丘陵地形（S 省 L 县史志编纂委员会，1991：129 ~ 136）。县内弥河纵贯南北，汶河横穿东西，两大水系带来了丰沛的水源。文化景观是借助自然形态的景观形成的，L 县传统文化底蕴深厚，自西汉置县迄今 2000 余年，隶属"孔孟桑梓之邦"，是全国文化模范县和著名的"小戏之乡""书画之乡""奇石之乡"（S 省 L 县史志编纂委员会，1991：557）。这种历史面貌既呈现了结构性因素，又赋予了人们自豪感与

---

① 截至 2022 年，镇域内进行调整合并，6 个镇分别是 WJ 镇、ST 镇、JS 镇、JY 镇、SW 镇、LS 镇，4 个街道分别是 CG 街道、DC 街道、YY 街道、XZ 街道，但乡村教师在流动时，一些镇还未进行撤并，因此在口述流动经历时 YS、YZ 等地方单独作为一个镇出现。

归属感。长期以来，人们在这片土地上繁衍生息，质朴、勤劳、热情、好客是 L 县人的美好品质与真实写照。传统性保留完整的地理和文化空间既是一种视觉表征，也是人们产生地方感的物质载体，关系的建构使生活在其中的主体完成了空间的追寻。作为个体生存的物质性空间，在长期的空间生产之中，这些不同要素的意义在人们的日常中不断地复刻、锚定，个体通过自己的体验与探索，去理解、传递和建构这种符码并进行解读，自动构成了将社会情境拆解的过程，并将集体记忆铭刻在自己的身上，获得情感共鸣，借此完成对地方空间的感知、判断与认同。这个特征使 L 县成为研究乡村教师流动的一个选择地点。县城作为城市和乡村的重要连接点，承上启下，兼具城市和乡村两种社会形态的特性，从县域出发能够弥合宏观社会结构和基层社会之间的沟壑，进而深入洞悉隐藏在乡村教师流动背后的机制。另外，L 县作为研究者的熟人社会，在一定程度上能够减少寻找研究对象的阻力，避免因陌生身份而难以进入研究现场或难以拉近与研究对象的距离。在地方长期生活的经验让研究者积累了大量的地方性知识，这为后续分析乡村教师的行为特质提供了便利。

（二）研究对象与方法的选择

"个案说到底只是研究者用来窥探其自身与个案都安放于其中的那个世界的一个窗口而已。"（吴康宁，2020）个案能够帮助我们阐释个人与社会的互动关系。研究者大范围收集乡村教师的资料，走进乡村教师群体，在了解乡村教师这一群体之后，选择了 C 教师作为研究对象。C 教师，1935 年生人，L 县 YS 镇 LJGY 村人。他于 1955 年考入 L 师范学校，毕业后成为一名公办教师，1992 年正式退休。作为从新中国成立到市场经济体制建立这一段历史的亲历者，其流动基本是围绕乡村展开的。他身上有特殊的生存经历和身份印记，是所处时代下城乡关系的映现。从将具体社会形态的研究和个体的空间实践相结合的角度看，乡村教师的个体流动轨迹可以被看成是宏大群体的一个微观缩影，这是借助研究与地理相关的人文活动的文化地理学所实现的（克朗，2005）。同时，本文通过口述方式来记录研究对象的生活史，时间和事件共同塑造了作为个体的体验，个体的行动也埋藏在过去的记忆里，并与历史发展的脉络相互缠绕。乡村教师的叙述是基于自己的日常体验与空间意识所生发出的与过去的衔接和再现，本文借由历史的演变来探究个体的人生历程，阐述乡村教师的互动方式，还原乡村教师的奋斗历程，通过主体的诉说和历史的再现相互交织，展示其在社会变迁中的适时选择和行动策略。

四　研究发现

（一）定格：向乡流动

　　我今年 86 岁了，从 1958 年开始，我在 L 县 CG 镇的 ZF 完小待了 10 年。然后我在本村教了 2 年，后来在 1970 年被分到 JS 镇的 YiS 初中，在那里教了 8 年，之后回到了 MJZ 初中，教了 8 年，又去了 YS 初中教了 6 年，一直到退休。

口述者：C 教师

口述时间：2021 年 8 月 18 日

口述地点：C 教师家中

C 教师于 1958 年被分配到距 L 县城约 5000 米的 ZF 小学，ZF 小学离老家 LJGY 村约 15 千米，1968 年回到老家的 LJ 小学，1970 年去了 YiS 初中，YiS 初中距家乡约 30 千米，1978 年到了离家约 10 千米的 MJZ 初中，1986 年去了离家约 3000 米的 YS 初中。总体来讲，C 教师的流动路径基本上是从乡村流向乡村，流动地区多为不同镇域内的小学或者初中，紧紧围绕乡村社会展开，并且以上级指令为导向、以家庭为中心，呈现离家由远及近的趋势。这一时期乡村教师的流动始终与国家发展同频共振，个体与所处时空的互相制约及关系的在地化将其流动置于宏观结构化的过程中。乡村教师将自己嵌入乡村社会，并主动找寻地方的意义，体现了在重大历史事件中主体的叙事与体认。在这个过程中，我们能够看出，国家把控与个体行动空间之间的张力是非常小的。

（二）无奈：为了生计

> 那时候（1955 年）我考上了咱县的 QS 师范学校（在那时，上完初中有两条路：一是可以去高中，二是可以去读师范。当时家庭条件好的就上高中，高中花钱），在那里上了 3 年师范。当时选择师范，是因为家里困难，供不起，上师范不用家里花钱，国家管吃管住，毕业之后我就去当了教师。为了挣那点钱，养家糊口啊，当时咱这儿也缺老师，也是为了建设咱这里，教书在农村是一份稍微体面点的工作，还可以育人。
>
> 口述者：C 教师
> 口述时间：2021 年 8 月 18 日
> 口述地点：C 教师家中

个体的存在不仅仅关乎自身的期待，也是在社会结构中寻求位置的过程。新中国成立后，无论是扫盲运动的开展，还是教师在乡村建设中发挥作用，都昭示着他们自身作为文化精英的存在及对乡村的贡献。在这段特定的历史时期，择业体现了个体对教师职业及生活的现实感知与真实体验。在 C 教师看来，择业首先是为了解决生计，同时教书育人是对自我价值的肯定，这说明教师职业在当时拥有较高的社会地位，蕴含着个体的期待性和追溯性情感。在国家主流话语和共同目标的作用下，主体的行动抉择会受影响，不同的个体虽扮演着不同的角色，但又共同投入祖国建设的重大任务之中，彼此间互动联结，有明确的分工与合作。在这样的合力下，乡村教育的结构性建设初具规模，形成了"村村办学、学校办在家门口，小学不出村、中学不出乡"的学校布局结构（叶敬忠，2012）。

对空间的宏伟规划是国家作为社会整合的权力机关所做出的制度性安排，空间自上而下的"筹划"反过来会在实施过程中维护国家的权力关系。

当时新中国正处于初步建设时期，权力内化为集体情感这样隐匿的形式，成为这个时代最普遍的情感结构。个体根深蒂固的"无意识"是宏观结构塑造的象征，它们既潜藏在生活中，又以外显的方式展现出来。国家约束行动者的行动，社会结构在宏观层面上决定了个体的机会，这种特定的时空对人产生的结构化影响是实践逻辑的制度性缩影。在人们生命的长河中发生的重大事件可以被看成是集体情感产生的源头，具有代表性的事件在潜移默化中唤起人们隐藏的情感。社会成员之间秉持着相同的信仰，"家国关系"以高度整合的形式将个体驱动、联结形成一定的凝聚力，或者通过对个体的行为进行调控使之符合结构性的要义。在这个过程中，个体自动嵌入社会中，集体化是他们共同的行动趋向，个体与国家紧密结合，成为持久性的力量存在。这一阶段记载着乡村教师奋斗的历史，展现了一代人对国家基础教育建设的热忱和追求。

（三）限制：分配选择

当时师范毕业后，就是从哪里来回哪里去。报志愿的时候也有一栏——是否服从分配，很少有不服从的。毕业后我就成了公办教师，县里管着公办教师的分配调动，哪里缺人就把你调过去。我第一次任教就被调去了咱县 CG 镇那里的 ZF 小学，离家约 30 里路，我就在那里待了 10 年（1958~1968 年）。学校条件比较差，隶属于村庄，后来逐渐扩大了。教师一开始只有两个人，后来慢慢就有了十来个人，只有我一个公办教师，那时候很艰苦啊，一个月才挣 23 块钱。

口述者：C 教师

口述时间：2021 年 8 月 18 日

口述地点：C 教师家中

历史空间是历时性空间实践的积淀，时空的相互嵌合关系为我们理解城乡关系提供了抓手。我国城乡发展具有重大差别，计划经济时期国家以牺牲乡村的发展来谋取城市的发展，这种关系形态的形成伴随着国家政策的倾斜及严格的户籍管理制度渐趋稳定，城乡二元格局逐渐形成。尤其是经过 1958 年人民公社化运动后，国家在基层成立人民公社，建立了以政社合一和集体所有为突出特点的高度集权的组织，这标志着生产资料的高度集中，集体优先的原则使村落中的一切都归于集体。在这一体制中，国家通过对政治、经济、文化等资源进行控制，"强力介入克服了几千年来农民组织的困境"（罗兴佐，2006）。

社会变迁的驱动性原则划定为对空间的合法占有与强力控制，当时虽然国家在政权建设上较为稳固，但乡村发展落后，特别是 L 县从无人区刚刚发展过来（S 省 L 县史志编纂委员会，1991：497）。从现实情况来看，县域内教师资源短缺，因此，国家为了促进乡村教育发展而设置中等师范学校，以培养能够踏实进入乡村任教的教师，进而将师资分配到偏远地区以平衡教育资源（何菊玲、赵小刚，2021）。但将师范生"从哪里来回哪里去"的定向分配看似是为乡村教师提供了良好的就业机会，鼓励他们到偏远地区任教，实际上是把他们固定在特定的地点，这映射出集体主义笼罩下的个体生命状态。此时集体意识作为社会状态的显性表征以维护社会秩序的稳定性，任何失范行为都意味着对社会整合的偏离，成为尽量规避的社会事实。这一时期国家基于政治要求来对乡村教师进行整合（袁利平、姜嘉伟，2022），主流文化对教师形象的宣传，集中在教师的吃苦耐劳、辛勤工作等特质上，这些话语表达是对教师的权力支配。也就是说，乡村教师在主流话语体系中维护和巩固地位。教师之于乡村是主动在场的，这说明这种在场并不仅仅是外在力量的强力规训，还包含着主体的意义建构。价值观作为场域中的符号体系借助权力延伸，以隐性的方式渗透在行动者身上。C 教师遵循该场域的规则并主动将主流价值观内化，将自己的心智图式与社会结构相联结。在这其中，行动者不仅认可既有的支配，还顺利完成支配及再生产过程（布迪厄、华康德，2004：222），而通过认识过程，社会中的支配群体以符号的形式完成了对群体的控制（布迪厄、华康德，2004：227）。

当乡村教师被授予"公办教师"称号——国家法律认可的一个制度性身

份，便摆脱了"半官方"的身份。这种身份的形成是在主流话语、权力意识以及行为主体之间所形成的关系，显示了宏观结构和行动主体之间的互动过程，最后创设出特定的身份表征（马尔库塞，2014）。C 教师在这种"规训"下不断地在乡村中寻找自己的生活想象和寻求自己的行动空间，这一时期乡村教师是一个在国家权力控制下的"顺从者"（张济洲，2013）。

（四）变动：再次离家

　　1970 年以后变了政策，我又重新被分到 YiS 去了。那时候我还年轻点，才 35 岁，也有家庭和孩子。其实自己内心是不想去的，但是上边让我到哪里我就去哪里，这样就离老家远了，我来回奔波于家乡和工作单位。那时各级政府对教育抓得很紧，我们每周都要到公社中心完小集合开全体教师会议，总结每周工作，布置下周任务。不管教师离家多远，每星期天上午 9 点都要按时到会，晚了点名批评。我就周六上午骑着车回家，到家就下午了，周天一早就走，就这样在那里坚持干了几年。

口述者：C 教师

口述时间：2021 年 8 月 18 日

口述地点：C 教师家中

　　"集体意识（道德规范）转变为个人意识，才能更有效地指导、控制个人行为，社会既超越个人之上又内在于个人之中……个人在主观上与群体中其他人共有的或与整个社会共有的一系列信念、信仰和规范性模式"（包亚明，2002），而这种规范与信仰，是成员达成共识进而自动整合到社会之中。为了乡村教育的发展，首先必须培养能够参与"游戏"的人，个体要具备对地方的认同感，即依靠熟悉运作的规则和内在的情感。尤其是在遵循上级指令方面，遵守和认同规范是他们时刻"把控"自己行动的依据，C教师对自己角色的定位是从乡村传统社会生发出来的。这种共同的目标使他身上铭刻了本土化的特殊印记，将个体与国家紧密联结，并将价值内化为自身的身份认同，以此来激发甚至升华自己的行动。为了能够更好地承担责任，这一时期乡村教师按照国家制度来制定自己的行动策略，同样这些策略反衬了规则的强约束力，向乡村流动便是其最好的表征。乡村教师会在不断衡量之下做出选择，因此其行动具有一定的逻辑意义——以生存为第一要义。但因实践的模糊性，C 教师不仅要考虑眼前的选择，还要考虑未来，在前景并不明晰的情况下，他只能把握当下。这一时期乡村教师的记忆不仅包含时间的消逝，还折射了空间、身份、情感、生计以及劳动组织等要素。他不仅要承担家庭的责任，还刻有时代的烙印，因此这种向乡村流动表现出特殊的含义和状态。虽然乡村教师最早追求的目标是走出乡村，也曾尝试向城里探索，但国家政策始终作为一种话语体系通过严密的制度对乡村教师进行规制。家庭对于这一时期的乡村教师来说是在一个确定性的空间之内存在的。正是由于这种稳固性的情感体验，乡村教师能够在乡村内部长期流动，在满足家庭建设需要的同时减少了流动的风险。可以看出，C 教师一方面在流动历程中体验着流动带来的"缺失感"，另一方面通过建构自己的日常来实现情感维护，他对所属空间有亲近感，并不断通过主体的行动来维护家庭在变动中的稳定性。

（五）互动：调回家乡

后来我在 1978 年去了 MJZ 初中。也就是改革开放后国家出台了政策，教师地位才高了，工资提高了，下边的公社干部才管不着教师了，教师开始归县教育局管了。当时根本没机会外流，能调回本乡镇还算是比较好的。那个时候我的孩子也多了，父母还有我自己的身体不好，确实是没法协调了，太远实在是无法照顾家里，我就去找熟人，反映了我的情况，就调回来了。在 MJZ 一共干了 8 年，后来又去了 YS 初中，干了 6 年。

口述者：C 教师

口述时间：2021 年 8 月 18 日

口述地点：C 教师家中

空间中的社会关系是影响行动者行动的重要因素，空间不仅包含着权力关系，也藏有人情关系。行动者在不同的关系支配下围绕空间开展自己的实践活动，在这其中建构的关系会影响个体的实践。教师流动的过程不仅是其所处物理空间变化的过程，也暗示着新的身体实践产生的过程。乡村教师在这一时期的流动具有相似性，流动是行动者个人遵循历史图式与规范参与实践的结果，并且依循着国家制度设定的轨道，有一定的重复性和强制性。宏观的结构性因素并不直接作用于个体，而是借助场域的中介力量来实现。在乡村教师的流动过程中，乡村便是这一特殊的场域，起着"上传下达"的作用。乡村教师的根基在乡村，他们长期生活在乡村、在乡村完成自己的受教育过程。他们在长期的实践活动中对乡村产生了特殊的感情，这种感情内化为人们的"集体无意识"，既往的经验深刻地烙在个体身上，个体身上沾染了"乡村"特有的惯习。

从整体上看，乡村教师远离家乡，在对家庭的责任与义务承担方面会有所欠缺，而男性在家庭中扮演着主要劳动力的角色，家庭的发展对劳动力的需求给乡村教师带来了压力和束缚，这使主体在以后的行动中更加依循以家庭为核心的逻辑。在传统社会中，主体通过人脉建立的社会关系网络成为他们的社会资本。实际上，乡村教师所在的场域就是一个由不同社会关系组成的共同体，人们生于斯长于斯，彼此之间建立了坚实的关系网络，一旦网络中的资源有需求，他们将动用或者共享社会资本以实现互惠。乡村社会的关系圈层都是由行动者在行动过程中不断交换和互认形成的。这种关系生发或是无意建立的，或是经过筹划和积累的，但最终都会变成熟悉的、具有稳定性的关系。行动者凭借在场域中建立的稳定的关系网络，将这种社会资本作用于自己的流动历程以带来显性收益。

人情作为隐性的权力，构成了相应的规则，具有联结关系所形成的整体便是其意义所在。乡村社会联结了集体的力量，能为个体提供"庇佑"，因此，C教师会寻求熟人关系来为自己"向家流动"提供依托。这种内生于乡村社会的关系为乡村教师提供保护机制，既能够满足个体的需求，又利于共同体的稳定。

五 结论与启示

空间规划不仅是对空间内外进行整合与重构的过程，而且昭示着权力关系的运作。国家和地方作为权力制定与实施的两个主体，当利益吻合时，权力下移较为顺利，而当利益不吻合时，则存在运作的空间。虽然韦伯最早提出了中国传统社会皇权止于县（韦伯，2003），地方社区的运转依靠地方自治，但在新中国成立初期至市场经济体制建立这一时期，国家之于乡村是牢固在场的。为了促进社会合理运行，国家通过设置"国家—地方—村庄"三级渗透的管理网络来对分散的乡村进行严格控制。在这种治理系统下，中国乡村社会不仅仅是静态的时空场域，不只是指向单一历史事件的时空再现，更是充满关系博弈的动态时空场域。国家权力在乡村中不断向下延伸，产生了特殊的体系作用于城乡关系的发展，借此实现国家对地方的宏伟规划和生产，这种宏观意义上的空间安排割裂了城乡的互动并形成了特殊的地域空间。在这样的结构性因素作用下，乡村教师呈现向乡流动的样态，它具备两个基本条件：一是自上而下的权力的作用，二是自下而上的教师自动融入。两者处于相互作用的状态，乡村教师在乡村中处于高位，外化于乡土本色、精英气质、关系在地。在这个过程中，我们能看到内部与外部、结构与行动之间的相互作用。乡村教师将自我在乡村中的流动视为自己参与其中的建构，他们与乡村之间不但有事务性联系，还存有情感和关系的联结。这种稳固的感情是对传统社会秩序以及生活实践的认同，是他们对该场域的深刻认知和所在情境的深入体验。基于这样一种情境生成的社会化过程，他们以在乡村中与当地群体共同创生的事件为联结，共享一系列内容与意义，并将个体的认知和宏观的社会结构相联系。这种外部"规训"和内在认同形成了乡村教师的亲身体认，因为这是他们走过的路，留着他们的体验、感悟、记忆。这种记忆是通过身体践行的社会记忆，是独属于乡村教师的，这使他们对乡村存有深厚的情感和依恋，是外部事物、思想意识和互动关系三者之间的共在。

（一）烙印：乡土本色

时空的运作以历史条件和现实因素为基础，由于情境的差异，个体的感受有所不同，但总体来说，这种多层次复合式的时空体验是在实践即劳动和教学中逐步形成的，既包含着个体的主观感受，又体现了结构的制约。文化实践与地方性空间所特有的信仰密不可分，这种文化实践是他们在地方所形成的文化观，组成了个体生活的一部分。中国传统乡村社会具有很强的封闭性和同质性，群体内部共享同一空间，生活经验、性情倾向等存在一致性。这一时期的乡村教师对乡村是具有依附性的，这是由制度编织所形成的"被构想"的空间，规则和资源规制着乡村教师的日常及行动。乡村教师扎根于脚下的土地，他们将自我在乡村中的流动视为自己在其中的建构，在日常生活充满着"感情定向"（费孝通，2012：71），或者说他们是与乡村联结起来的，在其中他们获得了共时性的情感体验。乡村社会是熟人社会，乡土情感起着交往和文化传递的作用，情感的扩展能够将空间与主体联结，并建构成一种主体积极的态度。乡村教师的根基在乡村，他们对乡村持有情感记忆（刘晶，2020），因此从乡村社会生发的权威性资源等都将个体维系在一起，空间给个体带来熟悉感和在地性，他们从中得到体会并将这种情感进行联结和传递。

乡村教师虽具备了制度性身份，但他们仍进行劳动生产以维持生活，在乡村空间中进行应季的生产。正是通过这种日常活动，他们将自己和村民联系起来，形成了血缘、亲缘的"在地化"样态，促成了共同体意识。这一时期的乡村教师与乡村密不可分，日常生活中与周围群体近乎重合和交叠。这体现了身份认同和复制的特点，因为乡村教师自出生之日起就与这片土地联系在一起，他们对自我身份的归属并不是完全源于国家政治的统一性，而是内心深处形成的自我感知。乡村教师在日常生活中能够体现出对空间的体验和感受，他们将共同感深深地嵌入自己的生活。这验证了集体情感的乡村共同体的存在。集体情感作为一种动态性和过程性的社会驱动力，在不同的情境中积累、发展和演化并产生一种聚集作用，个体会使自己在这种运作中保持地方性的特质，即微观上与宏观步调保持一致，否则便意味着与共同体的脱离。这种特质使他们时时刻刻受到限制，因为他们一旦脱离了这种特质，便意味着脱离了共同体，个体的脱离极易使这种共同体分崩离析。也就是说，场域的一致性有利于行动者惯习的形成，行动者能够借助惯习的连贯性来指导当下的实践活动，这种实践活动可能是在"无意识"的过程中产生的。但惯习的一致性与连贯性，必须是在新旧场域条件相同的情况下产生的，如果新旧场域之间不一致，则会发生变化（布迪厄，2003）。在实践过程中的文化意图会指引实践者的具体行为，这一时期乡村教师的日常劳作与生活则体现了场域与惯习的综合，土地构成了乡村教师生活实践的基本架构，与乡土的紧密联系成为他们的心智图式。这种稳定的惯习建构了乡村空间稳定的秩序，理解他们在特定时空中的关系链条则是实践背后的象征法则和意义图景。

对于乡村教师而言，乡村空间是一种历史与现实的联结，空间结构内在规定了处于空间中人的心智图式，个体将生活嵌入所处空间之中。乡村之于乡村教师是弥散性存在的，覆盖了他们的日常生活空间，归根到底，是他们地缘性身份认同的"嵌套向心式"结构在起作用。对乡村教师来说，这是一种亲历性空间体验，对经历的事情有着记忆勾连和情感寄托，他们在乡村中是在场的，并将自己的生命与乡村联结，从空间承载中获得无限意义。

（二）张扬：精英气质

虽然这个时期国家已拥有了法律秩序，但在新中国成立初期，乡村社会较少对这种秩序加以利用，反而遵循着共同制定的传统道德准则。道德情感在一定程度上可以取代法律秩序，基于人们的共识产生的道德情感能够不断地调整社会关系，促使人们约束自己的行为，人们因共同的文化认同和家国意识形成一种凝聚力和向心力。这种强大的力量以一种隐蔽或者开放的形式存在于人们的日常生活和组织制度生活，推动了乡村基础教育建设。乡村教师被嵌套在层层关系之中，并扮演着不同的角色，调停者身份便是这一特点的表征（冯璇坤、刘春雷，2019），个体对自己身份的理解更加深刻。调解矛盾这种特殊的仪式"将特定事物按照特定的关系加以安排"（涂尔干、莫斯，2000），作为分类的一种特殊形式，明晰了人们之间的界限与分化，在日常生活中规范着人们的行为。虽然乡村教师与乡村群体具有一定的同质性，但这种调停者身份借助公开的表征彰显了乡村社会对教师身份的认可，汇集了集体情感的肯定方式——通过将乡村教师放置于一个醒目的位置，给予了正当理由将他们与周围群体区分开来，渗透了权力和情感的建构与融入。个体对这种分类是默认的，形成了一套建构行动的准则，并借助群体的规范和认知将社会秩序维系下去，同时让乡村教师带着这份空间感知与体验来完成定位与区分，但这种定位与区分表象之下社会的分离其实并没有得到实质性改变。

乡村教师身份具有一定的稳固性，这种稳定的结构将乡村教师嵌套在乡村社会的特定位置上，身体与周围环境存在"共同知识"，他们身体所携带的惯习就是从乡村社会中生发出来的。这也能够看出，当时宏观的社会环境其实是通过封闭性的空间使个体的身体处于严格"规训"之中的，通过这种严格的制约形成了某种绵延的行动流。依靠血缘、地缘关系形成的地方性群体在日常生活中更倾向于由地方性生成的经验，同时他们会寻找"代理人"来调节相互之间的关系（容中逵、杜薇，2021）。他们并不是质疑国家机构的正当性，而是在长期实践中形成了一整套具有一定历史延续性、积累性和沉淀性的规则。乡村社会是一种共同体，达成共识的群体将这种权力共同赋予乡村精英身上，乡村教师便是这种代表，他们之间形成了联结与授予的关系，这是区域空间内部协调的结果。地方精英作为社会力量存在，权力来源是他们的威望和知识，因此在乡村社会内外具有一定的话语权，是自下而上生发出来的社会关系。乡村教师通过与当地居民的协调互动，调解内部的矛盾和冲突，这使乡村的治理变成了内生性结构。乡村教师除了拥有地方性知识外，还将表征现代性的文化、价值观等与乡村在地性文化体系联结起来，并在其中建立和获得了人们对自身的认同，推动了乡村内部的协调和发展。

（三）联结：关系在地

　　作为维系情感的熟人关系网络，乡村将在其中行动的个体借由兴趣爱好、日常休闲等聚集在一起，在互动的酝酿、组织和推进过程中，将人与人之间的关系拉近，实现了意义联结和情感交流的功能，进而加深了他们对地方空间的认同与存在感。这一阶段的乡村处于公私同构时期，公共性制度将个体、学校与周围社区联系起来，乡村教师个体此时处于"无意义"的状态，而这一特质则是这一时期乡村教师的显现。因为他们不仅拥有丰富的地方性知识，还拥有广阔的社交网络，这种亲属关系为他们参与乡村社会的运作提供了重要基础，他们是嵌入乡村中的。乡村教师与村民具有同样的生活方式，他们参与劳作，形成了集体意识，这种集体意识作为"社会成员平均具有的信仰和感情的总和，构成了他们自身明确的生活体系"（涂尔干，2000）。在这样的集体表征下，他们通过连续性的关系互动形成了一系列关系丛，情感联结围绕关系的运作展开，在一定程度上消解了张力，反过来加深了集体情感。这种人情、关系的运作使乡村教师在流动过程中掺杂了更多的情感因素，惯习作为空间的规范体系会影响空间的组成和生产。乡村场域结构塑造下的惯习是促使他们向乡流动的因素，这种惯习内化于乡村教师与周围群体的互动中，并且是动态生成的，而这受到主体位置的影响，"主体的位置是由它相对于对象的各种不同范围或者群体有可能占据的处境所确定"（福柯，2003），空间中人与人互动的增多会加深彼此的情感，能够建构人们的认同感。同时，国家强制力量使个体形成对集体的归属，促使整个空间处于平衡状态。个人记忆、集体记忆与认同感、归属感在空间中是高度正相关关系，乡村教师的向乡流动证实了这一点。乡村教师在乡村内部的流动，实现了以家庭为中心的流动建构。乡村社会虽是缺乏流动性的（费孝通，2012：84），但这种不流动并非指主体是静止不动的，而是即便是流动的，也是处于一个同质性的空间之中。但这个空间相对来说是同质性的稳定空间，"乡村社会的生活是富有地方性的"（费孝通，2012：13），乡村教师流动在这种封闭性的空间中较少能引起人地关系的不稳定性。

　　将乡村教师的流动轨迹放置在时空流变的视域中来考察，可以发现这一独特的流动历程是由乡村教师的角色与历史需求共同形塑的。乡村教师流动是一个持续推进的过程，其中既有主体的能动选择，又有结构的外部制约，并且在不同的时空下呈现不同的流向及态势。结构和行动之间的"空间"大小是行动者流向背后的动因。向乡流动是乡村教师在特定时空中的选择，从表面上看来，这样一种流动态势本质上并未有多少差别，都是在乡村社会这样一种同质性空间内部的流动，即流入地与流出地是有要素吻合的。然而，当进行深层次的结构叙事时，我们就会看到其中的差别。在乡村教师流动的前后，诱因是不同的，从一开始由国家力量主导到关系运作，也就是说，参与行动的力量是不同的。从社会层面来看，国家权力影响了社会结构，当时中国正处于社会主义初级阶段，爱国情操和服务精神在整个社会弥散开来，这些稳固的情感对当时的教师提出了特殊的要求，乡村教师选择的自由被压制在关系运作之中，国家力量的介入使教师个体被"吞没"在这一力量之下，因而教师的行动呈现协调一致的向乡流动状态。乡村教师从内生的一个"半官方"身份，到国家制度的认可，他们虽然在不断地变换身份，但始终扎根在乡土大地，与地方性空间有着重要的关联。稳定的空间结构、熟悉的社会关系和稳固的身份认同构成了这一时期的社会整合体系，乡村教师身上体现了特定历史条件下乡村场域的运作逻辑。在其流动过程中，乡村不仅作为一个自然性和基础性空间存在，还是个体从乡村中获取情感和社会支持的场所，更是在国家的干预下不断建构自己的未来。乡村教师从一开始流动、随着政策的变化而变动，到主动寻求关系的运作，最后回到家乡，这一系列事件体现在他们的日常生活里。在这个过程中，我们能洞悉国家权力之网的覆盖和延展及乡村教师在国家建设初期所担负的责任，才是在宏观叙事下普通个体的意义所在，将国家和个体、现在和未来相衔接，共同完成宏观层面的话语建构。正是在宏观情境的塑造下，乡村教师才有了扎根乡土的坚定情怀，他们在具体情境中的行动轨迹呈现扎根乡土的特点，基于"分配 – 服从"的行动主线来展开自己的行动。他们勤恳教学、无闲劳动，这些日常的活动影响着他们的身心体验，指涉"我是谁"这一身份探索和情感归属的问题。乡村教师是国家力量的代表，但是这种象征不能完全割断他们与乡村社会的联系，在一定程度上他们充当了城市和乡村之间的关联媒介。

从根本上来看，乡村教师的向乡流动轨迹是国家、社会和个体共同嵌入的结果，这种定向分配、流动限制以及个体倾向等都是三者共同筹谋的结果。乡村教师被乡村社会中以人情、地方性知识等所形成的关系网络所裹挟，也就是说，这一时期的乡村教师难以对这种关系产生抵制作用，加之国家施以强力掌控的严密政策，通过情感动员，他们逐渐对这种身份产生了认同或者默识。

乡村教师的向乡流动并不意味着其地位的跃升，实则是在一种被动的支配下参与城乡关系的再生产甚至是扩大的过程。在这个过程中，乡村教师始终与乡村保持着紧密联系，究其根本，便是乡土情感的陶染。乡村教师的身份属性及社会地位表征着他们在流动历程中是一个自动参与的角色，他们在迁移中的参与性体验本质上是与集体主义融为一体的。这一时期空间更多是以政治主导形成的，家国关系特征明显。此外，家庭在这种空间的建构中具有重要地位，乡村教师会根据自己的利益诉求打造相应的行动空间，以此呈现离家由远及近的特征。对于乡村教师来说，乡村共同体建立的基础是蕴含其中的社会关系，这种特性既在一定程度上强化了行动主体在其中的行动，又在一定程度上压缩了向外流动的空间。他们是熟悉所处环境的，有一定的主动权，同时他们是被所处社会接纳的。这个过程的形成具有深厚的文化渊源，是在新中国成立、建设和发展初期等这样特定的历史背景下形成的，这一时期的乡村教师是新中国教育建设的亲历者、书写者，从懵懂少年到白发暮颜，他们走过的路变成了学生成长的积淀，这一段路程既是个体流动轨迹的变化，也是他们个体的成长纪实，从向往到扎根。

参考文献

包亚明，2002，《现代性与空间的生产》，上海教育出版社，第 146 页。

布迪厄，皮埃尔，2003，《实践感》，蒋梓骅译，译林出版社，第 82~86 页。

布迪厄，皮埃尔、华康德，2004，《实践与反思——反思社会学导引》，李猛、李康译，中央编译出版社。

常亚慧，2021，《教师流动：城乡失衡与学校类型差异》，《南京师大学报》第 2 期，第 38~48 页。

常亚慧、李阳，2020，《农村教育"去农化"运作的实践逻辑》，《济南大学学报》第 2 期，第 132~140、160 页。

范国锋、王浩文、蓝雷宇，2015，《中小学教师流动意愿及其影响因素研究——基于湖北、江西、河南 3 省 12 县的调查》，《教育与经济》第 2 期，第 62~66 页。

费孝通，2012，《乡土中国·生育制度》，北京大学出版社。

冯文全、夏茂林，2010，《从师资均衡配置看城乡教师流动机制构建》，《中国教育学刊》第 2 期，第 18~21 页。

冯璇坤、刘春雷，2019，《失落与纾解：论乡村教师的公共精神》，《教育理论与实践》第 4 期，第 36~39 页。

福柯，米歇尔，2003，《知识考古学》，谢强、马月译，生活·读书·新知三联书店，第 56 页。

龚宝成、殷世东，2019，《公平与均衡：乡村教师配置的优化理路与价值复归》，《教学与管理》第 19 期，第 8~12 页。

何菊玲、赵小刚，2021，《新中国乡村教师队伍建设政策演进的历史逻辑与优化策略——基于政策文本的分析》，《陕西师范大学学报》(哲学社会科学版) 第 4 期，第 71~91 页。

贾建国，2009，《新制度主义的视角：城乡教师合理流动的制度制约因素》，《现代教育管理》第 11 期，第 74~77 页。

金志峰、阳科峰、杨小敏，2021，《乡村教师如何才能下得去、留得住?——基于离职倾向影响因素的实证分析》，《教育科学研究》第 8 期，第 41~48 页。

克朗，迈克，2005，《文化地理学》，杨淑华、宋慧敏译，南京大学出版社，第 3 页。

刘善槐、王爽、武芳，2017，《我国农村小规模学校教师队伍建设研究》，《教育研究》第 9 期，第 106~115 页。

刘晶，2020，《现代化进程中乡村社会的师道尊严》，《思想战线》第 2 期，第 109~115 页。

罗梦园、张抗抗，2020，《ERG 理论视域下乡村教师流动问题审视》，《教师教育学报》第 6 期，第 103~109 页。

罗兴佐，2006，《治水：国家介入与农民合作——荆门五村农田水利研究》，湖北人民出版社，第 24 页。

马尔库塞，赫伯特，2014，《单向度的人：发达工业社会意识形态研究》，刘继译，上海
    译文出版，第 3 页。

米尔斯，C. 赖特，2017，《社会学的想象力》，李康译，北京师范大学出版社，第 60~61、
    66~67 页。

容中逵、杜薇，2021，《传统乡贤社会教化的文化逻辑及其当代价值》，《湖南师范大学
    教育科学学报》第 5 期，第 69~74 页。

S 省 L 县史志编纂委员会，1991，《L 县志》，S 人民出版社。

石亚兵，2017，《乡村教师流动的文化动力及其变迁——基于"集体意识"理论的社会
    学分析》，《全球教育展望》第 11 期，第 55~66 页。

涂尔干，爱弥儿，2000，《社会分工论》，渠敬东译，生活·读书·新知三联书店，第
    42 页。

涂尔干，爱弥儿、马赛尔·莫斯，2000，《原始分类》，汲喆译，上海人民出版社，第 7 页。

韦伯，马克斯，2003，《儒教与道教》，洪天富译，江苏人民出版社，第 98 页。

吴康宁，2020，《个案究竟是什么——兼谈个案研究不能承受之重》，《教育研究》第 11
    期，第 4~10 页。

W 市统计局、W 市统计学会，2021，《W 统计年鉴 2021》，中国统计出版社，第 26 页。

吴增基、吴鹏森、孙振芳，2018，《现代社会学》，上海人民出版社，第 186~191 页。

夏茂林，2016，《非正式制度视角下义务教育教师流动问题分析》，《教师教育研究》第 1
    期，第 43~48 页。

薛正斌、刘新科，2011，《中小学教师流动样态及其合理性标准建构》，《陕西师范大学
    学报》(哲学社会科学版) 第 1 期，第 162~170 页。

杨卫安，2020，《城乡义务教育一体化：制度形态与新时代特征》，《现代教育管理》第 9
    期，第 31~37 页。

叶敬忠，2012，《农村中小学布局调整的社会宏观背景分析》，《中国农业大学学报》(社
    会科学版) 第 4 期，第 5~21 页。

袁利平、姜嘉伟，2022，《中国乡村教育话语体系的百年演进及其现实启示》，《陕西师
    范大学学报》(哲学社会科学版) 第 1 期，第 69~83 页。

张济洲，2013，《农村教师的文化困境及公共性重建》，《教育科学》第 1 期，第 51~54 页。

在日常关系与专业关系之间

——县域乡村名师工作室文化构建的个案研究 *

程　猛　宋文玉　邓安琦 **

摘　要： 名师工作室已经成为当前乡村教师专业发展的重要路径之一，但也面临着参与动机功利化、资源同质化、合作被动等问题。本文以分布在四省五县的 7 个乡村名师工作室为个案，试图分析县域乡村名师工作室在落地生根过程中面临的文化构建困境。在管理主义的制度背景下，县域乡村名师工作室建设面临工具性目的与专业热情、讲和气还是讲专业以及自主开放的共同体文化与"自上而下"行政逻辑之间的矛盾。"名师"们通过筛选"态度"、情感召唤以及正式制度与非正式情境的相互渗透来化解日常关系与专业关系之间的张力，但仍然感受到困惑和迷茫。目前乡村名师工作室还处于"摸着石头过河"的阶段，需要重新审视其在县域教研体系中的定位，探索弱行政化、强自主性的教师学习共同体构建模式，增强名师工作室的回应性和联结能力。充

＊　基金项目：本文为北京慈弘慈善基金会委托课题"县域名师工作室运行现状及机制的比较研究"的阶段性成果。

＊＊　程猛，教育学博士，北京师范大学教育学部副教授，主要研究方向为教育基本理论、教育社会学与教育人类学、家庭教育；宋文玉，北京师范大学教育学部博士研究生；邓安琦，北京师范大学教育学部硕士研究生。感谢课题组海子奕、张曦丹、杨安、沈子杰、修宪如、黄瑞妮在访谈和资料收集过程中的付出。

分联动高校、公益组织、企业等外部资源，有助于建设多元、开放、反思和赋权的乡村名师工作室体系。

关键词：名师工作室；文化构建；自主性；赋权

乡村教师专业发展是当前中国教育的重要议题之一。在城乡二元结构的长期影响下，城乡经济社会发展不平衡，教育资源分布不均衡，农村地区的教研体系也长期处于弱势地位（从立新，2019）。21世纪以来，名师工作室作为一种新兴的教师专业发展路径，对促进教师专业发展、提高教师自主性起到了重要作用。目前有影响力的名师工作室主要集中在教育资源相对丰富的地区，相关研究也大都将省、市级名师工作室作为研究对象，对县域（乡镇）名师工作室作为乡村教师专业发展的一种机制的特殊性尚未有清晰的认识。

在公共话语中，媒体一般将名师工作室视为"专业学习共同体"①和"成长共同体"（郭志明、蔡可、刘立峰，2015），并将名师工作室的源头与西方"学习共同体"理念联系起来。学习共同体常常讲究的是"对话"（佐藤学，2004：10）、"民主"（佐藤学，2004：3）。而中国是一个"讲人情面子的社会"（翟学伟，2004），相比于大城市，县域更加具有熟人社会的特点。"关系""面子"必然会与学习共同体的理念发生冲撞。那么，在这样的社会文化土壤下，名师工作室在县域落地生根会面临哪些问题？名师工作室又如何承担起提升乡村教研质量的重任？

一 名师工作室：发展脉络和现实困境

"教研"源于中国本土实践，清末推行新学制时就已萌芽（刘月霞，2021），被视为中国教育的宝藏（程介明，2021）。作为教师教学研究活动的一种形式，类似名师工作室的教师教研社群在我国经过了较长的历史发

---

① 赵秀红、林焕新、梁丹：《名师孵化器在行动——全国名师工作室建设情况调查》，http://www.jyb.cn/rmtzgjyb/202007/t20200722_347006.html，最后访问日期：2022年6月25日。

展阶段。民国时期承担教育研究、指导职能的人员就有"视学"（承担教育检查、管理职能）、教育家、师范教育学者（研究诸如学制改革、教法实施等问题）以及优秀教师（经验层面指导教学）（卢乃桂、沈伟，2010）。那时我国就已经建立了旨在加强教师之间共同学习、共同研究的校内外组织，其目的是"改良教育""改善教学"（胡艳，2017）。在新中国成立前的老解放区，存在教师联席会或教员研究所之类的组织。新中国成立以后，我国面临教育系统重新整合的挑战，在 20 世纪 50 年代逐步确立了教研室（附属于行政机构下的省、市、区县的教学研究组织）和教研组（学校内部以学科为基础的教学研究组织）的概念（卢乃桂、沈伟，2010）。

改革开放之后，我国各级各类学校的正常教学研究体系得以恢复，不同层级的教研体系以及不同类型的教研模式在教师专业成长中发挥着不可或缺的重要作用。但传统教研模式的积弊，如流于形式、互动性和自主性弱、培训效果不佳等也广泛存在。一般来说，常见的教研模式包括"师徒制"、教研室制、各级各类教研培训活动等。"师徒制"的形式互动性强、关系联结度高，常用于老带新；而以学科为中心的教研室，常常具有科层制、行政化的特点，人员一般集中在校内。此外，还有各级各类教研培训活动，主要包括区、市、省和国家级的各类培训，但一般互动性较弱、主体性不强。有研究指出，在教研培训活动中，青年教师尤其是新任教师"碍于面子和权威，多充当旁观者，少有发声机会，成为被动的学习者"（乔雪峰、卢乃桂、黎万红，2013）。在这一背景下，名师工作室作为不同于传统教研模式的一种专业发展路径，开始逐步从中国本土的教育实践中生发出来。

（一）名师工作室的发展源流

1999 年国务院批转的《面向 21 世纪教育振兴行动计划》明确提出"跨世纪园丁工程"，"以提高中小学教师队伍整体素质为目的的各级'名师工程'在全国范围内破土动工，开工作业"。当时，上海市面临着严重的"名师断层"问题——"本市在岗的中小学特级教师仅 229 位，其中 50 岁以上的占 2/3，100 人将在三年内退休"（沈祖芸、周慰、徐晶晶，2004）。为解决这一问题，2000 年 9 月，上海市卢湾区教育局发布了我国最早关于建立名师工作室的文件《关于建立"名师、名校长工作室"的通知》。①2002 年，上海市宝山区教育局命名了首批 18 个名师工作室（韩爽，2015）。而后，名师工作室的功能从抢救名师（传承）逐步向引领、培养、储备名师转型。21 世纪以来，名师工作室已经成为教师专业发展大潮中涌现出的一股新潮流。在各级教育行政部门的支持和推动下，全国各省、市、县都加入了名师工作室筹备与建立的队伍当中。从城市到乡村地区，从普通教育到职业教育领域，从学前教育到高等教育学段，从线下到线上依托网络，从政府推动到自发成立，不同类型的名师工作室层出不穷，甚至出现了全国性的名师工作室相关组织和活动（《中国教师报》，2022）。2018 年 2 月，《教师教育振兴行动计划（2018—2022 年）》提出"组建中小学名师工作室"，发挥其在"在职教师常态化研修中的重要作用"。②

　　名师工作室正日益成为县域乡村教师专业发展的重要现实路径。有研究认为，"名师工作室可以成为促进教育公平发展的平台"（胡小勇等，2021）。2020 年 8 月，教育部等六部门印发的《关于加强新时代乡村教师队伍建设的意见》提出"创新教师教育模式，培育符合新时代要求的高质量乡村教师""积极构建省、市、县教师发展机构、教师专业发展基地学校和名校（园）长、名班主任、名教师'三名'工作室五级一体化、分工合作的乡村教师专业发展体系"。③

（二）名师工作室的理想与现实

　　自 21 世纪初诞生以来，名师工作室以迅猛之势在全国各地不断发展壮大，开辟出一条教师专业成长的新路径（郭志明、蔡可、刘立峰，2015）。

---

① 赵秀红、林焕新、梁丹、高众：《名师孵化器在行动——全国名师工作室建设情况调查》，http://www.jyb.cn/rmtzgjyb/202007/t20200722_347006.html，最后访问日期：2022 年 6 月 25 日。

② 教育部等五部门关于印发《教师教育振兴行动计划（2018—2022 年）》的通知，http://www.moe.gov.cn/srcsite/A10/s7034/201803/t20180323_331063.html，最后访问日期：2021 年 11 月 11 日。

③ 《关于加强新时代乡村教师队伍建设的意见》，http://www.gov.cn/zhengce/zhengceku/2020–09/04/content_5540386.htm，最后访问日期：2022 年 6 月 25 日。

经过 20 年的实践，名师工作室的运作发展在理论层面形成了一套应然逻辑。一般认为，名师工作室的运作是行政主导下多方协同支持的结果，名师规划领衔下成员主动参与，实践、研修与反思并重，兼具多元性、主动性和反思性。在名师工作室内部，教师们共享一套价值愿景，在合作文化氛围下结成学习团体，在"实践—反思—再实践"的非线性流程中不断推进（贺晓红，2017）。在媒体报道中，"名师工作室，改变了过去作坊式'师傅带徒弟'的套路，但不是轻松散漫的'教学沙龙'，而是有明确目标和管理制度的'成长共同体'"（郭志明、蔡可、刘立峰，2015）。

　　从功能定位来看，名师工作室的设立旨在突破传统教师发展模式、成为跨界跨校的学习共同体。而在实然层面，一些经验研究表明，名师工作室还面临"主持人学习需求被忽略""沟通有效性有待提高""后续动力缺乏"等问题（张力跃，2017）。有一线教师在文章中提到自己主动退出名师工作室的经历，认为在参与名师工作室的过程中，自己在"德高望重"的老教师的指导下，"不敢有过多的抱怨与质疑，只能一味地接受和顺从"，成了一个"没有思想的表演者和宣读者"，"老教师可能会用自己所固有的教学经验和定论去指导，去掌控"，把学员培养成第二个"他"。在选择退出后，这位老师感到了"特别的轻松与自在""找回了属于自己的教学思维空间"。最后，这位老师深感"名师是不能复制的"（张凯，2010）。曾艳、张佳伟（2016）对上海市名师工作室的质性研究表明，名师在工作室内部打造了一种以名师为主导的个体学习模式。名师对建构和推动工作室内部具有自组织性质的群体性学习，缺乏必要的领导意愿和领导技能。有研究指出，名师工作室教师的能力要想得到提升，需重视行动学习的理念，培养共享文化场，构建民主对话场，形成行动学习研究场（田应仟、李辉朋、潘晓波，2019）。

（三）县域乡村名师工作室发展的现实困境

　　在城乡二元结构体制的长期影响下，相比于经济发达的城市地区，县域乡村名师工作室的发展还有其脆弱性。一些研究表明，县域乡村名师工作室发展面临的阻滞性因素主要有以下三个方面。第一，资源同质化，缺乏外部引领，陷入"鱼塘效应"（张翔、杨琪琪，2019）。乡村名师是"大规模制造"时代的产物，"名师不再完全是传统意义上口耳相传自然成名的优秀教师，而是任职时间有固定安排、任职资格和数量有精确描述、质量上有等级差别、选拔条件和程序上有制度规范、在物质经济和精神上有诸多回报的'制度化名师'"（曾艳、张佳伟，2016）。这样，在教育资源不均衡的情况下，县域乡村名师工作室资源同质性强，常常是"萝卜炖萝卜"，"引领性力量式微"（张翔、杨琪琪，2019）。第二，合作被动，团体动力不足。有研究者指出，县域乡村名师工作室存在"合作的被动性"，缘由是"乡村教育存在工作环境差、教师待遇低、教学交流少、业务培训缺乏、交通和信息闭塞等问题，部分教师形成了观念保守、少言寡语、不擅交流等性格特点"。此外，还有"团队的脆弱性"——乡村教师队伍人员的流失、调动等现象（袁永惠，2020）。第三，动机功利化。有研究指出，县域乡村名师工作室的学员"参与动机功利化"，"部分参加的人就是为了上几节课（示范课、观摩课）来获得职称，不是为了去学到点什么东西"，"职称一评上就不来参加活动了，各种理由推脱"（杨琪琪，2020）。

这些问题既反映了县域乡村地区教育资源的匮乏，也折射了教研文化的脆弱性。因此，对县域乡村名师工作室的关注，需要厘清目前的运行机制和文化建构模式。本文试图从文化建构的视角出发，研究县域乡村名师工作室的组织文化和阻碍名师工作室发展的因素，进而反思名师工作室在乡村教师专业发展上的意义和局限性。

二　研究方法与资料收集过程

教师生活史是探索名师工作室文化构建的一种可能路径。艾沃·古德森（Ivor Goodson）在《环境教育的诞生——英国学校课程社会史的个案研究》一书中指出，"生活史研究最大的力量在于它洞察个体的主观现实：它让主体去为他（她）自己说话"（古德森，2001）。研究基于对名师工作室主持人个人生活和工作体验的深度访谈，结合成员和教育局相关负责人的访谈，试图深描乡村名师工作室的运行机制与文化建构现状。2021 年 5 月以来，研究团队在北京慈弘慈善基金会的引荐和大力支持下，对贵州 H 县、江西 S 县和甘肃 T 县、J 县以及河北 S 县共 7 个县域名师工作室（学科）、13 名教师、4 名教育局相关工作人员进行了线上深度访谈和实物材料收集。① 访谈对象基本信息见表 1。

表 1　访谈对象基本信息

地区	编码	所属工作室	被访者身份	教龄（年）	学科	学段
贵州 H 县	GZ–H–1	CZY 名师工作室	名师	23	语文	小学
	GZ–M–1		成员	18	语文	小学
	GZ–H–2	DZH 名师工作室	名师	29	语文	小学
	GZ–M–2		成员	12	语文	小学
	GZ–H–3	WLG 名师工作室	名师	33	语文	小学
	GZ–M–3		成员	19	语文	小学
	GZ–E–1	—	教育局工作人员	—	—	—
江西 S 县	JX–H–1	LY 名师工作室	名师	22	语文	小学
	JX–M–1		成员	4	语文	小学
	JS–E–1	—	教育局工作人员	—	—	—
甘肃 T 县	GS–H–1	WQN 名师工作室	名师	18	语文	小学
	GS–M–1		成员	19	语文	小学
	GS–E–1	—	教育局工作人员	—	—	—
甘肃 J 县	GS–H–2	ZKL 名师工作室	名师	18	英语	小学
	GS–M–2		成员	3.5	英语	小学
	GS–E–2	—	教育局工作人员	—	—	—
河北 S 县	HB–H–1	LJH 名师工作室	名师	28	语文	小学

注：编码格式为省份拼音首字母 +H（主持人）/M（成员老师）+ 所属省份工作室的顺序编号，因教育局老师不隶属于任何一个名师工作室，其编码格式为省份拼音首字母 +E（教育局）+ 该省份内的顺序编号。需要特别说明的是，所引用实物材料的编码方式为材料所属工作室"名师的编码 + 实物材料"。

---

① 受疫情影响，原定的线下调研改为线上调研。

三 县域乡村名师工作室文化建构中的张力

如斐迪南·滕尼斯（Ferdinand Tönnies）所言，"默认一致是对于一切真正的共同生活、共同居住和共同工作的内在本质和真实情况的最简单的表示"（滕尼斯，1999：74）。一个实践性的教学研究组织"默认一致"的是工作室看不见、摸不着但无时无刻不内嵌于个体行动之中的组织文化。在研究中，我们发现县域名师工作室在文化建构方面面临共同的困难，这些困难主要表现为以下三个方面的张力。

（一）工具性目的与专业热情的张力

名师工作室在许多县域乡村地区还是一个新鲜事物，我们所访谈的名师工作室成立时间都不长，还处于"摸着石头过河"（JX–H–1）的阶段。名师工作室的组建与运行一方面有赖于资深教师愿意承担主持人的角色，另一方面有赖于成员教师的专业热情。在我们的访谈对象中，申报名师工作室的教师大多教龄在18~33年，他们仍然怀有专业成长的热情，希望通过名师工作室实现自己的教育理想，在专业发展上更进一步，带动其他教师发展。

> 其实加（入）工作室的话，很多时候可能你接触到的人会更多一些，交流的机会也会更多一些，然后自己成长的这种空间也会更大一些。（GZ–M–1）

> 我要通过这（名师工作室中的）10个人去辐射全县的语文老师。（JX–H–1）

> 我觉得生本（教育）真的是一个好东西……回来以后就一直在坚持做生本教学，我自己在坚持，也给他们推广。（HB–H–1）

作为成员教师，申请加入名师工作室有赖于组织的吸引力。县级教育局所能掌握的有吸引力的资源就是教师最关心的职称评定，而名师工作室所能分配的核心资源就是和职称评定紧密相关的示范课和观摩课。有教育局工作人员谈道："省市级工作室每年还可以开展一次市级的发证的教研活动，县级的每一次活动都由县教科局发证。"（GZ-E-1）由此相伴的问题也已经进入教育局的视野："部分教师和学员还是功利性很重，冲着示范课和观摩课证书而来。"（GZ-E-1）工作室主持人也不约而同地提到一些成员加入工作室只是为了满足评职称所要求的条件，他们以一种实用的功利主义态度参与工作室活动，缺乏主动参与和专业成长的热情。

> 有的老师就是为那张纸而来，他们目标很明确，就是要观摩课示范课的那张纸。（GZ-H-2）

> 有的老师加入工作室的目的，其实很明确，什么明确？为了要三节示范课或者观摩课的证书。咱们省评职的文件上规定了，说你必须要有三节示范课或者三节观摩课或者三个讲座，才可以去评副高级职称……他在上课前不磨课，即使磨课也是应付，于是上下来的（课）效果很不理想。（GZ-H-1）

掌握职称评定的核心资源对于名师工作室来说是一把双刃剑。一方面，它显著增加了教师报名参与名师工作室的积极性；另一方面，它很难避免功利化的"搭便车"行为。如果成员老师只把工作室当作职称进阶的捷径，只追求观摩课或示范课的证书，就很难真心实意地认同名师工作室并为其发展贡献力量。

（二）讲和气与讲专业的张力

目前县域乡村名师工作室开展的主要活动与传统教研差别不大，打磨和点评公开课是日常活动的核心。不过有成员老师认为，与传统教研不同的是，名师工作室更有组团作战的感觉，彼此之间是"自己人"（JX-M-1)，更为熟悉和信任，能够更加坦然地讲真话，提出批评性的意见。但名师工作室活动的开展并非只讲专业，也在很大程度上受人情影响，为讲和气而牺牲专业性的情况时有发生。在听课、评课方面，有一线教师坦言："被我评课的老师们都有些不高兴，或许因为他们许多教师都有同感：只听好听的语言，对于逆言脸上似乎总是不悦。"（通泽，2018）不少主持人在访谈中也谈到了这其中的微妙之处。

> 每一次听评课完了之后，大家在一块儿就感觉有的成员还是都说好话的那种，就只说好话，怕得罪人。（GS-H-1）

> 有的时候像作为我们主持人，你要给他说深一点的话，特别是一些老教师、临近退休的老师，你说他两句他面子上又过不去，你要不说他两句感觉他到你这个工作室来的话，好像有点砸你招牌的意思。（GZ-H-1）

> 我想我们在这些评课的（时候），有些老师他会讲得不太好，我还是不会讲了，免得一会儿他又生我的气，就是有这种没有完全敞开心扉的，不希望把所有的都告诉别人。（G-M-2）

> 我让他磨课，把他说毛了，但是登台上课的质量（不理想）……下来跟他说，他总是不说话，有的还非常小气。你这次说了他，下次活动他就不参加了，他说我不来了。（GZ-H-2）

翟学伟在研究中指出，"目前中国仍然是乡土性很强的礼俗社会，几乎不存在对事不对人的事情，人和事总是纠缠在一起，解决事务总要一把钥匙开一把锁"（参见贺雪峰，2019）。教师们深知"忠言逆耳"，一方面渴望通过听"实话"提升自己的专业水平，另一方面又怕得罪人而只敢说"好话"。长此以往，只看得到一团和气，很难实现名师工作室作为学习共同体的原初目的。表面和气对专业领域的侵染使专业领域的活动缺失专业性，老师们在专业活动中考量的不再是如何促进彼此业务能力的提升，反而成了维系日常关系的一个场合。有老师提到自己更喜欢在外面学习："在外边学习的话，他们很真诚的，然后指出你的所有缺点，就是鸡蛋里挑骨头，这就是为了你的专业成长，然后做得非常好。"（GZ-M-2）当专业让位于"关系"，名师工作室功能定位的异化便悄然发生了。

（三）自主开放与管理主义的张力

名师工作室的设立旨在通过增强教师自主性和开放性的方式，打破传统教研体系缺乏针对性指导的弊端。相较于传统教研体系，名师工作室中教师的自主性更强，活动也更为多元。有主持人提到"工作室是一个平台，我们定位乡村名师工作室是一个学习共同体，就是大家在一起学习，相互成长，主要的工作就是教学上的研讨，在研讨过程当中帮助教师成长"（GZ-H-3）。在谈及县里对教师的相关培训和名师工作室举办的活动之间的差异时，贵州 H 县教育局负责人介绍：

> 县里的培训是以讲座为主，涉及面不宽，无法满足教师的需要，费时又费力。学科工作室的活动走到基层，针对性比较强，深入课堂指导……工作室的指导具体到为教师量身打造，需要什么帮助就可以开展哪方面的活动，还可以提高工作室成员和学员的积极性。（GZ-E-1）

同时，教育局对名师工作室的定位是"弥补教研人力和物力的不足"（GZ-E-1）。教育部门以自上而下的方式制造"名师"，通过名师工作室拓展了在职教师教研的人力资源，实现了某种意义上的"官学联姻"（王晓芳、黄丽锷，2015）。在名师工作室的管理运行中，教育局常常奉行管理主义逻辑，通过研究成果统计、主持人与成员签订协议书等方式进行精细化管理。名师工作室活动的开展也受到教育局的监督审核,"每次活动有主题,每一年不少于 5 次,不超过 8 次。每一次活动都要先写方案和通知到县教育局教研室审核通过后确定开展"(GZ-E-1)。可以说,目前名师工作室带有很强的行政色彩,运行机制和激励措施都是行政性的,自主性受到限制。工作室少了自主权,就很难释放其活力(卢乃桂、陈峥,2007),导致教师间合作流于形式(牛利华,2013),教师活力难以被完全激发。说到底,名师工作室管理模式越是依赖行政管理体制,就越有可能向跨学校的学科教研室的性质靠拢。名师工作室文化建构中所面临的工具性目的与专业热情、讲和气与讲专业、自主开放与管理主义的张力是相互联系甚至相互强化的。名师工作室的组成人员越是追求功利性目的,就越容易对专业成长视而不见,转而强调人情面子的重要性。这同时强化了名师工作室对教育行政机构的依赖性,使名师工作室的性质更加接近教育行政机构的附属组织。

四 日常关系与专业关系:一个解释框架

通过前面呈现的工具性目的与专业热情的张力、讲和气与讲专业的张力、自主开放与管理主义的张力,我们认为对名师工作室文化的构建需要重视工作室内部的关系结构。作为县域乡村教师,日常关系的秩序偏向费孝通所讲的"差序格局",即"在这种富于伸缩性的网络里,随时随地是有一个'己'做中心的。……我们所有的是自我主义,一切价值是以'己'作为中心的主义"(费孝通,2020:30)。自我主义具有的相对性和伸缩性,即关系的熟悉远近,是教师日常关系维护与管理的原则。而学习(研修)共同体要求的专业关系,在理想状态下是要求老师们(一定程度)进入共同体,共享共同体的学习文化,类似于"团体格局",要求内部成员"权利相互平等"(费孝通,2020:28 ~ 30)。这里存在日常关系与专业关系之间的明显张力。名师工作室的主持人已经直接或者间接意识到这些张力,并进行了一些富有个性的实践。

（一）筛选"态度"

为了解决成员教师只是为了上几节示范课或观摩课的问题，乡村名师工作室主持人通常会从成员筛选上入手，强调成员教师要有"上进心"、"积极性"和"教育激情"。

> 在工作室进人的时候，一定是要（选）非常有（上）进心、积极性（高），对工作室工作非常支持的老师。（GS-H-2）

> 我就特别记得我们去兰州参观一个工作室。那个工作室的主持人说，工作室的活动真正要有教育（效果），要吸纳一些有教育激情的人去做，可能效果就会更好。（GS-H-1）

而日常交往则是了解潜在成员教师态度积极与否的重要途径。对于态度不端正的教师的加入申请，乡村名师或通过"半开玩笑"的方式委婉拒绝，或借助其他教师从中斡旋。这样既保全了对方的"面子"，也有助于维持双方的关系。

> 我知道我一开始收学员的时候，有一位学校的 B 老师老是打电话给我，他说……我想参加你的工作室可以吗？因为我平时对他比较了解，他呢，怎么说，他的态度不够端正。我跟他半开玩笑地说，如果你参加了我的工作室，可能你"活"不下去……我们 A 老师就叫那位老师（B 老师）了解我一下，A 老师就说老 D（乡村名师 DZH）真的很严格，因为很认真，她比较刻苦，也比较努力，她很严格，如果你在里面不认真做，可能她会批评你。工作室刚要启动的那天，他（B 老师）就打电话给我，他说 D 老师我还是不来了，我觉得我还是成长两年再来。（GZ-H-2）

乡土社会所具有的熟人社会特征并不只是负面的，它在为主持人筛选成员时提供了超出报名申请表之外的关键信息。借助日常关系，主持人能私下了解成员的专业能力和态度，为筛选出有教育热情的成员提供了可能性。

（二）情感召唤

有研究者指出，名师工作室在学习关系建构过程中，存在偏重"名师－学员"的传统师徒关系，而忽略了"成员－成员"相互支持的社群性关系，"学员内部较易出现关系固化现象，如某些学员始终掌握内部话语权，而某些学员始终处于工作室的边缘，参与度极低"（曾艳、张佳伟，2016）。在访谈中，确实有成员老师提到"聚在一起的机会不多，所以交流也不多"（JX–M–1）。有主持人也提到一些成员难以融入集体的问题。

> 希望大家能够把自己看到的都提出来，有老师就感觉他好像还没有融入这个集体当中，没有融入氛围当中。那你也可以想到，这样的老师在平时的工作当中，可能也不是那么积极主动地承担工作室的一些事务。（GS–H–1）

面对这样的难题，乡村名师工作室的主持人致力于营造教师之间紧密联系的情感氛围，创设名师工作室新的专业学习情境。比如，DZH 名师工作室通过营造专业的学习文化氛围，激发成员教师以积极向上的心态参与团队活动，以鼓励教师们开展互助合作，在相互给予、共同学习中实现互利共赢，搭建真诚、开放的专业平台。在 DZH 名师工作室的研修手册中，有这么一段话：

> 如果把团队活动比喻成一场演出，那么您就是这一场演出中的主角，您的演出越投入，越用心，这一场演出就越生动，越有活力，也能越有吸引力。……要想走得快，一个人走；要想走得远，就一群人走；认知改变命运，圈层决定前途。战场如此，商场如此，我们的职

场也一样。……"给"永远比"拿"快乐……"三人同行，必有我师"！（DZH 名师工作室实物资料）

通过研修手册，以情感为中介重建专业的学习情境，有助于营造默认一致的团队氛围，激发教师们积极主动参与团队活动的热情。此外，为了进一步增强成员教师之间合作的有效性，作为"师傅"的乡村名师以宽严相济的态度，为每位成员教师专业发展的自主性提供支持性资源，这有利于维系成员教师的归属感和认同感。

我又跟他们说，我在这边路子要宽一些，认识的人要多一些，如果你们写得好，我可以给你们推荐出去，在那儿发表。（GZ-H-2）

（三）正式制度与非正式情境的相互渗透

为了避免讲关系和面子文化给教师专业成长带来的负面影响，县域乡村名师工作室在实践中创设一系列正式制度以压缩人情、关系的运作空间。比如，WLG 工作室就设立了严格的示范课、观摩课审核制度。

为避免人情课、低品位课在本工作室泛滥，造成不良影响，确保本工作室在相关学校所上示范课、观摩课的质量，特在本工作室制定示范课、观摩课审核制度。

（1）本工作室主持人、成员可在本工作室上示范课，学员可上观摩课。

（2）成员上课须经主持人审核，至少磨炼 3 次，方能上示范课或公开课。学员上课须经结对师傅（成员）审核，至少磨课 4 次，方能上观摩课。成员学员上课前须向工作室主持人报送 3 稿以上的教学设计，即初稿、二稿、三稿……定稿。二稿、三稿……需用附页加注此稿在前一稿的基础上有哪些删改或增加，写明删改的原因及理论依据，包括自己上课后的反思，同伴听课后的建议，指导老师的意见或建议等。定稿要介绍本稿已获得哪些改进，已具备了哪些特点或示范性。（GZ-H-3 实物资料）

有研究发现，名师工作室有正式协调和非正式协调机制，私人关系在其中发挥了重要作用（Zheng，Zhang，& Wang，2019）。而实际上，名师工作室也会利用非正式情境下的私人关系，在制度之外寻求教师的专业成长。活动之外的"闲聊"就是这样的一个契机。

平时大家坐下来聊一下自己的课，有时候这种闲聊也是挺有价值的，我们把它戏称为"火炉教研"……在正规场合的时候，有的老师还要顾及我们任课老师或者对方的一些面子或者什么东西的，反正有一些顾虑，但是如果闲下来大家在一起聊的时候，可能首先会说你不要有什么想法，我对你的这堂课某一个地方是这样看的，等等。反正就是说得很随和，有时候在一起聚餐，那个时候也可以聊的……因为大家是怎么想的就怎么说，没有什么压力，可能是说者无心听者有意，有时候有些话对某些老师的成长是很有帮助的……你没有特意地去安排，效果反而不错。（GZ-H-3）

由此可见，名师工作室团队文化的打造带有名师个人生活体验的色彩。面子等关系性因素既是阻滞性的，也是可以转换的资源。名师敢于打破日常关系，重建情境定义，才更有可能塑造具有"学习共同体"气质的专业关系，促进工作室成员的成长。而善于将专业活动融入日常关系，也体现出一种独特的智慧。周雪光（2019）曾提出"非正式制度"这一概念，指"政府官员在日常工作中所表现出的那些未经官方认可甚至与正式制度相悖，但体现为稳定的、广为接受的价值取向和行为方式"。但他也指出，"非正式制度广泛存在于社会各个领域，以及政府、公司、学校、社团和村庄等各种组织形态中"（周雪光，2019）。在一些情况下，通过私人关系和非正式情境，名师工作室的主持人能够缓解正式制度和情境给成员带来的心理压力，巧妙和灵活地促进教师的专业成长。

在佐藤学看来，学习共同体包含三个方面的内容——公共性、民主主义与卓越性。其中，公共性意味着"各种各样的人共同学习的公共空间"；公共性由"民主主义"原理所支撑，意味着杜威（J. Dewey）所说的"各种各样人协同的生存方式"（a way of associated living）；卓越性并不是指谁比谁优越，而是指无论在何等困难的条件下都能各尽所能追求最高境界（佐藤学，2010：3）。基于佐藤学对学习共同体的理解，我们把符合学习共同体理念的关系形式称为契合名师工作室文化构建需要的专业关系。

由此，我们可以提出一个解释名师工作室运行机制的框架，即名师工作室在运作过程中存在日常关系和专业关系两种秩序的交汇。日常关系的秩序主要是基于人情（关系的亲疏远近——业缘、学缘、血缘）和科层制的行政关系（级别、称号相关的身份）。而作为学习共同体要求的专业关系的秩序，在理想状态下是期待成员融入共同体，共享民主、平等的理念，并共同追求卓越。有研究已经指出，具有转换型领导特质的名师更能够实现有效领导，激发名师工作室的效能（朱广清，2013）。在两种秩序的相互纠缠中，特别需要名师工作室的主持人有在两种秩序之间游走的能力，基于个人专业魅力与教育实践的智慧在日常关系与专业关系之间寻求一种平衡。值得注意的是，尽管"名师"们通过筛选"态度"、情感召唤以及正式制度与非正式情境的相互渗透来化解日常关系与专业关系之间的张力，但仍然感受到困惑和迷茫。有主持人坦言，县域乡村名师工作室还是处于"摸着石头过河"（JX-H-1）的状态或者"局限性还比较大""对我们教师专业能力的提升到底有没有作用"（GS-H-1）的阶段。

五 县域乡村名师工作室的文化重塑和未来展望

教师专业发展模式始终是我国教师队伍建设和教育实践改革的重要命题。温格（Etienne Wenger）在其经典之作《实践社群：学习、意义和身份》

（*Communities of Practice：Learning，Meaning and Identity*）一书中提出了一种社会性的学习理论，认为"学习从根本上说是一种社会现象""学习就像吃饭睡觉那样是人的本性""学习是一种社会参与（social participation）"（Wenger，1999：3-4）。温格提到好的中间人（Brokers）是能够在不同的实践社群之间创造新联系的人，能够协调资源，为意义创造新的生长空间（Wenger，1999：109）。乡村名师工作室的主持人头顶制度化的"名师光环"，也得到了行政资源的支持，但其本质即是这样的中间人。一个名师工作室发展的关键在于主持人本人，而名师工作室作为一种乡村教师专业发展机制，其成败的关键在于我们究竟如何理解名师工作室。

我们需要思考名师工作室究竟是什么，又可以是什么？从定位上看，是为培养名师而设，还是为了支持整体性的教师队伍发展而设？是构建县域教研的替代性形式，还是百花齐放的学习共同体？从管理模式上看，是行政化（管理主义）还是放权（少管多放，提供不同程度的资金支持）？单一模式（标准化）还是多元模式（自主性、开放性）？从文化建构上看，要构建一种科层制的跨校教研室文化还是学习共同体文化？对这些问题的回应关涉未来乡村名师工作室的发展方向。在当下，有必要反思名师工作室的文化构建现状，看见日常关系与专业关系的交织所蕴含的机遇和挑战。需要打造依托日常关系但又超越日常关系的专业成长空间，发挥名师工作室文化建构的多种作用，增强与学校、教育行政部门、教师、学生乃至社会整体的联结能力。在此，我们提出乡村名师工作室文化构建的四点建议，即以多元、平等、反思、赋权为核心理念，重塑名师的培养之路。

首先，多元指的是可以重新思考名师之"名"与工作室之"室"的意涵。目前名师工作室的主持人一般有严格要求，如在职在岗的省、市、县级名校长、名班主任、名师、学科带头人（JX–H–1）。但名师工作室不一定要理解为"名师主持的工作室"，也可以是"共同向成为名师的方向努力的工作室"。这样的话，主持人既可以是教龄长、荣誉多的资深教师，也可以是正在成长、有教育热情的青年教师。青年教师在接受前沿工作室文化、教学理念等方面有独特优势，也更能借助现代网络和媒体资源扩大工作室的影响力和辐射能力。可以尝试重点选拔有热情、有潜力、有一定专业能力的主持人，设立乡村青年名师工作室。支持青年教师到发达地区进行培训交流，获得名师工作室运行与管理的相关经验。另外，目前的名师工作室大多是以学科为中心的，可以进一步突破学科边界，创设跨学科和专题性质的名师工作室，如创设以提升教师幸福感、阅读素养、研究能力、身心健康等为专题的工作室。目前北京慈弘慈善基金会支持的乡村幸福课工作室[①]已经展现出独特魅力，其他多元主题的名师工作室也有广阔的发展空间。在专题性质的名师工作室中，教师更可能因共同的兴趣和需求聚集在一起，可以在一定程度上超脱功利化的取向，建立起温暖亲近、自主自由和互相支持的学习共同体，间接增强乡村教师的职业幸福感、挖掘专业发展潜力。

其次，平等指的是超脱科层制的行政化关系和实用性的利益考量，探索弱行政化、强自主性的教师学习共同体模式。从选名师和选成员方面入手，赋予主持人更大的自主权，重视筛选认同学习共同体理念、有开放学习态度的成员教师，减少因人情、面子而产生的内耗。主持人需掌握一定的管理技巧和方法，与学员建立平等和尊重的专业关系，通过将心比心体察学员在成长过程中面临的困难，对学员的成长预期有清楚的认知，能设身处地为学员考虑，有针对性地帮助学员在团队中获得归属感，激发成员的主动性和创造性。

再次，反思指的是要创设有挑战、有陌生元素的学习情境。在研究中，从名师的成长之路看，名师的成长需要打开眼界、扩充资源，不断获得反思自己教学和研究能力的机会。而陌生的教育教学专家、陌生的教育理念和方法更能触动乡村教师，获得反思和改进的空间。因此，亟须吸引外部资源介入，如借助公益组织和企业的力量吸纳高校和教育资源丰厚地区的名师力量参与乡村名师工作室建设。此外，现有的乡村名师工作室活动还

---

① 北京慈弘慈善：《幸福课工作室丨赛技能、亮风采、讲幸福、促成长——王钦楠名师工作室幸福课赛课活动侧记》，https://mp.weixin.qq.com/s/I43J62TLyanC7Z7-Mjwk2g，最后访问日期：2022 年 6 月 25 日。

主要停留在传统的听评课上，研究意识不强，常常停留在套用某一种教学理念的层次上。尽管作为主持人的名师已经意识到教学研究的意义，但也普遍感受到困难。实际工作中，名师普遍感觉到"一些老教师一辈子没做过教学研究""没有人指导""头疼"，甚至有老师提到写研究性的文章经常是直接花钱去买（GS-H-1）。"当个人进入网络时，他不仅仅是这个网络中的一个点，而是将其他网络关系带入现在的网络"（周雪光，2003：114），真正有教育实践智慧和教育研究能力的同行和高校研究者对乡村名师工作室的建设意义非凡。

最后，赋权。我们从前文可以看到，名师工作室的运行还存在一系列体制机制上的问题。在调研中，我们也发现名师工作室面临经费支持匮乏和难以充分使用①的问题。这就需要教育行政部门链接资源，给予名师工作室更多的支持，赋予名师工作室更大的自主性，同时需要帮助主持教师和成员教师认识到自我的潜力。现有的名师工作室大多以"有名气""有荣誉""有职称"的名师为中心，但名师工作室建设需要走出"红花＋绿叶"的模式，走向"每位教师皆可为红花"的多中心模式，充分发挥每个人的自主性，让每位老师都能通过名师工作室获得机会。值得注意的是，在科技变革之下，我们已经进入了一个学习共同体的网络时代。在网络互动中，明确的互惠制度能够使参与者相信自己贡献知识的努力将得到回报，进而增强其贡献知识的成就感和责任感。同时，互惠制度有利于共同体成员建立起相互信任关系。人们越是信任他人的能力，就越愿意与他人共享知识和交流互动（刘建强、方艳霞、黄甫全，2015）。这样一个网络时代极大地降低了跨区域流动的成本，为发达地区名师、高校老师的介入提供了可能性。

总的来说，处于"摸着石头过河"阶段的乡村名师工作室，需要重新思考其在县域教研体系中的定位，探索弱行政化、强自主性的教师学习共同体构建模式，增强名师工作室的回应性和联结能力，充分联动高校、公益组织和企业等外部资源，共同建设多元、开放、反思和赋权的乡村名师

---

① 如有主持人反馈每学年经费只有"3000块钱，远远不够的"（JX-H-1）。教育局也了解到"有的学校以耽误学校课程为由不太支持"（GZ-E-1）。

工作室体系。这项研究的局限在于访谈和实物收集仅仅借助线上，缺乏田野现场感，也难以对名师工作室的实际开展情况进行观察。对于教研系统相对脆弱的乡村地区而言，名师工作室是否能承担起激发乡村教师专业发展热情、提高乡村教师专业水平的重任？本文做出的探索还非常有限，很难回应这样一个复杂的问题。但无论如何，名师工作室已经在乡村地区教师专业发展中占据一席之地，对这样一种教研模式的探索还有待于深入的田野研究和富有创造性的教育行动。

参考文献

程介明，2021，《教研：中国教育的宝藏》，《华东师范大学学报》（教育科学版）第 5 期。

从立新，2019，《教研制度要有自己的坚持和自信》，《人民教育》第 21 期。

费孝通，2020，《乡土中国》，天地出版社。

古德森，艾沃，2001，《环境教育的诞生——英国学校课程社会史的个案研究》，贺晓星、仲鑫译，华东师范大学出版社。

郭志明、蔡可、刘立峰，2015，《首个全国名师工作室发展报告》，《中国教师报》10 月 7 日，第 8 版。

韩爽，2015，《以教师专业发展为指向的名师工作室运行研究》，博士学位论文，东北师范大学。

贺晓红，2017，《幼儿教育名师工作室的内涵与运行机制》，《学前教育研究》第 9 期，第 68~69 页。

贺雪峰，2019，《规则下乡与治理内卷化：农村基层治理的辩证法》，《社会科学》第 4 期，第 64~70 页。

胡小勇、曹宇星、宋宇、陈孝然、李婉怡，2021，《"三个课堂"促进新时代教育公平发展的研究》，《中国电化教育》第 10 期，第 6 页。

胡艳，2017，《民国时期我国中小学教师的学习研究组织及其活动》，《教师发展研究》第 1 期。

刘建强、方艳霞、黄甫全，2015，《网络学习共同体中的知识共享：主要障碍与应对策略》，《现代远距离教育》第 2 期。

刘月霞，2021，《追根溯源："教研"源于中国本土实践》，《华东师范大学学报》（教育科学版）第 5 期。

卢乃桂、陈峥，2007，《赋权予教师：教师专业发展中的教师领导》，《教师教育研究》第 4 期，第 1~5 页。

卢乃桂、沈伟，2010，《中国教研员职能的历史演变》，《全球教育展望》第 7 期。

牛利华，2013，《教师专业共同体的实践焦虑与现实出路》，《外国教育研究》第 7 期，第 59~65 页。

乔雪峰、卢乃桂、黎万红，2013，《从教师合作看我国校本教研及其对学习共同体发展的启示》，《教师教育研究》第 6 期。

沈祖芸、周慰、徐晶晶，2004，《名师再造——〈上海教育〉圆桌论坛首度开讲 平等对话"名师工作室的使命"》，《上海教育》第 8 期。

滕尼斯，斐迪南，1999，《共同体与社会——纯粹社会学的基本概念》，林荣远译，商务印书馆。

田应仟、李辉朋、潘晓波，2019，《行动学习：基于"名师工作室"的教师能力提升策略》，《教育理论与实践》第 26 期，第 40 页。

通泽，2018，《路在脚下延伸——写在名师工作室的日子里》，《贵州教育》第 8 版。

王晓芳、黄丽锷，2015，《中小学教师科研活动中的管理主义——基于对相关官方文件与若干结题报告的分析》，《北京大学教育评论》第 1 期，第 108~128、190~191 页。

杨琪琪，2020，《乡村名师工作室组织行为困境研究》，硕士学位论文，贵州师范大学。

袁永惠，2020，《"乡村名师工作站"有效运行的思考及对策》，《教师教育学报》第 2 期，第 90 页。

曾艳、张佳伟，2016，《名师作为学习领导者的角色实践与困境——基于上海市名师工作室的案例研究》，《教师教育研究》第 4 期，第 92~98 页。

翟学伟，2004，《人情、面子与权力的再生产——情理社会中的社会交换方式》，《社会学研究》第 5 期。

张凯，2010，《我退出了名师工作室》，《江苏教育研究》第 30 期。

张力跃，2017，《从"一枝独秀"到"美美与共"——中职"名师工作室"个案研究》，《教师教育研究》第 3 期，第 70~72 页。

张翔、杨琪琪，2019，《乡村名师工作室的"鱼塘效应"困境及其规避机制探究》，《教育理论与实践》第 5 期。

《中国教师报》，2022，《中国教师报关于"'三名'工作室创新成果线上博览会"短视频的通知》，5 月 11 日，第 2 版。

周雪光，2003，《组织社会学十讲》，社会科学文献出版社。

周雪光，2019，《论中国官僚体制中的非正式制度》，《清华社会科学》第 1 期。

朱广清，2013，《名师工作室效能优化——以江苏省常州市名师工作室为例》，《中国教育学刊》第 7 期，第 81~84 页。

佐藤学，2004，《学习的快乐——走向对话》，钟启泉译，教育科学出版社。

佐藤学，2010，《学校的挑战：创建学习共同体》，钟启泉译，华东师范大学出版社。

Wenger, Etienne.1999. *Communities of Practice：Learning, Meaning and Identity.* Cambridge University Press.

Zheng, X., Zhang, J., & Wang, W.2019. "Teacher Learning as Boundary Crossing：A Case Study of Master Teacher Studios in China." *Teachers and Teaching, Theory and Practice* 25（7）：837–854.

社会生态视域下乡村小学青年教师工作满意度研究

——以职业心理状态为中介变量[*]

彭　佳　于海波　丁子元　黄剑平^{**}

摘　要： 乡村小学青年教师工作满意度是衡量其职业生存与心理状态的重要指标，是影响乡村教师队伍稳定、学校办学质量与学生发展的重要因素。本文将东、中、西三个地区 18 省 35 县 7606 名乡村小学青年教师作为调查对象，通过多元线性逐步回归，探讨了社会生态视域下宏观－社会地位、中观－学校组织情境和微观－职业心理状态对乡村小学青年教师工作满意度的影响。结果表明：（1）乡村小学青年教师职业心理状态与工作满意度整体水平不高；（2）宏观－社会地位中的主观社会地位（现在地位／未来地位）除了对工作满意度具有直接正向影响外，还可以通过微观－职业心理状态变量中的职业认同、个体教学效能、不公平感与职业倦怠间接影响工作满意度；（3）中观－学校组织情境中

---

* 基金项目：2022 年吉林省社会科学基金项目（马工程专项）"农村学校教师课程思政能力提升策略研究"（项目编号：2022M8）。

** 彭佳，东北师范大学教育学部博士研究生，主要研究方向为教师教育、课程与教学论；于海波，东北师范大学物理学院教授、博士生导师，中国农村教育发展研究院兼职研究员，主要研究方向为农村教育、科学教育、教师教育；丁子元，东北师范大学教育学部博士研究生，主要研究方向为农村教育；黄剑平，华南师范大学教师教育学部硕士研究生，主要研究方向为农村教育、教师教育。

的生源质量、课程与教学水平、教学设备与教育资源、工作氛围、民主管理与学校周边环境对工作满意度具有直接正向作用；（4）微观－职业心理状态在两者之间起到中介作用。因此，我们可以从社会发展结构（构建教师工资补偿差异化机制，提高个人－环境匹配度）、学校组织管理（优化工作资源支持体系，持续探索乡村青年教师自主发展有效路径）、职业心理资源（关注宏观与中观视域，兼顾微观视角）三个层面做出改进。

关键词： 乡村小学青年教师；工作满意度；主客观社会地位；学校办学品质；职业心理状态

一　引言

当前，在我国全面推进乡村振兴、提升教育质量、促进教育公平的大背景下，乡村教师作为乡村文化传承主力军被赋予新的时代使命。中共中央、国务院印发的《乡村振兴战略规划（2018—2022）》明确指出"优先发展农村教育事业，努力造就一支素质优良、甘于奉献、扎根乡村的教师队伍"。2022 年 4 月，教育部等八部门联合印发的《新时代基础教育强师计划》也强调"按照乡村振兴重大战略部署和振兴教师教育有关要求，立足重点区域和人才紧缺需求，加大中西部欠发达地区师范院校、教师发展机构建设和高素质教师培养培训力度，增加紧缺薄弱领域师资培养供给"。可见，振兴乡村教育，离不开教师。其中，作为乡村教育"神经末梢"的乡村小学，由于规模小、地处偏远、资源短缺等问题，教师队伍建设常年面临"贤才难招、现才难留、英才难遇"的困境（赵鑫，2019）。乡村小学教师的社会地位也由原来的"文化传承者"沦为乡村社会"边缘化的打工者"，被视为"弱者中的弱者"（于海波，2014）。

然而，稳定的教师队伍是提高学校办学品质、实现乡村振兴与可持续发展的重要基石。作为乡村教师队伍中最具活力与潜力的群体，乡村青年教师既是影响学校师资结构和教学质量的中坚力量，也是实现乡村文化振兴目标的主力军（常亚慧，2021）。2020 年，教育部等六部门印发的《关于加强新时代乡村教师队伍建设的意见》明确提出"重点关心青年教师群体的工作生活与职业幸福感"。但由于受到城乡择业趋利性选择、缺乏乡村任教专业胜任力以及"乡村即落后"等固化标签思维的影响，乡村青年教师工作满意度与留岗意愿普遍不高（李维、许佳宾、陈杰，2020）。可见，如何有效降低乡村青年教师的流失率、增强其工作幸福感与坚守使命感已成为教育部门需要解决的首要问题（付昌奎、曾文婧，2019）。已有研究表明，提高乡村教师工作满意度是乡村教师下得去、留得住、教得好的关键举措（武向荣，2022）。

目前，针对乡村教师工作满意度影响因素的研究主要聚焦三个层面。一是教师个人层面，从教师人口学变量（如性别、年龄、职称、婚姻状况）出发，探讨其对工作满意度的影响（王成龙、雷雅琦，2016；段晓芳，2016；王建新、杨生动，2019）。另外，教师作为具有主观体验与感受的人，不乏从教师个人微观 - 职业心理状态对工作满意度的影响进行探讨的研究。二是从学校组织层面（学校地理位置、学校类型、学校规模、办学条件和管理制度等）出发，探究其对工作满意度的影响（肖庆业、陈惠玲、林瑄，2018；肖庆业，2019；武向荣，2022）。三是从社会结构层面（客观职称、工资、学历等人力资本角度）考察（宋德香、郑昭佩，2005；倪嘉敏，2015），很少考虑教师的社会地位与主观感受对工作满意度的影响。可见，教师工作满意度不仅能表现出乡村教师个人对工作条件、状态的感知与评价，而且能折射出乡村教师所处社会结构、学校组织和职业心理状态等社会生态环境。

因此，本文聚焦乡村小学青年教师这一特殊群体，揭示其工作满意度影响因素与潜在心理作用机制，这对加强新时代乡村教师队伍稳定性，提升教师的幸福感与职业使命感，推动学校办学品质提升，最终促进学生学习与全面发展具有重要的实践意义。

二　文献综述与研究假设

教师工作满意度作为教师稳定性的"晴雨表"，是衡量教师工作状态、预测工作绩效的重要指标。它主要指教师对自身从事职业、工作条件与状态的一种带有情绪色彩的感受与评价，常作为动机激发变量显著影响教师的职业幸福感、工作投入与学生的学习效果（孙绍邦、陈云英，1994；Bogler，2002；吴伟炯等，2012）。已有相关实证研究表明，教师个体特征、心理状态、家庭环境、办学条件、工资待遇、职业社会地位等因素都会对教师工作满意度产生重要影响（肖庆业，2019）。

（一）理论基础：社会生态系统理论

20世纪80年代，社会生态系统理论（Society Ecosytems Theroy, SET）正式作为一个理论被提出。该理论作为社会学的概念，是在综合社会学、生态学、系统论等多个学科观点的基础上，结合社会学实践的过程建立起来的。社会生态系统理论将人类成长的社会环境看成是一种社会性的生态系统，强调生态环境对分析和理解人类行为的重要性，注重人与环境间各系统的相互作用及环境对人类行为的影响（师海玲、范燕宁，2005）。随着社会生态系统理论的不断发展，诸多代表性的系统模型形成了，其中尤里·布朗芬布伦纳（Urie Bronfenbrenner）提出的生态系统理论模型和查尔斯·扎斯特罗（Charles Zastrow）提出的社会生态系统理论模型最具代表性。

著名心理学家布朗芬布伦纳根据系统大小及其对人作用方式的不同将系统划分为微系统、中系统、外系统、大系统、历时系统五个子系统。布朗芬布伦纳将人的生态系统模型化，有助于研究者从动态互动的角度理解个体所处的多维、多层复杂环境对人类行为的影响。但其理论过分强调环境对人类发展的影响，忽略了生物因素（遗传）与人的主观能动性在人类发展过程中的作用，因此，他的理论被一些学者批判为具有环境决定论倾向。2004年，扎斯特罗作为现代社会生态理论著名的代表人物，在其《理解人类行为与社会环境》（第6版）一书中，打破了个人与环境之间的对立，认为个体在其发展过程中与周围环境紧密相连、相互影响，而不是被动地接受外部环境。他将个体的社会生态系统划分为微观系统（Micro System）、中观系统（Mezzo System）和宏观系统（Macro System）三个层次。其中，对于微观系统，扎斯特罗加入了个体的心理与生理等因素，以及心理与生理之间的相互影响，注重分析个体本身对环境的反应。

在扎斯特罗的社会生态系统理论模型中，微观系统是指处在社会生态环境中看似单个的个人。它既是一种生理的社会系统类型，也是一种社会的、心理的社会系统类型。本文将教师职业心理状态作为乡村小学青年教师的微观系统，反映了教师在学校工作中的心理特征与职业生存状态。中观系统是指与个体直接接触的小规模群体，包括家庭、朋辈群体、职业群体或其他社会群体。由于要考察教师对自身工作条件与状态的感受与评价，本文将中观系统选定在学校场域。宏观系统是指比小规模群体更大一些的社会系统，包括文化、社区、制度、组织和政府等。本文所讲宏观系统指的是教师这一职业所处的社会结构与等级体系。该理论还认为，作为微观系统的个体是与其他各生态系统互动的主体，三层系统存在多元互动关系（张世娇、王晓莉，2017）。可见，从扎斯特罗的社会生态系统理论视域来看，乡村小学青年教师的工作嵌入宏观、中观系统之中，其微观 – 职业心理状态会受到宏观 – 社会地位与中观 – 学校组织情境的影响。

综上，本文在扎斯特罗的社会生态系统理论指导下，进一步梳理宏观 – 社会地位、中观 – 学校组织情境与微观 – 职业心理状态对乡村小学青年教师工作满意度的影响，提出相应的研究假设，并结合实证数据检验社会生态系统理论在乡村教师队伍中的适用性。

（二）文献综述与研究假设

1. 宏观系统的作用：社会地位对职业心理状态与工作满意度的影响

宏观 – 社会地位对教师工作满意度的影响在以往的研究中较少讨论。教师社会地位是指教师职业在社会结构与等级体系中的相对位置，代表了教师的社会与经济资源、职业声望与社会权利的总体状态。社会地位作为社会结构变量，在一定程度上决定了教师最初的需求水平与强度（Schmitt et al.,1978）。其中，主观社会地位和客观职业声望、教育水平与福利待遇是影响教师对自身所处社会阶层感知的重要因素（胡小勇等，2014）。两者都在一定程度上影响着教师的职业认同、不公平感、工作满意度与流动意愿。

传统客观社会地位常从职业声誉、政治权利、学历水平、经济地位等变量进行考察。已有研究发现，学历、职称、工资待遇都是影响教师职业认同、教学效能与工作满意度的重要因素，并且外部威望可以显著提升组织承诺与工作满意度（Herbach，Mignonac，& Gatignon，2004；穆洪华、胡咏梅、刘红云，2016；周思好、王艺卓、李晓巍，2021）。相比于客观社会地位，主观社会地位包含的信息更为丰富，主要指教师对自身在特定社会等级体系中所处阶层与位置的主观判断与综合看法（Singh-Manoux，Adler，& Marmot，2003）。主观社会地位可以通过教师自我报告的方式进行测量，可以较好地预测教师的工作态度、心理状态、满足水平与行为倾向（Samli，2013）。已有研究表明，当人感知受到尊重时，其主观社会地位会提高，显著正向影响工作满意度，而感知到社会阶层较低、工作场所歧视与工作压力都预示着更低的工作满意度（Henry，2011；Ali，Yamada，& Mahmood，2015）。综上可见，主客观社会地位可以在一定程度上影响其职业心理状态与工作满意度。

初入职的乡村青年教师面临从学生到教师身份的转换，可能会由于工作实际与期望不符，适应领导、同事、家长等人际关系困难，所学教学理论知识与实际教学情境脱节，学校教育与家庭教育冲突等"现实冲击"降低"乡村教师"这一职业身份的主观社会地位感知，或由于个人工作价值观、目标与学校不一致引发的"形象冲突"，职业心理预期与工作满意度不高（殷玉新，2015；Hom et al.，2017）。可见，对于乡村青年教师来说，主观社会地位感知、职业心理状态与工作满意度之间存在一定的关联。具有较高社会地位感知的教师可以通过积极主动的单位文化融入、人际关系沟通、班级管理调控等手段更好地应对乡村学校生活中可能遇到的"现实冲击"，动态调节"形象冲突"，进而保持良好的工作状态，消除职业倦怠，提高工作投入与工作满意度。综上，可以进行合理猜测，乡村小学青年教师的主客观社会地位可以在一定程度上影响其职业心理状态与工作满意度。由此，本文提出以下两个假设：

H1a：主客观社会地位显著影响乡村小学青年教师职业心理状态。

H1b：主客观社会地位显著影响乡村小学青年教师工作满意度。

2. 中观系统的作用：学校办学品质对职业心理状态与工作满意度的影响

有部分研究从中观 – 工作场域出发，探讨学校组织情境对教师工作满意度的影响。其中，学校办学品质代表了教师所在学校组织情境因素的综合水平，对教师工作满意度存在一定的影响（肖庆业，2019）。办学品质一般包括两层含义：一是从客观办学条件、教育资源等出发，强调学校办学资源与物质环境满足主体（学生、教师、领导）需求的能力；二是强调教育主体对教育满足程度的主观判断。综合来说，教师对学校办学过程中的办学条件、学生素质、课程与教学水平、工作氛围、管理制度、领导风格、家校合作与专业发展等环节的评价越高，代表学校办学品质越高，教师在组织情境中的职业认同、个体教学效能与工作满意度也越高。相关实证数据表明，教师交流合作与教师专业发展在分布式领导与工作满意度之间兼具部分中介与链式中介作用（李思蒙、豆忠臣、任萍，2021），并且学校组织工作特征会引起教师对工作的浅层心理感知，进而影响到对工作的整体评价。例如，当工作任务过多、工作压力较大并且工作资源短缺时，教师更容易对工作感到不满（Lea，Corlett，& Rodgers，2012）。

具体来看，第一，学校办学品质评价指标中的"工作氛围"作为教师对学校工作生活的综合体验，在一定程度上反映了一所学校的规范、目标、价值观、人际关系、教学和学习实践以及组织结构。在乡村学校组织情境中，教师之间存在激烈的竞争关系。据调查，当前乡村教师职称评聘存在突出的结构性矛盾，乡村教师高级岗位比例过低，乡村青年教师职称晋升难度较大，乡村学校的职称评聘较城镇学校来说更为激烈（王晓生、邬志辉，2019）。再加上乡村教师间教学交流少，集体备课形式化，乡村学校普遍实施的"传帮带"制度收益折损，这使经验欠佳的乡村青年教师容易产生无助感，损害乡村青年教师的工作热情与职业体验。

第二，学校办学品质评价指标中的"生源质量"会对乡村教师的工作满意度产生一定程度的影响。良好的生源质量容易在学校内形成趋向积极的学习风气，促使学生提升学习动机、端正学习态度，进而推动学生学习成绩提升。教师也能够将主要精力集中在与教学和专业发展相关的事务上，有利于实现自我成长并获得教学成就感，有效提升乡村教师的工作满意度（孔维肯，2020）。

第三，学校办学品质评价指标中的"课程与教学水平"代表了教师对学校课程改革、教学方法运用、教学组织方式、教学创新精神等方面的认知与评价。在课程改革的大背景下，由于学历水平相对较低、创造性相对不足，乡村教师对学校课程与教学改革的热情普遍不高。已有研究表明，乡村青年教师学生阶段所学的教学知识无法满足乡村日常教学需求，所教非所学现象明显（刘胡权，2014）。长此以往，这不利于青年教师的教学效能感与成就感的提升（赵玥，2019）。

第四，学校办学品质评价指标中的"教学设备与教育资源"主要指学校教学设备与资源供应、教学设备使用情况、数字化教学设备齐全度、图书与教室资源等。乡村小学由于经济基础薄弱，为教师发展所提供的学习资源和交流渠道也相对有限，且存在一定的区域闭塞性（高梦解，2021），无法满足青年教师的专业发展需求，进而降低了青年教师的工作满意度。

第五，学校办学品质评价指标中的"民主管理"作为办学过程中的重要环节，对教师队伍建设发挥着重要的监管作用（廖倩，2017）。而民主参与机制为乡村青年教师参与学校决策提供了机会，是激发教师工作热情和职业认同感的重要管理策略。青年教师参与学校内部管理，能够深入理解学校的制度与决议，践行组织承诺与承担坚守学校的使命。

第六，学校办学品质评价指标中的"学校周边环境"可以从照顾家庭便利程度、教学水平、公共服务水平、交通便利水平、学校周边社会生活等方面进行考察。已有研究表明，由于学校周边环境限制，83.4%的乡村教师（教龄在 5 年以内）居住地在城市（方红，2021），工作与生活分居两地致使乡村青年教师不得不频繁穿梭于城乡之间，这种往返的生活方式使其难以与乡村建立深层的情感联结。综上，本文推测学校办学品质是影响乡村小学青年教师职业心理状态与工作满意度的重要指标。基于此，本文提出以下假设：

H2a：学校办学品质显著影响乡村小学青年教师职业心理状态。

H2b：学校办学品质显著影响乡村小学青年教师工作满意度。

3. 微观系统的作用：职业心理状态与工作满意度的影响

那么，为什么在相同的职业社会地位、工作氛围、办学条件、领导支持的工作环境中，有的乡村小学青年教师入职一段时间之后会出现倦怠情绪与低个体教学效能感，而有的会表现出更高的工作投入度、工作满意度以及更强的坚守使命感？仅考虑宏观 – 社会地位与中观 – 学校办学品质对工作满意度的影响，已不能给出合理的解释，需要同时考虑到教师个体微观 – 职业心理状态的作用。

目前，在工作满意度众多前因变量的研究中，不乏从微观 – 职业心理状态角度进行探讨的研究。心理学强调主观体验与感受对工作满意度的重要性。认知情感理论认为，个体的情感与认知之间并非界限分明，认知单元能够影响情感单元。这表明，教师对所在工作场域内的职业角色认知会影响其对工作与职业的情感体验，即拥有较高职业认同的教师能够以更积极、乐观的心态投入日常工作（He & Brown，2013）。根据 Hobfoll 提出的资源增益螺旋理论，工作积极快乐的人能进一步增加积极心理资源的获得与存储能力，拥有富足心理资源的教师不易遭受消极情绪的干扰，进而提高工作满意度。同样，教师的个体教学效能感作为积极心理资源，是指教师确认自己在教学工作中能够有效完成教学任务的一种信念与能力知觉。高个体教学效能感能够有效缓解职业压力，降低情绪衰竭和去人格化的程度（刘晓明，2004）。已有研究证实，乡村教师感知到的学校氛围、职业认同、自我效能、个体教学效能以及教师领导力的发挥均能显著正向影响工作满意度（罗杰等，2014；王钢、苏志强、张大均，2017；王照萱等，2020）。

与积极心理资源作用相反，教师在学校工作场域中的阻碍型工作压力感知、不公平感、职业倦怠等消极的职业情感状态会降低教师对所在学校工作的认知与综合评价。已有实证研究表明，工作压力、职业倦怠、不公平感均显著负向影响工作满意度（张建人、阳子光、凌辉，2014）。故本文提出以下假设：

H3a：职业心理状态显著影响乡村小学青年教师工作满意度。

另外，社会生态系统理论认为，个体无法完全脱离环境而独立存在，人的心理状态与行为表现在某种程度上是环境塑造的（张世娇、王晓莉，2017）。即从教师所处的教育生态系统来看，教师对工作的评价与满意程度会受到社会结构和文化背景、组织情境、职业心理等从宏观到微观多层次因素的影响，是各个影响因素跨层次相互作用与博弈的结果。其中，工作特征模型（以下简称"JD-R"）认为，乐观、自我效能感、职业认同等个人心理变量在中观－工作特征与幸福感之间起到一定的桥梁作用（Bakker & Demerouti，2017）。到目前为止，已有一些研究检验了职业心理因素的间接效应，例如，2020 年有研究者以中国高校教师为研究对象，发现教师效能感作为个人资源在 JD-R 模型中起到了中介作用（Han et al.，2020）。

结合上文假设，总结职业心理因素的前因变量和效果变量，本文进一步认为，微观－职业心理状态不仅是影响工作满意度的直接决定因素，还在宏观－社会地位与中观－学校组织情境影响教师工作满意度的过程中起到中介作用。因此，本文提出以下假设：

H3b：职业心理状态在主客观社会地位、学校办学品质对工作满意度的影响过程中起到中介作用。

基于社会生态系统理论，通过梳理文献发现，教师的工作生活是嵌入社会结构与组织情境之中的，即教师的工作满意度会受到社会地位与学校办学品质的影响。因此，本文将主客观社会地位作为职业心理状态与工作满意度的社会基础，将学校办学品质作为职业心理状态与工作满意度的组织情境来源，将影响工作满意度的职业心理状态嵌入社会生态系统，由此得到一个扩展的关系链（见图 1）。

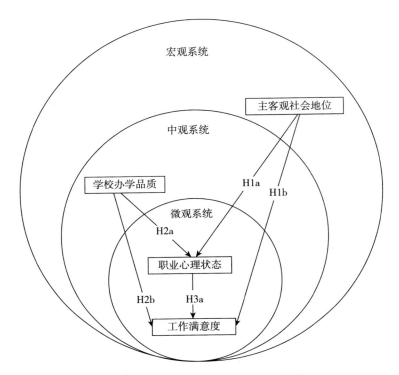

图1 社会生态视域下的理论假设模型

综上，研究尝试回答以下问题：（1）乡村小学青年教师工作满意度现状如何？在不同人口学变量、工作特征与学校地域之间是否存在显著差异？（2）主客观社会地位与学校办学品质对乡村小学青年教师的职业心理状态与工作满意度是否存在影响？影响效果如何？谁的影响更大？（3）职业心理状态除了可以直接影响工作满意度之外，在社会结构因素与组织情感因素对工作满意度的影响过程中是否起到了中介作用？

三　数据来源与研究方法

（一）数据来源

研究选取的目标学校为教学点、村小与乡镇小学，并参考《中长期青年发展规划（2016—2025年）》关于青年的年龄界定，最终将"乡村小学青年教师"定义为在乡镇或村屯小学任教，年龄在 20~35 周岁的青年教师。所用数据来自教育部人文社会科学重点研究基地东北师范大学中国农村教育发展研究院 2018 年《乡村教师支持计划（2015—2020 年）》实施评估的调查数据，样本数据涵盖东部、中部、西部三个地区的 18 省 35 县，有效降低了数据的地域差异程度，共收回乡村小学青年教师有效问卷 7606 份，各省份有效问卷分布情况见表 1。

表 1　各省份有效问卷分布情况

单位：份，%

地区	省份	有效问卷数 N=7606	百分比
东部	福建省	179	2.40
	广东省	685	9.00
	辽宁省	109	1.40
	山东省	474	6.20
中部	河南省	596	7.80
	湖南省	151	2.00
	江西省	843	11.10
	安徽省	507	6.70
	湖北省	90	1.20
	山西省	221	2.90
西部	甘肃省	293	3.90
	广西壮族自治区	148	1.90
	贵州省	838	11.00
	宁夏回族自治区	261	3.40
	陕西省	172	2.30
	四川省	672	8.80
	云南省	531	7.00
	重庆市	836	11.00

从区域有效问卷分布情况来看，东部为 1447 份（19.00%），中部为 2408 份（31.70%），西部为 3751 份（49.30%）（见表 1）。从学校类型来看，来自教学点教师 1044 人（13.73%），村小 3525 人（46.34%），乡镇小学 3037 人（39.93%）；从学校城乡分布来看，来自镇级学校教师 2482 人（32.63%），乡级学校教师 552 人（7.26%），村（屯）级教师 4572 人（60.11%）；从教师人口学变量来看，男教师 1524 人（20.04%），女教师 6082 人（79.96%）；健康状况非常差的教师 2748 人（36.13%）；已婚教师 4701 人（61.81%）；师范毕业教师 5719 人（75.19%）。从工作特征来看，本校在编教师 5582 人（73.39%）；教龄在 1~5 年的教师 5087 人（66.88%）；跨年级任教 3845 人（50.55%）。教师样本特征分布情况见表 2。

表 2　教师样本特征分布情况

单位：%

变量（N=7606）	类别	频数	百分比
人口学变量			
性别	男	1524	20.04
	女	6082	79.96
健康状况	非常健康	20	0.26
	比较健康	188	2.47
	一般	1621	21.31
	比较差	3029	39.82
	非常差	2748	36.13
婚姻状态	已婚	4701	61.81
	未婚	2823	37.12
	离异	77	1.01
	丧偶	5	0.07
是否师范毕业	是	5719	75.19
	否	1887	24.81

续表

变量（*N*=7606）	类别	频数	百分比
工作特征变量			
教龄	1~5 年	5087	66.88
	5~10 年	1995	26.23
	10 年及以上	524	6.89
教师身份	本校在编教师	5582	73.39
	代课教师	366	4.81
	特岗计划教师	1319	17.34
	其他	339	4.46
是否跨年级任教	是	3845	50.55
	否	3761	49.45
学校地域特征变量			
学校区域位置	东	1447	19.02
	中	2408	31.66
	西	3751	49.32
学校城乡分布	镇	2482	32.63
	乡	552	7.26
	村（屯）	4572	60.11
学校类型	教学点	1044	13.73
	村小	3525	46.34
	乡镇小学	3037	39.93

（二）研究工具与变量测量

1. 因变量：工作满意度

教师工作满意度参照 Hackman 和 Oldham（1975）开发的工作满意度测量问卷，结合乡村教师群体特征进行改编。问卷包括"我对自己的职业角色感到满意"等 6 道题目，均采用五点李克特量表计分形式，分别为 1 "非常不满意"到 5 "非常满意"，得分越高说明工作满意度越高，其 α 系数为 0.797，测量结果可靠。因子分析的 KMO 值为 0.744，Bartlett's 球形检验中 $p<0.001$，总体方差累计解释率为 71.41%，因子载荷范围为 0.612~0.891。

2. 自变量

（1）主客观社会地位变量

该变量主要包括主观社会地位和客观社会地位两类。主观社会地位采用教师对目前社会地位以及自身三年后社会地位的预期，在 1 至 10 分之间打分（1 分代表社会地位最低，10 分代表社会地位最高），作为教师对现在和未来主观社会地位的评估指标。客观社会地位从学历水平（受教育年限）、个人收入、职称等级 3 个指标来测量。其中，学历水平（受教育年限）采用教师最高学历；个人收入采用教师月收入水平，并进行统计学上的对数转换以减少收入水平的变异性；在职称等级方面，将"未评职称"赋 1 分，"小学三级 / 小学二级 / 中学三级"赋 2 分，"小学一级 / 中学二级"赋 3 分，"小学高级 / 中学一级"赋 4 分，"中学高级"赋 5 分，"正高级"赋 6 分（见表 3）。

表 3 主客观社会地位变量的选取与测量

变量类别（N=7606）		变量名	赋值规则	平均值	标准差
Y：乡村小学青年教师工作满意度		工作满意度（6）	非常满意 =5，比较满意 =4，一般 =3，不太满意 =2，非常不满意 =1	3.26	0.69
X1：社会地位变量	主观社会地位	现在地位	社会地位由低到高打分（1~10 分）	3.77	1.86
		未来地位	社会地位由低到高打分（1~10 分）	5.55	2.25
	客观社会地位	学历水平（受教育年限）	小学及以下 =6，初中 =9，高中 =12，中专 / 中师 =14，大专 =15，本科 =16，研究生 =19	15.77	0.59
		月收入水平	月收入取对数	3.48	0.16
		职称等级	未评职称 =1，小学三级 / 小学二级 / 中学三级 =2，小学一级 / 中学二级 =3，小学高级 / 中学一级 =4，中学高级 =5，正高级 =6	1.94	0.79

注：变量括号内为表征该变量的指标数量。

（2）学校办学品质变量

学校办学品质变量主要包括"生源质量、课程与教学水平、教学设备与教育资源、工作氛围、民主管理和学校周边环境"6 个变量，均采用五点李克特量表计分形式，分别为 1"非常不赞同"到 5"非常赞同"，得分越高说明教师视角下所在学校办学品质越高。

其中，生源质量由 4 个题目组成，α 系数为 0.909，因子分析的 KMO 值为 0.834，Bartlett's 球形检验中 $p<0.001$，方差累计贡献率为 78.98%，因子载荷范围为 0.713~0.834；课程与教学水平由 4 个题目组成，α 系数为 0.759，因子分析的 KMO 值为 0.719，Bartlett's 球形检验中 $p<0.001$，方差累计贡献率为 60.55%，因子载荷范围为 0.490~0.880；教学设备与教育资源由 4 个题目组成，α 系数为 0.745，因子分析的 KMO 值为 0.610，Bartlett's 球形检验中 $p<0.001$，方差累计贡献率为 83.21%，因子载荷范围为 0.821~0.844；工作氛围由 6 个题目组成，α 系数为 0.781，因子分析的 KMO 值为 0.783，Bartlett's 球形检验中 $p<0.001$，方差累计贡献率为 67.36%，因子载荷范围为 0.615~0.757；民主管理由 4 个题目组成，α 系数为 0.837，因子分析的 KMO 值为 0.794，Bartlett's 球形检验中 $p<0.001$，方差累计贡献率为 68.05%，因子载荷范围为 0.664~0.893；学校周边环境由 5 个题目组成，α 系数为 0.881，因子分析的 KMO 值为 0.867，Bartlett's 球形检验中 $p<0.001$，方差累计贡献率为 63.94%，因子载荷范围为 0.633~0.875（见表 4）。

（3）职业心理状态变量

职业心理状态变量包括"职业认同、工作压力、个体教学效能、不公平感、职业倦怠"5 个心理变量。职业认同的测试题包含"从事教师职业，我感到很自豪"等 5 道题，均采用五点李克特量表计分形式，分别为 1"非常不赞同"到 5"非常赞同"，得分越高说明教师职业认同感越强。其 α 系数为 0.843，因子分析的 KMO 值为 0.793，Bartlett's 球形检验中 $p<0.001$，因子载荷范围为 0.638~0.862。

工作压力主要参考 Copper 和 Marshall（1978）对工作压力源的界定，

结合教师工作岗位特征，要求教师对学生安全责任、学业成绩、处理行政事务、职称晋升等容易产生工作压力的 11 项压力源进行评估，并在 1 至 9 分之间进行打分（1 分表示没有压力，9 分表示极大压力），得分越高说明教师的压力越大。其 α 系数为 0.887，因子分析的 KMO 值为 0.897，Bartlett's 球形检验中 $p<0.001$，因子载荷范围为 0.591~0.838。

个体教学效能主要考察教师面对"帮助学生建立做好功课信心、让学生重视学习、管理教室里学生捣乱行为、让孩子遵守纪律"等 12 种教学情境时，评估自身作为教师能够在多大程度上完成任务，并在 1 至 9 分之间进行打分（1 分表示完全没有，9 分表示程度非常大），得分越高说明教师个体教学效能感越强。其 α 系数为 0.958，因子分析的 KMO 值为 0.945，Bartlett's 球形检验中 $p<0.001$，因子载荷范围为 0.711~0.842。

不公平感要求教师考虑到自身收入、职称晋升、培训机会、工作生活环境等因素，对工作中的不公平感在 1 至 10 分之间进行打分（1 分表示没有不公平感，10 分表示非常不公平），得分越高说明教师不公平感越强。

职业倦怠采用 Maslach 等编制的职业倦怠量表（MBI）（Maslach, Schafeli, & Leter，2001），职业倦怠的测试题包括"我经常对我工作的价值产生怀疑"等 9 道题目，均采用六点李克特量表计分形式，分别为 1"非常不同意"到 6"完全同意"，得分越高说明职业倦怠感越强。其 α 系数为 0.912，因子分析的 KMO 值为 0.926，Bartlett's 球形检验中 $p<0.001$，因子载荷范围为 0.546~0.801。以上各变量信效度指标均在合理范围内。

表 4　学校办学品质变量、职业心理状态变量的选取与测量

变量类别 (N=7606)	变量名（指标数量）	赋值规则	平均值（标准差）	α 系数	KMO	因子载荷
X2：学校办学品质变量	生源质量（4）	学生礼貌文明、乐于助人、合作精神、学习动力	3.786（0.775）	0.909	0.834***	0.713~0.834
	课程与教学水平（4）	学校课程改革、教学方法运用、教学组织方式、教学创新精神	3.651（0.670）	0.759	0.719***	0.490~0.880

续表

变量类别（N=7606）	变量名（指标数量）	赋值规则	平均值（标准差）	α系数	KMO	因子载荷
X2：学校办学品质变量	教学设备与教育资源（4）	教学设备与资源供应、教学设备使用情况、数字化教学设备齐全度、图书与教室资源	3.016（0.835）	0.745	0.610***	0.821~0.844
	工作氛围（6）	教学交流频率、交流合作机会、沟通效果、团队合作重视程度、学生诉求沟通频率、同课异构合作	3.639（0.659）	0.781	0.783***	0.615~0.757
	民主管理（4）	参与学校决策权、职称评定程序明确、领导管理公平度、评定结果认可度	3.388（0.828）	0.837	0.794***	0.664~0.893
	学校周边环境（5）	照顾家庭便利程度、教学水平、公共服务水平、交通便利水平、学校周边社会生活	2.790（0.826）	0.881	0.867***	0.633~0.875
M：职业心理状态变量	职业认同（5）	非常不赞同=1，不太赞同=2，一般=3，比较赞同=4，非常赞同=5	3.215（0.417）	0.843	0.793***	0.638~0.862
	工作压力（11）	工作压力由低到高打分（1~9分）	6.133（1.496）	0.887	0.897***	0.591~0.838
	个体教学效能（12）	教学效能由低到高打分（1~9分）	6.773（1.221）	0.958	0.945***	0.711~0.842
	不公平感	不公平感由低到高打分（1~10分）	5.540（2.604）	—	—	—
	职业倦怠（9）	六点李克特量表计分（1分表示非常不同意，6分表示完全同意）	3.370（1.172）	0.912	0.926***	0.546~0.801

注：***$p<0.001$。

3. 控制变量

通过上述文献综述可知，人口学变量、工作特征变量与学校地域特征变量等对教师工作满意度产生不同程度的影响。为此，本文选取了教师人口学层面（包括性别、健康状况、是否师范毕业与婚姻状态）、工作特征层面（包括教龄、教师身份、是否跨年级任教）、学校地域特征层面（包括学校区域位置、学校城乡分布与学校类型）变量作为控制变量，以期更加精准地探析自变量对工作满意度的影响。

（三）统计模型与分析方法

首先，运用 SPSS 26.0 对数据进行描述统计、差异比较与影响因素分析。由于因变量工作满意度（Y）为连续变量，核心自变量为主客观社会地位（$X1$）、学校办学品质（$X2$）和中介变量职业心理状态（M）。因此，本文采用多元线性回归，建立了两个数学模型，模型 I 反映了职业心理状态（有 5 个子模型）的影响因素，模型 II 反映了工作满意度（有 2 个子模型）的影响因素，统计数学模型为：

$$Y=b_0+b_1x_1+b_2x_2+\cdots+b_kx_k \tag{1}$$

其中，x_k 表示影响教师职业心理状态或工作满意度的第 k 个解释变量，k 为解释变量的个数，b_k 为偏回归系数。

其次，采用逐步检验回归系数法检验职业心理的中介效应（温忠麟、叶宝娟，2014）。考虑自变量 X 对因变量 Y 的影响，如果 X 通过影响变量 M 而对 Y 产生影响，则称 M 为中介变量，总效应、直接效应与中介效应之间的关系为：

$$c = c'+a\times b \tag{2}$$

四 研究结果与假设检验

（一）乡村小学青年教师工作满意度现状

如表 5 所示，乡村小学青年教师工作满意度得分的平均值为 3.264 分，在"非常不满意至非常满意"的连续谱中呈右偏分布，这说明新时代乡村小学青年教师在乡村振兴战略持续推动下对目前学校工作环境、工作氛围与状态的整体认识与评价较高。其中，相对于学历、工作年限、职称相同的城市教师/公务员而言，乡村小学青年教师的工资待遇、专业发展机会、社会地位满意度得分的平均值分别为 2.739 分/2.563 分、2.630 分/2.578 分、2.372 分/2.428 分；相对于工作付出而言，工资待遇、专业发展机会、社会地位满意度得分的平均值分别为 2.660 分、2.630 分、3.264 分。可见，选取特定比较对象时教师的"相对工作满意度"比"整体工作满意度"要低。

表5 整体与相对工作满意度基本情况描述

变量类别	变量说明		N	平均值	标准差	标准误
整体工作满意度	结合实际情况，对职业角色、工资收入、福利待遇、职业期望、学校办学、职业认同的满意度		7606	3.264	0.694	0.008
相对工作满意度	相对于与您学历、工作年限、职称相同的城市教师而言	工资待遇满意度	7606	2.739	0.912	0.010
		专业发展机会满意度	7606	2.630	0.916	0.011
		社会地位满意度	7606	2.372	0.952	0.011
	相对于与您学历、工作年限相同的当地公务员而言	工资待遇满意度	7606	2.563	0.927	0.011
		专业发展机会满意度	7606	2.578	0.914	0.010
		社会地位满意度	7606	2.428	0.95	0.011
	相对于您的工作付出而言	工资待遇满意度	7606	2.660	0.932	0.011
		专业发展机会满意度	7606	2.630	0.917	0.011
		社会地位满意度	7606	3.264	0.955	0.011

（二）乡村小学青年教师工作满意度差异性分析

1. 人口学变量差异性分析

由表6可知，乡村小学青年教师工作满意度在不同性别之间具有显著差异（$F=38.343$，$p < 0.001$），男教师的工作满意度得分的平均值为3.235分，低于女教师的工作满意度得分的平均值（3.271分）。并且，乡村小学青年教师工作满意度在不同健康状况之间具有显著差异（$F=117.767$，$p < 0.001$），健康状况非常差的青年教师的工作满意度得分的平均值反而最高，为3.433分；已婚的乡村小学青年教师的工作满意度得分的平均值为3.289分，高于无配偶教师（3.224分）；非师范毕业乡村小学青年教师的工作满意度得分的平均值高于师范毕业的乡村小学青年教师，为3.276分。

表6 不同人口学变量下乡村小学青年教师工作满意度差异性分析

变量		平均值	N	标准差	标准误平均值	卡方值
性别	女	3.271	6082	0.674	0.009	38.343***
	男	3.235	1524	0.766	0.020	

续表

变量		平均值	N	标准差	标准误平均值	卡方值
健康状况	非常健康	2.700	20	0.931	0.208	117.767***
	比较健康	2.748	188	0.660	0.048	
	一般	3.043	1621	0.658	0.016	
	比较差	3.264	3029	0.646	0.012	
	非常差	3.433	2748	0.711	0.014	
婚姻状态	已婚	3.289	4701	0.690	0.010	0.108
	无配偶	3.224	2905	0.699	0.013	
是否师范毕业	是	3.260	5719	0.697	0.009	1.510
	否	3.276	1887	0.685	0.016	

注：***$p<0.001$。

2. 工作特征变量差异性分析

如表 7 所示，5~10 年教龄的乡村小学青年教师的工作满意度得分的平均值最低，为 3.223 分；乡村小学青年教师工作满意度在不同教师身份之间具有显著差异（$F=3.945$，$p < 0.001$），代课教师的工作满意度得分的平均值为 3.403 分，高于其他身份的乡村小学青年教师；非跨年级任教的乡村小学青年教师的工作满意度得分的平均值为 3.284 分，高于跨年级任教的乡村小学青年教师（3.244 分）。

表 7 不同工作特征变量乡村小学青年教师工作满意度差异性分析

变量		平均值	个案数	标准差	标准误平均值	卡方值
教龄	1~5 年	3.274	4841	0.694	0.010	2.353
	5~10 年	3.223	1995	0.682	0.015	
	10 年及以上	3.306	770	0.718	0.026	
教师身份	本校在编教师	3.264	5582	0.696	0.009	3.945***
	代课教师	3.403	366	0.694	0.036	
	特岗计划教师	3.252	1319	0.676	0.019	
	其他	3.155	339	0.698	0.038	

变量		平均值	个案数	标准差	标准误平均值	卡方值
是否跨年级任教	是	3.244	3845	0.687	0.011	0.245
	否	3.284	3761	0.700	0.011	

注：***p<0.001。

3. 学校地域特征变量差异性分析

如表 8 所示，乡村小学青年教师工作满意度在不同学校区域位置（$F=5.367$，$p<0.01$）、城乡分布（$F=6.420$，$p<0.01$）之间具有显著差异。东部地区乡村小学青年教师的工作满意度得分的平均值最高，为 3.325 分；乡村小学青年教师的工作满意度得分的平均值最高，为 3.356 分；在教学点任教的乡村小学青年教师的工作满意度得分的平均值最高，为 3.277 分。

表 8　不同学校地域特征变量乡村小学青年教师工作满意度差异性分析

变量		平均值	个案数	标准差	标准误平均值	卡方值
学校区域位置	东	3.325	1447	0.696	0.018	5.367**
	中	3.205	2408	0.694	0.014	
	西	3.278	3751	0.690	0.011	
学校城乡分布	镇	3.240	2483	0.719	0.014	6.420**
	乡	3.356	551	0.672	0.029	
	村（屯）	3.266	4572	0.682	0.010	
学校类型	教学点	3.277	1044	0.687	0.021	0.217
	村小	3.260	3525	0.681	0.011	
	乡镇小学	3.263	3037	0.712	0.013	

注：**p<0.01。

（三）乡村小学青年教师职业心理状态与工作满意度的影响因素分析

为了检验模型输出结果的稳健性，本文进行了 DW 检验和共线性 VIF

检验。DW 的检验值在 1.503~2.538，表明所有观测值之间是相互独立的。共线性 VIF 检验结果表明，所有控制变量与解释变量的 VIF < 5，共线性容差接近 1，表明解释变量间不存在多重共线性问题，模型整体的稳健性较好（朱红兵，2019）。

1. 主客观社会地位不同程度地影响教师职业心理状态与工作满意度

在其他变量保持不变的情况下，主客观社会地位解释了教师工作满意度 9.70% 的变异量。从模型 I 和模型 II（A）中可知（见表 9），主观社会地位（现在地位）显著正向预测了工作满意度（$\beta=0.141$，$p < 0.001$），反向预测工作压力（$\beta=-0.066$，$p < 0.001$）、不公平感（$\beta=-0.132$，$p < 0.001$）和职业倦怠（$\beta=-0.094$，$p < 0.001$）；主观社会地位（未来地位）正向预测职业认同（$\beta=0.087$，$p < 0.001$）、个体教学效能（$\beta=0.065$，$p < 0.001$）、不公平感（$\beta=0.030$，$p < 0.05$）和工作满意度（$\beta=0.111$，$p < 0.001$），反向预测职业倦怠（$\beta=-0.060$，$p < 0.001$）。客观社会地位方面，学历水平（受教育年限）仅显著正向预测不公平感（$\beta=0.023$，$p < 0.05$）；月收入水平显著正向影响工作压力（$\beta=0.060$，$p < 0.001$）、个体教学效能（$\beta=0.024$，$p < 0.05$）与工作满意度（$\beta=0.059$，$p < 0.001$），反向预测职业认同（$\beta=-0.045$，$p < 0.001$）；职称等级仅显著负向预测职业认同（$\beta=-0.026$，$p < 0.05$）。综上可见，假设 H1a、H1b 部分成立。

2. 学校办学品质不同程度地影响教师职业心理状态与工作满意度

学校办学品质方面，在其他变量保持不变的情况下，学校办学品质可以解释工作满意度 19.10% 的变异量。从模型 I 和模型 II（A）中得到（见表 9），生源质量显著正向影响职业认同（$\beta=0.255$，$p < 0.001$）、个体教学效能（$\beta=0.247$，$p < 0.001$）、不公平感（$\beta=0.028$，$p < 0.05$）与工作满意度（$\beta=0.134$，$p < 0.001$），反向影响工作压力（$\beta=-0.105$，$p < 0.001$）与职业倦怠（$\beta=-0.054$，$p < 0.001$）；课程与教学水平显著正向影响职业认同（$\beta=0.163$，$p < 0.001$）、工作压力（$\beta=0.039$，$p < 0.05$）、个体教学效能（$\beta=0.214$，$p < 0.001$）、不公平感（$\beta=0.057$，$p < 0.001$）与工作满意度（$\beta=0.128$，$p < 0.001$），显著反向影响职业倦怠（$\beta=-0.041$，$p < 0.01$），并且

个体教学效能受到课程与教学水平的影响最大；教学设备与教育资源显著反向预测职业认同（β=-0.055，$p < 0.001$）、工作压力（β=-0.082，$p < 0.001$）、个体教学效能（β=-0.026，$p < 0.05$）、不公平感（β=-0.063，$p < 0.001$）与职业倦怠（β=-0.027，$p < 0.05$），正向预测工作满意度（β=0.021，$p < 0.05$）；工作氛围显著正向影响个体教学效能（β=0.098，$p < 0.001$）与工作满意度（β=0.089，$p < 0.001$），显著反向预测职业认同（β=-0.159，$p < 0.001$）、工作压力（β=-0.044，$p < 0.01$）、不公平感（β=-0.132，$p < 0.001$）与职业倦怠（β=-0.209，$p < 0.001$），并且对职业倦怠的缓解效果最佳；民主管理显著正向预测职业认同（β=0.048，$p < 0.05$）与工作满意度（β=0.124，$p < 0.001$），显著反向预测工作压力（β=-0.045，$p < 0.01$）、个体教学效能（β=-0.045，$p < 0.01$）、不公平感（β=-0.253，$p < 0.001$）与职业倦怠（β=-0.059，$p < 0.001$），对不公平感的缓解效果最佳；学校周边环境显著正向预测职业认同（β=0.060，$p < 0.001$）与工作满意度（β=0.137，$p < 0.001$），反向预测工作压力（β=-0.037，$p < 0.01$）、个体教学效能（β=-0.053，$p < 0.001$）、不公平感（β=-0.094，$p < 0.001$）与职业倦怠（β=-0.075，$p < 0.001$），且对工作满意度的正向增益效果最佳。综上可见，假设 H2a、H2b 部分成立。

表 9　职业心理状态与工作满意度的影响因素分析

研究变量（N=7606）			模型Ⅰ：职业心理状态					模型Ⅱ：工作满意度	
			因变量：职业认同	因变量：工作压力	因变量：个体教学效能	因变量：不公平感	因变量：职业倦怠	因变量：工作满意度	
								（A）不含职业心理状态	（B）含职业心理状态
X1：社会地位变量	主观社会地位	现在地位	-0.014	-0.066***	0.015	-0.132***	-0.094***	0.141***	0.105***
		未来地位	0.087***	0.015	0.065***	0.030*	-0.060***	0.111***	0.081***
	客观社会地位	学历水平（受教育年限）	-0.011	0.019	0.017	0.023*	0.005	-0.01	-0.004

续表

研究变量（N=7606）			模型Ⅰ：职业心理状态					模型Ⅱ：工作满意度	
			因变量：职业认同	因变量：工作压力	因变量：个体教学效能	因变量：不公平感	因变量：职业倦怠	因变量：工作满意度	
								（A）不含职业心理状态	（B）含职业心理状态
X1：社会地位变量	客观社会地位	月收入水平	−0.045***	0.060***	0.024*	−0.01	0.019	0.059***	0.070***
		职称等级	−0.026*	−0.021	0.017	0.001	−0.005	−0.009	−0.005
X2：学校组织情境变量	学校办学品质	生源质量	0.255***	−0.105***	0.247***	0.028*	−0.054***	0.134***	0.056***
		课程与教学水平	0.163***	0.039*	0.214***	0.057***	−0.041**	0.128***	0.080***
		教学设备与教育资源	−0.055***	−0.082***	−0.026*	−0.063***	−0.027*	0.021*	0.018
		工作氛围	−0.159***	−0.044**	0.098***	−0.132***	−0.209***	0.089***	0.056***
		民主管理	0.048*	−0.045**	−0.045**	−0.253***	−0.059***	0.124***	0.067***
		学校周边环境	0.060***	−0.037**	−0.053***	−0.094***	−0.075***	0.137***	0.098***
M：职业心理状态变量	职业心理状态	职业认同							0.216***
		工作压力							−0.014
		个体教学效能							0.057***
		不公平感							−0.144***
		职业倦怠							−0.197***
模型拟合指数			调整后 R^2=0.155	调整后 R^2=0.151	调整后 R^2=0.210	调整后 R^2=0.252	调整后 R^2=0.335	调整后 R^2=0.385	调整后 R^2=0.469
F值			60.505***	60.426***	90.143***	119.114***	169.313***	210.503***	241.903***

注：（1）*$p<0.05$，**$p<0.01$，***$p<0.001$；（2）模型Ⅰ与模型Ⅱ为标准化回归系数；（3）控制变量：性别、健康状况、婚姻状态、是否师范毕业、教龄、教师身份、是否跨年级任教、学校区域位置、学校城乡分布、学校类型。

（四）职业心理状态的中介效应检验

那么，在主客观社会地位与学校办学品质影响乡村小学青年教师工作满意度的过程中，其内在心理机制是怎样的？职业心理状态是否在这一过程中起到了桥梁似的中介作用？为了回答上述问题，接下来本文采用温忠麟、叶宝娟（2014）提出的逐步法对教师职业心理状态的中介作用进行检验。考虑自变量 X 对因变量 Y 的影响，如果 X 通过影响变量 M 而对 Y 产生影响，则称 M 为中介变量，可用以下三个方程来描述变量之间的关系：

$$Y=cX+\varepsilon_1 \tag{3}$$

$$M=aX+\varepsilon_2 \tag{4}$$

$$Y=c'X+bM+\varepsilon_3 \tag{5}$$

其中，c 是总效应值，c' 是直接效应值，$a×b$ 为中介效应值，总效应、直接效应与中介效应之间的关系为 $c=c'+a×b$。具体中介效应检验步骤如下。

第一步，检验方程（3）的系数 c，如果显著按中介效应立论，否则按遮掩效应立论。但无论是否显著，都应进行后续检验。根据方程（3），从模型Ⅱ（A）中可知，主观社会地位、月收入水平、生源质量、课程与教学水平、教学设备与教育资源、工作氛围、民主管理与学校周边环境对乡村小学青年教师工作满意度均存在一定程度的正向影响（见表9），并且社会地位变量和学校组织情境变量共同解释了乡村小学青年教师工作满意度38.50% 的变异性。

第二步，依次检验方程（4）的系数 a 和方程（5）的系数 b，如果两个系数都显著，则中介效应显著，转到第三步。根据方程（4），从模型Ⅰ对职业认同、工作压力、个体教学效能、不公平感与职业倦怠5个子模型的回归分析中可知，社会地位变量和学校组织情境变量中的多数变量对职业心理状态变量具有显著预测作用（见表9）。进一步根据方程（5），控制其他变量后，当引入职业心理状态变量时，从模型Ⅱ（B）中可知，职业认同（$\beta=0.216$，$p<0.001$）与个体教学效能（$\beta=0.057$，$p<0.001$）显著正向预测工作满意度，不公平感（$\beta=-0.144$，$p<0.001$）与职业倦怠（$\beta=$

–0.197，$p < 0.001$）显著反向预测工作满意度，工作压力对工作满意度不存在预测作用。而且引入职业心理状态变量之后，模型对工作满意度的解释力增加了 8.40%，假设 H3a 部分成立。

第三步，检验方程（5）的系数 c'，如果不显著，即直接效应不显著，说明只有中介效应，即为完全中介。如果显著，即为部分中介，进行第四步。根据方程（5），添加职业心理状态变量之后，大部分社会地位变量和学校组织情境变量对工作满意度的预测作用减小，即职业心理起到部分中介作用。而教学设备与教育资源对工作满意度的影响不再显著，即职业心理状态变量起到完全中介作用。

第四步，比较 $a \times b$ 和 c' 的符号。如果同号，则属于部分中介效应，报告中介效应占总效应的比例为 ab/c；如果异号，则属于遮掩效应，报告中介效应与直接效应的比例的绝对值为 $|ab/c'|$。需要注意的是，温忠麟、叶宝娟（2014）将遮掩效应的情形归入"广义中介分析"，中介效应变量可以削弱自变量与因变量之间的作用，而遮掩效应会增加自变量与因变量之间的作用。也就是说，控制遮掩变量后，自变量对因变量的作用会增强，详细的中介效应检验与作用效果如下。

1. 职业心理状态在主客观社会地位影响工作满意度的过程中起到中介作用

（1）职业心理状态在主观社会地位（现在地位）影响工作满意度的过程中起到部分中介作用

由表 10 可知，主观社会地位（现在地位）不仅可以直接正向预测教师工作满意度（总效应为 0.141，直接效应为 0.105），还能通过两条中介路径的间接作用影响工作满意度：①主观社会地位（现在地位）→不公平感→工作满意度的部分中介路径显著，中介效应占总效应的 13.58%；②主观社会地位（现在地位）→职业倦怠→工作满意度的部分中介路径显著，中介效应占总效应的 13.13%，可见主观社会地位（现在地位）对工作满意度的直接正向影响效应较大。

表10　职业心理状态对主观社会地位（现在地位）的中介效应依次检验

路径	步骤	标准化回归系数	SE	t	第四步：相对效应值
M1：主观社会地位（现在地位）→职业认同→工作满意度	第一步	$c1=0.141$	$SE1=0.005$	$t1=11.410$***	—
	第二步	$a1=-0.0014$	$SE1=0.003$	$t1=-0.934$	
		$b1=0.216$	$SE1=0.016$	$t1=23.022$***	
	第三步	$c1'=0.105$	$SE1=0.004$	$t1=9.023$***	
M2：主观社会地位（现在地位）→个体教学效能→工作满意度	第一步	$c1=0.141$	$SE1=0.005$	$t1=11.410$***	—
	第二步	$a1=0.015$	$SE1=0.009$	$t1=1.082$	
		$b1=0.057$	$SE1=0.006$	$t1=5.787$***	
	第三步	$c1'=0.105$	$SE1=0.004$	$t1=9.023$***	
M3：主观社会地位（现在地位）→不公平感→工作满意度	第一步	$c1=0.141$	$SE1=0.005$	$t1=11.410$***	13.58%（部分）
	第二步	$a1=-0.133$	$SE1=0.019$	$t1=-9.767$***	
		$b1=-0.144$	$SE1=0.003$	$t1=-13.282$***	
	第三步	$c1'=0.105$	$SE1=0.004$	$t1=9.023$***	
M4：主观社会地位（现在地位）→职业倦怠→工作满意度	第一步	$c1=0.141$	$SE1=0.005$	$t1=11.410$***	13.13%（部分）
	第二步	$a1=-0.094$	$SE1=0.008$	$t1=-7.299$***	
		$b1=-0.197$	$SE1=0.007$	$t1=-16.929$***	
	第三步	$c1'=0.105$	$SE1=0.004$	$t1=9.023$***	

注：***$p<0.001$。

（2）职业心理状态在主观社会地位（未来地位）影响工作满意度的过程中起到部分中介作用

由表11可知，主观社会地位（未来地位）不仅可以直接正向预测教师工作满意度（总效应为0.111，直接效应为0.081），还能通过三条中介路径的间接作用影响工作满意度：①主观社会地位（未来地位）→职业认同→工作满意度的部分中介路径显著，中介效应占总效应的16.93%；②主观社会地位（未来地位）→个体教学效能→工作满意度的部分中介路径显著，中介效应占总效应的3.34%；③主观社会地位（未来地位）→职业倦怠→

工作满意度的部分中介路径显著，中介效应占总效应的 10.65%。并且，不公平感在主观社会地位（未来地位）和工作满意度之间具有遮掩效应，效应量为 5.33%，即当不公平感一定时，主观社会地位（未来地位）对工作满意度的增益作用增强。

表 11　职业心理状态在主观社会地位（未来地位）的中介效应依次检验

路径	步骤	标准化回归系数	SE	t	第四步：相对效应值
M1：主观社会地位（未来地位）→职业认同→工作满意度	第一步	c2=0.111	SE2=0.004	t2=9.191***	16.93%（部分）
	第二步	a2=0.087	SE2=0.003	t2=6.116***	
		b2=0.216	SE2=0.016	t2=23.022***	
	第三步	c2'=0.081	SE2=0.003	t2=7.181***	
M2：主观社会地位（未来地位）→个体教学效能→工作满意度	第一步	c2=0.111	SE2=0.004	t2=9.191***	3.34%（部分）
	第二步	a2=0.065	SE2=0.007	t2=4.735***	
		b2=0.057	SE2=0.006	t2=5.787***	
	第三步	c2'=0.081	SE2=0.003	t2=7.181***	
M3：主观社会地位（未来地位）→不公平感→工作满意度	第一步	c2=0.111	SE2=0.004	t2=9.191***	5.33%（遮掩）
	第二步	a2=0.030	SE2=0.015	t2=2.278*	
		b2=-0.144	SE2=0.048	t2=-13.282***	
	第三步	c2'=0.081	SE2=0.003	t2=7.181***	
M4：主观社会地位（未来地位）→职业倦怠→工作满意度	第一步	c2=0.111	SE2=0.004	t2=9.191***	10.65%（部分）
	第二步	a2=-0.060	SE2=0.007	t2=-4.792***	
		b2=-0.197	SE2=0.007	t2=-16.929***	
	第三步	c2'=0.081	SE2=0.003	t2=7.181***	

注：*$p<0.05$，***$p<0.001$。

（3）职业心理状态在客观社会地位影响工作满意度的过程中起到部分中介作用

客观社会地位中的学历水平（受教育年限）虽然对工作满意度不存在直接影响，但可以通过增加乡村小学青年教师的不公平感，降低其工作满意度（见图2）。月收入水平不仅可以直接正向预测教师工作满意度（总效应为 0.059，直接效应为 0.070），还能通过一条中介路径的间接作用影响工作满意度：月收入水平→个体教学效能→工作满意度的部分中介路径显著，

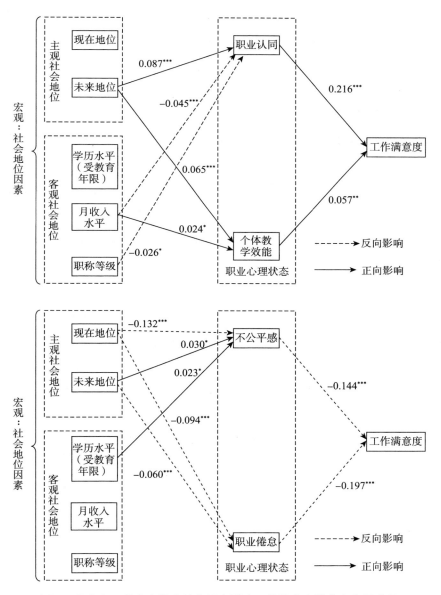

图2　职业心理状态在社会地位因素影响工作满意度的中介作用路径

注：*p<0.05，**p<0.01，***p<0.001。

中介效应占总效应的 2.32%。并且，职业认同在月收入水平和工作满意度之间具有遮掩效应，效应量为 13.89%，即当职业认同一定时，月收入水平对工作满意度的增益作用增强。职称等级虽然对工作满意度不存在直接影响，但是可以通过作用于职业认同，进而降低乡村小学青年教师的工作满意度。

综上可知，在社会地位方面，主客观社会地位可以直接影响教师的工作满意度，但影响因素大小与作用路径有所不同。汇总分析结果，可以得到乡村小学青年教师工作满意度社会地位影响因素及其关系（见图 2），它可以帮助我们更加清晰地考察各个变量之间的影响路径。

2. 职业心理状态在学校办学品质影响工作满意度的过程中起到中介作用

（1）职业心理状态在生源质量影响工作满意度的过程中起到部分中介作用

由表 12 可知，乡村小学生源质量不仅可以直接正向预测教师工作满意度（总效应为 0.134，直接效应为 0.056），还能通过三条中介路径的间接作用影响工作满意度：①生源质量→职业认同→工作满意度的部分中介路径显著，中介效应占总效应的 41.10%；②生源质量→个体教学效能→工作满意度的部分中介路径显著，中介效应占总效应的 10.51%；③生源质量→职业倦怠→工作满意度的部分中介路径显著，中介效应占总效应的 7.94%。并且，不公平感在生源质量和工作满意度之间具有遮掩效应，效应量为 7.20%，即当不公平感一定时，生源质量对工作满意度的增益作用增强。可见，生源质量主要通过职业认同、个体教学效能与职业倦怠间接作用于工作满意度。

表 12　职业心理状态对生源质量的中介效应依次检验

路径	步骤	标准化回归系数	SE	t	第四步：相对效应值
$M1$：生源质量→职业认同→工作满意度	第一步	$c_1=0.134$	$SE_1=0.011$	$t_1=10.901$***	41.10%（部分）
	第二步	$a_1=0.255$	$SE_1=0.008$	$t_1=17.741$***	
		$b_1=0.216$	$SE_1=0.016$	$t_1=23.022$***	
	第三步	$c_1'=0.056$	$SE_1=0.011$	$t_1=4.687$***	

续表

路径	步骤	标准化回归系数	SE	t	第四步：相对效应值
M2：生源质量→个体教学效能→工作满意度	第一步	$c1=0.134$	$SE1=0.011$	$t1=10.901^{***}$	10.51%（部分）
	第二步	$a1=0.247$	$SE1=0.022$	$t1=17.780^{***}$	
		$b1=0.057$	$SE1=0.006$	$t1=5.787^{***}$	
	第三步	$c1'=0.056$	$SE1=0.011$	$t1=4.687^{***}$	
M1：生源质量→不公平感→工作满意度	第一步	$c1=0.134$	$SE1=0.011$	$t1=10.901^{***}$	7.20%（遮掩）
	第二步	$a1=0.028$	$SE1=0.045$	$t1=2.097^{***}$	
		$b1=-0.144$	$SE1=0.003$	$t1=-13.282^{***}$	
	第三步	$c1'=0.056$	$SE1=0.011$	$t1=4.687^{***}$	
M1：生源质量→职业倦怠→工作满意度	第一步	$c1=0.134$	$SE1=0.011$	$t1=10.901^{***}$	7.94%（部分）
	第二步	$a1=-0.054$	$SE1=0.019$	$t1=-4.228^{***}$	
		$b1=-0.197$	$SE1=0.007$	$t1=-16.929^{***}$	
	第三步	$c1'=0.056$	$SE1=0.011$	$t1=4.687^{***}$	

注：$^{***}p<0.001$。

（2）职业心理状态在课程与教学水平影响工作满意度的过程中起到部分中介作用

由表 13 可知，乡村小学课程与教学水平不仅可以直接正向预测教师工作满意度（总效应为 0.128，直接效应为 0.080），还可以通过三条中介路径的间接作用影响工作满意度：①课程与教学水平→职业认同→工作满意度的部分中介路径显著，中介效应占总效应的 27.51%；②课程与教学水平→个体教学效能→工作满意度的部分中介路径显著，中介效应占总效应的 9.53%；③课程与教学水平→职业倦怠→工作满意度的部分中介路径显著，中介效应占总效应的 6.31%。并且，不公平感在课程与教学水平和工作满意度之间具有遮掩效应，效应量为 8.82%，即当不公平感一定时，乡村小学课程与教学水平对工作满意度的增益作用增强。可见，乡村小学课程与教学水平主要通过职业认同这一心理变量间接作用于工作满意度。

表 13 职业心理状态对课程与教学水平的中介效应依次检验

路径	步骤	标准化回归系数	*SE*	*t*	第四步：相对效应值
M2：课程与教学水平→职业认同→工作满意度	第一步	c2=0.128	SE2=0.014	t2=9.538***	27.51%（部分）
	第二步	a2=0.163	SE2=0.010	t2=10.328***	
		b2=0.216	SE2=0.016	t2=23.022***	
	第三步	c2'=0.080	SE2=0.013	t2=6.281***	
M2：课程与教学水平→个体教学效能→工作满意度	第一步	c2=0.128	SE2=0.014	t2=9.538***	9.53%（部分）
	第二步	a2=0.214	SE2=0.028	t2=14.029***	
		b2=0.057	SE2=0.006	t2=5.787***	
	第三步	c2'=0.080	SE2=0.013	t2=6.281***	
M3：课程与教学水平→不公平感→工作满意度	第一步	c2=0.128	SE2=0.014	t2=9.538***	8.82%（遮掩）
	第二步	a2=0.049	SE2=0.058	t2=3.283***	
		b2=−0.144	SE2=0.003	t2=−13.282***	
	第三步	c2'=0.080	SE2=0.013	t2=6.281***	
M4：课程与教学水平→职业倦怠→工作满意度	第一步	c2=0.128	SE2=0.014	t2=9.538***	6.31%（部分）
	第二步	a2=−0.041	SE2=0.024	t2=−2.943**	
		b2=−0.197	SE2=0.007	t2=−16.929***	
	第三步	c2'=0.080	SE2=0.013	t2=6.281***	

注：**$p<0.01$，***$p<0.001$。

（3）职业心理状态在教学设备与教育资源影响工作满意度的过程中起到完全中介作用

由表14可知，乡村小学教学设备与教育资源不仅可以直接正向预测教师工作满意度（总效应为0.021，直接效应为0.018），还可以通过两条完全中介路径的间接作用影响工作满意度：①教学设备与教育资源→不公平感→工作满意度的完全中介路径显著，其中不公平感的中介效应占总效应的43.20%；②教学设备与教育资源→职业倦怠→工作满意度的完全中介路径显著，其中职业倦怠的中介效应占总效应的25.33%。并且，职业认同与个体教学效能在教学设备与教育资源和工作满意度之间具有遮掩效应，效应量分别为 66.00%、8.23%，即当职业认同与个体教学效能一定时，乡村小学教学设备与教育资源水平对工作满意度的增益作用增强。综上可见，教学设备与教育资源可以完全通过职业心理作用于工作满意度。

表 14　职业心理状态对教学设备与教育资源的中介效应依次检验

路径	步骤	标准化回归系数	SE	t	第四步：相对效应值
M1：教学设备与教育资源→职业认同→工作满意度	第一步	$c_3=0.021$	$SE_3=0.009$	$t_3=1.981^*$	66.00%（遮掩）
	第二步	$a_3=-0.055$	$SE_3=0.006$	$t_3=-4.565^{***}$	
		$b_3=0.216$	$SE_3=0.016$	$t_3=23.022^{***}$	
	第三步	$c_3'=0.018$	$SE_3=0.008$	$t_3=1.912$	
M2：教学设备与教育资源→个体教学效能→工作满意度	第一步	$c_2=0.128$	$SE_2=0.014$	$t_2=9.538^{***}$	8.23%（遮掩）
	第二步	$a_2=0.214$	$SE_2=0.028$	$t_2=14.029^{***}$	
		$b_2=0.057$	$SE_2=0.006$	$t_2=5.787^{***}$	
	第三步	$c_2'=0.080$	$SE_2=0.013$	$t_2=6.281^{***}$	
M3：教学设备与教育资源→不公平感→工作满意度	第一步	$c_3=0.021$	$SE_3=0.009$	$t_3=1.981^*$	43.20%（完全）
	第二步	$a_3=-0.063$	$SE_3=0.035$	$t_3=-5.552^{***}$	
		$b_3=-0.144$	$SE_3=0.003$	$t_3=-13.282^{***}$	
	第三步	$c_3'=0.018$	$SE_3=0.008$	$t_3=1.912$	
M3：教学设备与教育资源→职业倦怠→工作满意度	第一步	$c_3=0.021$	$SE_3=0.009$	$t_3=1.981^*$	25.33%（完全）
	第二步	$a_3=-0.027$	$SE_3=0.015$	$t_3=-2.510^*$	
		$b_3=-0.197$	$SE_3=0.007$	$t_3=-16.929^{***}$	
	第三步	$c_3'=0.018$	$SE_3=0.008$	$t_3=1.912$	

注：$^*p<0.05$，$^{***}p<0.001$。

（4）职业心理状态在工作氛围影响工作满意度的过程中起到部分中介作用

由表 15 可知，乡村小学工作氛围不仅可以直接正向预测教师工作满意度（总效应为 0.089，直接效应为 0.056），还能通过三条中介路径的间接作用影响工作满意度：①工作氛围→个体教学效能→工作满意度的部分中介路径显著，中介效应占总效应的 6.28%；②工作氛围→不公平感→工作满意度的部分中介路径显著，中介效应占总效应的 22.00%；③工作氛围→职业倦怠→工作满意度的部分中介路径显著，中介效应占总效应的 46.26%。并且，职业认同在工作氛围和工作满意度之间具有遮掩效应，效应量为 61.33%，即当职业认同一定时，乡村小学工作氛围对工作满意度的增益作用增强。

表 15 职业心理状态对工作氛围的中介效应依次检验

路径	步骤	标准化回归系数	SE	t	第四步：相对效应值
M1：工作氛围→职业认同→工作满意度	第一步	$c4=0.089$	$SE4=0.013$	$t4=7.042$***	61.33%（遮掩）
	第二步	$a4=-0.159$	$SE4=0.009$	$t4=-10.740$***	
		$b4=0.216$	$SE4=0.016$	$t4=23.022$***	
	第三步	$c4'=0.056$	$SE4=0.013$	$t4=4.624$***	
M2：工作氛围→个体教学效能→工作满意度	第一步	$c4=0.089$	$SE4=0.013$	$t4=7.042$***	6.28%（部分）
	第二步	$a4=0.098$	$SE4=0.027$	$t4=6.851$***	
		$b4=0.057$	$SE4=0.006$	$t4=5.787$***	
	第三步	$c4'=0.056$	$SE4=0.013$	$t4=4.624$***	
M3：工作氛围→不公平感→工作满意度	第一步	$c4=0.089$	$SE4=0.013$	$t4=7.042$***	22.00%（部分）
	第二步	$a4=-0.136$	$SE4=0.055$	$t4=-9.792$***	
		$b4=-0.144$	$SE4=0.003$	$t4=-13.282$***	
	第三步	$c4'=0.056$	$SE4=0.013$	$t4=4.624$***	
M4：工作氛围→职业倦怠→工作满意度	第一步	$c4=0.089$	$SE4=0.013$	$t4=7.042$***	46.26%（部分）
	第二步	$a4=-0.209$	$SE4=0.023$	$t4=-15.940$***	
		$b4=-0.197$	$SE4=0.007$	$t4=-16.929$***	
	第三步	$c4'=0.056$	$SE4=0.013$	$t4=4.624$***	

注：***$p<0.001$。

（5）职业心理状态在民主管理影响工作满意度的过程中起到部分中介作用

由表 16 可知，乡村小学民主管理不仅可以直接正向预测教师工作满意度（总效应为 0.124，直接效应为 0.067），还可以通过三条中介路径的间接作用影响工作满意度：①民主管理→职业认同→工作满意度的部分中介路径显著，中介效应占总效应的 8.36%；②民主管理→不公平感→工作满意度的部分中介路径显著，中介效应占总效应的 30.19%；③民主管理→职业倦怠→工作满意度的部分中介路径显著，中介效应占总效应的 9.37%。并且，个体教学效能在民主管理和工作满意度之间具有遮掩效应，效应量为 3.83%，即当个体教学效能一定时，乡村小学民主管理对工作满意度的增益作用增强。可见，乡村小学民主管理主要通过不公平感这一职业心理变量间接作用于工作满意度。

表 16　职业心理状态对民主管理的中介效应依次检验

路径	步骤	标准化回归系数	*SE*	*t*	第四步：相对效应值
M1：民主管理→职业认同→工作满意度	第一步	$c5=0.124$	$SE5=0.011$	$t5=9.785^{***}$	8.36%（部分）
	第二步	$a5=0.048$	$SE5=0.007$	$t5=3.237^{**}$	
		$b5=0.216$	$SE5=0.016$	$t5=23.022^{***}$	
	第三步	$c5'=0.067$	$SE5=0.010$	$t5=5.541^{***}$	
M2：民主管理→个体教学效能→工作满意度	第一步	$c5=0.124$	$SE5=0.011$	$t5=9.785^{***}$	3.83%（遮掩）
	第二步	$a5=-0.045$	$SE5=0.021$	$t5=-3.109^{**}$	
		$b5=0.057$	$SE5=0.006$	$t5=5.787^{***}$	
	第三步	$c5'=0.067$	$SE5=0.010$	$t5=5.541^{***}$	
M3：民主管理→不公平感→工作满意度	第一步	$c5=0.124$	$SE5=0.011$	$t5=9.785^{***}$	30.19%（部分）
	第二步	$a5=-0.26$	$SE5=0.044$	$t5=-18.575^{***}$	
		$b5=-0.144$	$SE5=0.003$	$t5=-13.282^{***}$	
	第三步	$c5'=0.067$	$SE5=0.010$	$t5=5.541^{***}$	
M4：民主管理→职业倦怠→工作满意度	第一步	$c5=0.124$	$SE5=0.011$	$t5=9.785^{***}$	9.37%（部分）
	第二步	$a5=-0.059$	$SE5=0.019$	$t5=-4.433^{***}$	
		$b5=-0.197$	$SE5=0.007$	$t5=-16.929^{***}$	
	第三步	$c5'=0.067$	$SE5=0.010$	$t5=5.541^{***}$	

注：$^{**}p<0.01$，$^{***}p<0.001$。

（6）职业心理状态在学校周边环境影响工作满意度的过程中起到部分中介作用

由表 17 可知，乡村小学周边环境不仅可以直接正向预测教师工作满意度（总效应为 0.137，直接效应为 0.098），还可以通过三条中介路径的间接作用影响工作满意度：①学校周边环境→职业认同→工作满意度的部分中介路径显著，中介效应占总效应的 9.46%；②学校周边环境→不公平感→工作满意度的部分中介路径显著，中介效应占总效应的 9.99%；③学校周边环境→职业倦怠→工作满意度的部分中介路径显著，中介效应占总效应的 10.78%。并且，个体教学效能在学校周边环境和工作满意度之间具有遮掩效应，效应量为 3.08%，即当个体教学效能一定时，乡村小学周边环境对工作满意度的增益作用增强。

表 17　职业心理状态对学校周边环境的中介效应依次检验

路径	步骤	标准化回归系数	SE	t	第四步：相对效应值
M1：学校周边环境→职业认同→工作满意度	第一步	c6=0.137	SE6=0.009	t6=12.264***	9.46%（部分）
	第二步	a6=0.060	SE6=0.007	t6=4.564***	
		b6=0.216	SE6=0.016	t6=23.022***	
	第三步	c6'=0.098	SE6=0.009	t6=9.351***	
M2：学校周边环境→个体教学效能→工作满意度	第一步	c6=0.137	SE6=0.009	t6=12.264***	3.08%（遮掩）
	第二步	a6=−0.053	SE6=0.019	t6=−4.198***	
		b6=0.057	SE6=0.006	t6=5.787***	
	第三步	c6'=0.098	SE6=0.009	t6=9.351***	
M3：学校周边环境→不公平感→工作满意度	第一步	c6=0.137	SE6=0.009	t6=12.264***	9.99%（部分）
	第二步	a6=−0.095	SE6=0.039	t6=−7.736***	
		b6=−0.144	SE6=0.003	t6=−13.282***	
	第三步	c6'=0.098	SE6=0.009	t6=9.351***	

续表

路径	步骤	标准化回归系数	SE	t	第四步：相对效应值
M4：学校周边环境→职业倦怠→工作满意度	第一步	$c6=0.137$	$SE6=0.009$	$t6=12.264^{***}$	10.78%（部分）
	第二步	$a6=-0.075$	$SE6=0.016$	$t6=-6.491^{***}$	
		$b6=-0.197$	$SE6=0.007$	$t6=-16.929^{***}$	
	第三步	$c6'=0.098$	$SE6=0.009$	$t6=9.351^{***}$	

在学校组织情境层面，学校办学品质可以作为联结个人和组织关系的重要尺度，学校办学过程中的各个变量可以直接或间接通过职业心理状态影响乡村小学青年教师的工作满意度（见图3）。综上，假设H3b部分成立。

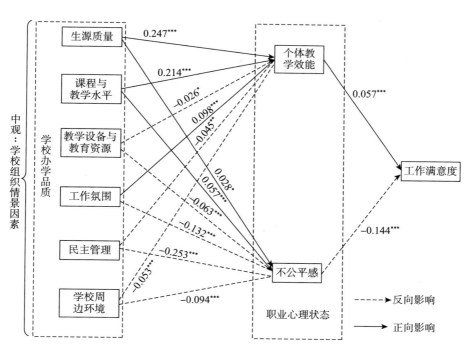

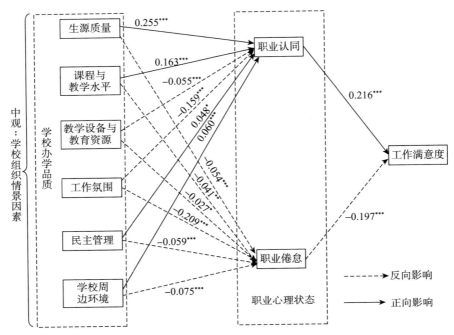

图3 职业心理状态在学校组织情境因素影响工作满意度的中介作用路径

注：$^*p<0.05$，$^{**}p<0.01$，$^{***}p<0.001$。

五 讨论与建议

从上述乡村小学青年教师工作满意度影响因素分析中可以发现，工作满意度这一作为教师队伍稳定性"晴雨表"的工作情感变量受到宏观－社会地位、中观－学校组织情境和微观－职业心理状态等多方面因素的影响。其中，职业心理状态在社会地位、学校组织情境对工作满意度的影响过程中起到部分中介作用。

（一）社会发展结构：构建教师工资补偿差异化机制，提高个人－环境匹配度

研究表明，当职业认同一定时，月收入水平对工作满意度的增益作用增强，并且个体教学效能在其中起到中介作用。这说明，教师工资补偿作

为政府留住乡村优秀教师、提升职业吸引力的常用政策手段，其效果可能会受到其他非物质因素的影响。自我决定理论认为，教师内外动机中"自主性"以及"工作有趣性"等非物质因素是调节工资收入对内部动机激发的主要变量。即当教师自主性越强，所从事的工作越有趣时，外部奖励倾向于降低内部动机，长此以往，教师容易产生职业倦怠感，进而降低工作满意度（Deci & Koestner，1999）。

因此，从补偿性工资差别理论来看，只有当办学条件较差的乡村小学所提供的额外工资补偿与激励政策超过教师的心理保留价格时，教师工作满意度才会提高，他们才会愿意长期坚持任教。也就是说，政府和学校管理者需要针对教师心理保留价格和教师实际需求构建差异化的工资补偿方案（姚昊、蒋帆，2020）。当然，在乡村小学办学条件与物质补偿有限的情况下，通过情感回报对物质回报进行弥补，厚植教师情怀，实际上也是提升乡村小学青年教师工作满意度的有效方式。

另外，值得注意的是，在社会地位影响职业心理状态的作用中，教师主观社会地位（未来地位）与不公平感之间呈现正相关（β=0.030，$p <$ 0.05），即乡村小学青年教师对未来社会地位的预期越高，对目前学校组织环境的不公平感越强；并且，客观社会地位中的月收入水平（β=-0.045，$p <$ 0.001）、职称等级（β=-0.026，$p <$ 0.05）对职业认同均具有负向影响，即乡村小学青年教师的月收入水平与职称等级越高，其职业认同感越低，这一实证结果与以往经验并不相符。其实，上述现象不难从个人 – 环境匹配这一理论视角进行解释。该理论认为，当教师的个人需求、主观意愿或职业期望与实际工作环境、办学条件、工资薪酬、专业发展不匹配时，容易降低工作满意度，产生职业流动决策与行为（Jansen & Kristof-Brown，1998）。即随着月收入水平、学历水平（受教育年限）与职称等级的提升，乡村小学青年教师对自身效能、心理资本与职业预期都有所提高，面对乡村学校工作环境与办学条件的限制，容易陷入个人 – 环境不匹配的窘境，加剧不公平感，最终导致职业认同感的降低。

为此，想要打造一支数量充足、质量合格的乡村青年教师队伍，第一，政府需要增强政策弹性，充分考虑乡村青年教师的个体心理需求、决策偏好、现实需要和未来职业期望，构建系统化的政策定位与支持体系；第二，社会应当营造尊师重教的氛围，尤其要重视乡村教师队伍发展，弘扬乡村优秀教师典型事迹，让正在乡村任教或未来准备去乡村任教的教师能够真正感受到乡村教师的伟大与使命，做到青年教师扎根乡村不后悔，愿留下、做得好。

（二）学校组织管理：优化工作资源支持体系，持续探索乡村青年教师自主发展有效路径

研究发现，在学校组织情境影响工作满意度的过程中，乡村小学生源质量、课程与教学水平主要通过激发教师职业认同与个体教学效能等个人心理动力来提升教师工作满意度。可见，生源质量和课程与教学水平作为学校办学过程中的重要环节，相当于 JD-R 模型中的工作资源具有激发动机、增加工作投入与正向情感、提高工作满意度与幸福感的增益作用，并且职业认同与个体教学效能作为个人资源，在工作特征与工作满意度之间能起到一定的中介作用。这一实证结果表明，工作特征模型在乡村小学青年教师群体工作场域中依然适用，在一定程度上检验了该理论的适用范围与有效性。

另外，值得注意的是，民主管理与个体教学效能之间呈现负相关（β=–0.045，$p < 0.01$），即学校管理越民主，教师的个体教学效能感越低。已有研究表明，过于宽松与多样化的学校人事自主权的"松绑"存在较大风险（宁波，2021），结合本文结果推测，对于本身办学水平不高的学校来说，过度放权并不利于教师个体教学效能与工作满意度的提升。因此，第一，教育行政部门应该根据学生成绩与素养水平、学校领导风格、组织工作氛围与办学目标的总体水平与差异，制定多样化的学校赋权政策与教师自主放权制度，持续探索推进学校管理宽松与提升教师自主性的有效路径，让教师在属于自己的工作场域中施展才华，育人育才，获得职业成就感；第二，学校管理者在改善办学条件的过程中要注意区分办学条件指标是否

达到饱和状态，对于办学条件指标尚未达到饱和状态的学校来说，其发展重点应在增量的同时兼顾提质（杨柳、秦玉友，2020）。适当地提出挑战性工作要求，配合激励性工作资源支持，为教师提供工作目标与努力方向，长期来看，有利于提升教师的职业幸福感。

（三）职业心理资源：关注宏观与中观视域，兼顾微观视角

研究发现，教师微观 – 职业心理状态对工作满意度存在一定程度的影响，加入职业心理状态变量后，工作满意度的解释率提升了 8.40%。并且，职业倦怠在宏观系统主观社会地位（现在地位／未来地位）对工作满意度的影响中起到部分中介作用，现在地位、未来地位的中介效应占比分别为 13.13%、10.65%；在中观系统学校办学品质中的教学设备与教育资源、工作氛围与学校周边环境对工作满意度的影响中起到较大的中介作用，中介效应占比分别为 25.33%、46.26%、10.78%。个体教学效能在中观系统学校办学品质中的生源质量、课程与教学水平对工作满意度的影响中起到较大的中介作用，中介效应占比分别为 10.51%、9.53%。不公平感在宏观系统主观社会地位（现在地位）对工作满意度的影响中起到部分中介作用，中介效应占比为 13.58%；在中观系统学校办学品质中的教学设备与教育资源、工作氛围与民主管理对工作满意度的影响中起到较大的中介作用，中介效应占比分别为 43.20%、22.00%、30.19%。

值得注意的是，在众多职业心理状态变量影响工作满意度的情况下，职业认同对工作满意度的直接作用最大（$\beta=0.216$，$p < 0.001$），并且作为宏观 – 社会地位和中观 – 学校组织情境影响工作满意度的微观 – 职业心理状态中介变量，其中介效应占比也最大。这不难从激励理论视角进行解读，政策干预中的提高教师工资待遇、制定荣誉制度、增加福利奖金、改善工作条件等措施对教师个体工作动机的激发具有外在性，而职业认同、责任与使命感等因素对教师个体工作动机的激发具有内在性（蒋晓红，2012）。即相对于外部社会地位和学校组织情境对乡村小学青年教师工作满意度的直接影响，职业认同的中介路径作用于内部动机，对教师工作满意度的正

向作用更加持久与稳定。

以上数据表明，相关机构和学校不能仅关注乡村小学青年教师所在社会地位、学校组织情境等宏观和中观视域，也应兼顾教师个体的微观视角，即从教师的个体职业心理体验与资源角度进行微观探析。具体来看，可以从以下几个方面进行探索。（1）教育行政部门可以建立基于教师人口学特征、教学工作经历、心理健康水平等数据的乡村教师职业心理状态预警机制，有效识别教师的职业心理异常，防患于未然。（2）学校与政府可以通过特殊途径的外部干预措施来进行教师职业认同潜能开发（Avolio & Luthans，2006），进而促进教师个人专业发展、教师队伍稳定性、学校办学品质提升、区域教育均衡等积极效应的产生。（3）高等师范院校的教师教育课程体系，可以设计有关乡村教育类课程。例如，可以通过设计乡村社会学、乡村教育学理论课程，增加乡村复式教学技能训练，提供乡村学校实习与实践机会等措施，帮助师范生体验真实的乡村教学，提升乡村个体教学效能感与胜任力。（4）学校组织内部营造民主公正的文化氛围，针对物质资源相对匮乏的小规模学校，也可以通过丰富的情感回报弥补物质回报不足造成的不公平感。（5）专业发展培训可以开辟提升教师情绪智力的专题，传授情绪沟通技巧，提升教师情绪感知与表达能力，帮助教师运用情绪转移法、情绪宣泄法、情绪控制等方法消除职业倦怠感。

六 结论与不足

综上可以得出如下结论：（1）乡村小学青年教师职业心理状态与工作满意度整体水平不高；（2）宏观－社会地位中的主观社会地位（现在地位／未来地位）除了对工作满意度具有直接正向影响，还可以通过微观－职业心理状态中的职业认同、个体教学效能、不公平感与职业倦怠间接影响工作满意度；（3）中观－学校组织情境中的生源质量、课程与教学水平、工作氛围、教学设备与教育资源、民主管理与学校周边环境对工作满意度具有直接正向作用；（4）微观－职业心理状态在两者之间起到中介作用。

　　基于以上讨论与结论，本文检验了社会生态系统理论在乡村教师队伍中的适用性，在一定程度上拓展了教师工作满意度的宏观－社会地位、中观－学校组织情境及微观－职业心理状态等前因变量及其作用机制。但本文亦存在不足之处。首先，本文选择乡村小学青年教师这一特殊群体，研究结论与心理作用机制可能存在一定的群体特殊性，推广范围有限；其次，本文采用横断面研究数据，并不能揭示变量间的因果关系，今后会考虑采用实验设计或纵向追踪研究来检验本文的结果；最后，本文主要基于教师的问卷调查，采用自我报告的形式收集数据，未来可考虑综合运用领导评定和同事互评等方式收集数据，并针对典型案例进行个案与质性研究，通过开展混合式研究提升对工作满意度作用机制的解释与理解水平。

参考文献

常亚慧，2021，《教师流动：城乡失衡与学校类型差异》，《南京师大学报》(社会科学版)第 2 期，第 38~48 页。

段晓芳，2016，《农村小学教师工作满意度调查与分析》，《教学与管理》第 30 期，第 22~24 页。

方红，2021，《乡村教师文化异质化的现状分析与多维检视》，《教育研究与实验》第 1 期，第 41~46 页。

付昌奎、曾文婧，2019，《乡村青年教师何以留任——基于全国 18 省 35 县调查数据的回归分析》，《教师教育研究》第 3 期，第 45~51、69 页。

高梦解，2021，《乡村青年教师专业发展困境与改善策略研究》，硕士学位论文，东北师范大学。

胡小勇、李静、芦学璋、郭永玉，2014，《社会阶层的心理学研究：社会认知视角》，《心理科学》第 6 期，第 1509~1517 页。

蒋晓红，2012，《教师职业认同程度和教师职业发展》，《东北师大学报》(哲学社会科学版)第 1 期，第 231~233 页。

孔维肯，2020，《乡村中学组织氛围对教师留任意愿的影响研究》，硕士学位论文，暨南大学。

李思蒙、豆忠臣、任萍，2021，《分布式领导与教师工作满意度的关系：教师合作、教师专业发展的中介作用——基于 TALIS2013 上海教师数据》，《教师教育研究》第 4

期，第 44~50、75 页。

李维、许佳宾、陈杰，2020，《为什么优秀师范高校毕业生难以进入乡村学校》，《现代教育管理》第 6 期，第 56~61 页。

廖倩，2017，《精准扶贫视角下贫困地区职校教师队伍建设研究——基于"S 市职校教师工作满意度"的调查分析》，《广西社会科学》第 11 期，第 206~211 页。

刘胡权，2014，《我国农村青年教师问题研究综述》，《中国青年研究》第 2 期，第 83~86 页。

刘晓明，2004，《职业压力、教学效能感与中小学教师职业倦怠的关系》，《心理发展与教育》第 2 期，第 56 页。

罗杰、周瑗、陈维、潘运、赵守盈，2014，《教师职业认同与情感承诺的关系：工作满意度的中介作用》，《心理发展与教育》第 3 期，第 322~328 页。

穆洪华、胡咏梅、刘红云，2016，《中学教师工作满意度及其影响因素研究》，《教育学报》第 2 页，第 71~80 页。

倪嘉敏，2015，《关于西北贫困地区农村中小学教师生存状态的调查与思考——来自甘肃省庆阳市华池县的调查》，《教育导刊》第 7 期，第 77~82 页。

宁波，2021，《学校自主权的宽松和多样化真的有效吗——基于 TALIS2018–PISA2018 链接的宏观数据分析》，《教育发展研究》第 10 期，第 57~65 页。

师海玲、范燕宁，2005，《社会生态系统理论阐释下的人类行为与社会环境——2004 年查尔斯·扎斯特罗关于人类行为与环境的新探讨》，《首都师范大学学报》(社会科学版) 第 4 期，第 94~97 页。

宋德香、郑昭佩，2005，《关于提高农村小学教师工作满意度的思考》，《教育探索》第 11 期，第 108~110 页。

孙绍邦、陈云英，1994，《教师工作满意度的测量研究》，《心理科学》第 3 页，第 146~149 页。

王成龙、雷雅琦，2016，《90 后乡村教师工作满意度的实证研究》，《贵州师范大学学报》(社会科学版) 第 3 期，第 137~145 页。

王钢、苏志强、张大均，2017，《幼儿教师胜任力和职业压力对职业幸福感的影响：职业认同和职业倦怠的作用》，《心理发展与教育》第 5 期，第 622~630 页。

王建新、杨生动，2019，《影响农村教师工作满意度的因素分析》，《课程教育研究》第 19 期，第 185 页。

王晓生、邬志辉，2019，《乡村教师职称评聘的结构矛盾与改革方略》，《中国教育学刊》第 9 期，第 70~74 页。

王照萱、张雅晴、何柯薇、袁丽，2020，《乡村教师感知的学校氛围对其工作满意度的影响：教师领导力和自我效能感的中介作用》，《教师教育研究》第 6 期，第 84~90、98 页。

温忠麟、叶宝娟，2014，《中介效应分析：方法和模型发展》，《心理科学进展》第 5 期，第 731~745 页。

吴伟炯、刘毅、路红、谢雪贤，2012，《本土心理资本与职业幸福感的关系》，《心理学报》第 10 期，第 1349~1370 页。

武向荣，2022，《哪些关键因素影响了乡村教师工作满意度》，《教育与经济》第 2 期，第 62~69、96 页。

肖庆业，2019，《农村小学教师工作满意度及其影响因素——基于多元有序 Logistic 回归模型的实证研究》，《基础教育》第 4 期，第 69~77 页。

肖庆业、陈惠玲、林瑄，2018，《农村小学教师工作满意度影响因素统计分析——以城乡教育一体化为背景》，《闽南师范大学学报》(哲学社会科学版) 第 4 期，第 117~124 页。

杨柳、秦玉友，2020，《农村中小学办学条件水平的测度与评价——基于因子分析法》，《现代教育管理》第 3 期，第 52~58 页。

姚昊、蒋帆，2020，《"银龄讲学"背景下教师参与意愿影响因素研究——基于多群组结构方程模型分析》，《教师教育研究》第 6 期，第 60~67 页。

殷玉新，2015，《新教师入职适应"现实冲击"的评估框架设计与实施思考》，《教育发展研究》第 20 期，第 73~79 页。

于海波，2014，《打通合格教师进入乡村通道》，《光明日报》8 月 5 日，第 11 版。

张建人、阳子光、凌辉，2014，《中小学教师工作压力、工作满意度与职业倦怠的关系》，《中国临床心理学杂志》第 5 期，第 920~922 页。

张世娇、王晓莉，2017，《教师韧性研究的新视角：社会生态系统理论》，《教师教育研究》第 6 期，第 123~128 页。

赵鑫，2019，《民族地区乡村教师职业吸引力提升的理念与路径》，《教育研究》第 1 期，第 131~140 页。

赵玥，2019，《学校因素对农村小学教师工作满意度的影响研究》，硕士学位论文，东北师范大学。

周思妤、王艺卓、李晓巍，2021，《幼儿园新教师学历与离职意向的关系：入职适应、工作满意度的多重中介作用》，《心理发展与教育》第 5 期，第 675~682 页。

朱红兵，2019，《问卷调查及统计分析方法——基于 SPSS》，电子工业出版社，第 163~165 页。

Ali, S. R., Yamada, T., & Mahmood, A.2015. "Relationships of the Practice of Hijab, Workplace Discrimination, Social Class, Job Stress, and Job Satisfaction Among Muslim American Women." *Journal of Employment Counseling* 52(4)：146 –157.

Avolio, B. & Luthans, F.2006.*The High Impact Leader Moments Matterin Accelerating*

*Authentic Leadership Development.*New York：Mc Graw-Hill.

Bakker, A. B. & Demerouti, E.2017. "Job Demands-resources Theory：Taking Stock and Looking Forward." *Journal of Occupational Health Psychology* 22（3）：273-285.

Bogler，R. 2002. "Two Profiles of Schoolteachers：A Discriminant Analysis of Job Satisfaction." *Teaching and Teacher Education* 18（6）：665-673.

Cooper, C. L. & Marshall, J.1978.*Understanding Executive Stress.* London：Macmillan Press, p.11.

Deci, Edward & Koestner R. 1999. "A Meta-Analytic Review of Experiments Examining the Effects of Extrinsic Rewards on Intrinsic Motivation." *Psychological Bulletin* 125（6）：627-668.

Hackman , J. R. & Oldham, G. R. 1975. "Development of the Job Diagnostic Survey." *Journal of Applied Psychology* 60（2）：159-170.

Han, Jiying, Hongbiao Yin, Junju Wang , & Yun Bai.2020. "Challenge Job Demands and Job Resources to University Teacher Well-being：The Mediation of Teacher Efficacy." *Studies in Higher Education* 45(8)：1771-1785.

He, H. & Brown A. D.2013. "Organizational Identity and Organizational Identification：A Review of the Literature and Suggestions for Future Research." *Group & Organization Management* 38（1）：3-35.

Henry, P. J. 2011. "The Role of Group-based Status in Job Satisfaction：Workplace Respect Matter More for the Stigmatized." *Social Justice Research* 24（3）：231-238.

Herbach, O., Mignonac, K. , & Gatignon, A. L.2004. "Exploring the Role of Perceived External Prestige in Managers' Turnover Intentions." *The International Journal of Human Resoure Management* 15（8）：1390-1407.

Hom, P. W. , Lee T. W. , Shaw J. D. , et al. 2017. "One hundred years of Employee Turnover Theory and Research." *Journal of Applied Psychology* 102（3）：530.

Jansen, K. J.& Kristof-Brown, A. 1998. "Toward a Multi-level Theory of Person-Environment Fit." *Academy of Management Proceedings* 1：F1-F8.

Lea, V. M. , Corlett, S. A. , Rodgers, R. M. 2012. "Workload and its Impact on Community Pharmacists' Job Satisfaction and Stress：A Review of the Literature." *International Journal of Pharmacy Practice* 20（4）：259 -271.

Maslach, C., Schafeli, W. B. , & Leter. M. P. 2001. "Job Burnout." *Annual Review of Psychology*（52）：39-422.

Samli, A. C. 2013.*International Consumer Behavior in the 21st Century.* New York：Springer.

Schmitt, N., Coyle, B. W., White, J. K., & Rauschenberger, J.1978. "Background, Needs, Job

Perceptions, and Job Satisfaction: A Causal Model." *Personnel Psychology* 31（4）: 889–901.

Singh-Manoux, A., Adler, N. E., & Marmot, M. G. 2003. "Subjective Social Status: Its Determinants and its Association with Measures of Ill-health in the Whitehall II Study." *Social Science & Medicine* 56（6）: 1321–1333.

初中教师职业满意度对学生学业成就的影响

——基于 CEPS 实证分析

黄少澜　郝文武　吴东方[*]

摘　要： 教师职业满意度是教师对自身职业满意与否的态度与情感体验，是建设高素质专业化创新型教师队伍、提升教育质量的关键。学生学业成就是学生接受学校教育后，认知能力、非认知能力以及身心健康等人力资本的形成，是教育质量评价的核心指标。本文基于中国教育追踪调查 2013~2015 学年数据，构建包含基线和追踪调查的面板数据，建立学生固定效应模型，分析教师职业满意度对 7 年级学生学习成绩的影响；再利用 2014~2015 学年追踪调查截面数据，建立多元回归模型，分析教师职业满意度对全体学生非认知能力和身心健康的影响；并通过交互模型分析教师职业满意度对不同背景学生学业成就影响的异质性。结果显示，教师物质回报满意度、教学满意度正向影响学生学习成绩；教学满意度正向影响学生新事物学习能力和身体健康水平；非教学满意度正向影响学生自我规制能力；物质回报满

* 黄少澜，教育部人文社会科学重点研究基地东北师范大学中国农村教育发展研究院博士研究生，主要研究方向为农村教育；郝文武，陕西师范大学教育学部教授，主要研究方向为教育学原理；吴东方，陕西师范大学教育学部副教授，主要研究方向为教育学原理。

意度正向影响学生遇事判断能力。交互模型结果显示，教师职业满意度仅对学生成绩的影响存在异质性，在非认知能力和身心健康方面不存在差异。据此，本文提出以下建议：一是明确教师工作职责，提升教师非教学满意度；二是做好适应新时代教师工资制度的顶层设计，提升教师物质回报满意度；三是构建校内校外"双循环"促进机制，提升教师教学满意度；四是关注弱势学生群体，追求义务教育优质均衡发展。

关键词：教师职业满意度；学生学业成就；因子分析；多元回归

一　研究背景

（一）教师职业满意度是建立高素质专业化创新型教师队伍的关键要素

改革开放以来，教育一直处于国家优先发展的战略地位，教师队伍建设受到党和国家的高度重视。进入新时代，教师队伍建设成为越来越重要的政策议题。2018 年，中共中央、国务院印发了《关于全面深化新时代教师队伍建设改革的意见》，强调建设一支高素质专业化创新型教师队伍是加快推进教育现代化、实现义务教育优质均衡发展的关键战略任务。2022 年党的二十大报告再次明确提出"加强师德师风建设，培养高素质教师队伍，弘扬尊师重教社会风尚"（习近平，2022）。

在国家大力支持教师队伍建设的政策背景下，要办好人民满意的教育，除了需要培养让学生和家长都"满意"的教师，事实上还需要努力营造让教师群体"满意"的工作环境和职业氛围（陈纯槿，2017）。一方面，对于教师群体而言，教师将自身所拥有的经济资本、社会资本、文化资本等与其他职业进行向上或向下比较，对自身职业的满意度进行评价，进而形成"向内传播""向外反馈"的内外循环机制。其中，"向内传播"会在教师内部产生一致的价值共鸣，影响教师留任或离职；"向外反馈"会在教师外部形成教师职业吸引力，吸引更多优秀人才选择教师这一职业。另一方面，对于政策制定者而言，对教师职业满意度进行监控，能够全面了解教师对政策制定、财政供给、教师公平保障、教师教育改革和发展等行为的受用效果与经验评价（武向荣，2019），进而及时有效地调整政策。因此，教师职业满意度是建立高素质专业化创新型教师队伍的关键要素。

（二）教师职业满意度对学生学业成就的影响缺乏实证检验

教育质量的提高需要从教育教学内容、过程、方式及管理等方面做起，这就必须提高教师质量、教育教学研究质量以及严格教育常规评价等（郝文武，2015）。在我国竞争性的教育体制中，学生学业成就是衡量教育质量的重要指标之一（梁文艳、杜育红，2011；王善迈、董俊燕、赵佳音，2013）。教师质量便是影响学生学业成就的关键因素，好教师的影响远远大于好学校（Rivkin，Hanushek，& Kain，2005）。优秀的教师不仅能提升学生学习效果，还能对其他老师产生巨大的溢出效应（Jackson & Bruegmann，2009）。然而，围绕教师受教育程度、教学经验和教师技能等教师质量因素与学生学业成就的相关研究指出，教师受教育程度、教学经验与学生学业成就间仅呈微弱正相关关系或不显著（Goldhaber & Brewer，2000；Rice，2003；Rivkin et al.，2005），教师个人特征（性别、年龄、学历、教师资格认证）等非教学要素对学生学业成就的贡献率仅为8%（Aaronson，Barrow，& Sander，2007），因而需要通过其他信息来解释教师对学生学业成就的影响存在差异的原因。

有研究指出，教师通过自身职业获得的满足感和荣誉感，即教师职业满意度会显著影响教师行为、离职意向、教师职业认同感等多个方面，进而影响学生学业成就（Kardos & Johnson，2007；Reeves，Pun，& Chung，2017；Skaalvik & Skaalvik，2009，2015），因而学界普遍认为教师职业满意度与学生学业成就存在积极的关系。然而，多数研究的侧重点在于分析教师职业满意度现状，并从内在因素（如受教育水平、个人期望、成就感等）和外在因素（如工作条件、收入地位、管理制度等）两方面入手，对教师职业满意度的影响因素进行分析（陈晓晨、翟冬梅、林丹华，2008；高鸾、陈思颖、王恒，2015；关成华、邢春冰、陈超凡，2021），且多以间接的方式验证教师职业满意度对学生学业成就的影响（裴丽等，2020；Reeves，Pun，& Chung，2017），而教师职业满意度与学生学业成就存在积极关系的理论假设缺乏相应的实证检验。

此外，分析教师职业满意度对学生学业成就的影响面临着一些挑战。一方面，大部分实证研究的数据为截面数据，能够预测自变量对因变量的影响，以及自变量的重要程度，但想要对变量进行因果识别存在难度。另一方面，教师职业满意度的可观测特征指标对学生学业成就的影响普遍存在选择偏差问题，学校、教师和学生之间都可能存在非随机排序。例如，按学生成绩分班，再按教师职业满意度高低分组，之后进行"高高"强化匹配分组或"高低"补偿分组，导致教师职业满意度与学生学业成就的因果关系变得模糊。因此，本文利用中国教育追踪调查（CEPS）数据，基于教育生产函数理论模型，分析初中教师职业满意度和学生学业成就之间的关系。

二　文献综述

（一）教师职业满意度

（1）职业满意度与教师职业满意度的概念

"职业满意度"一词最早出自霍桑实验（Hawthorne Experiment），研究报告指出，个人情感会影响其工作行为，个人社会因素与心理因素是影响职业满意度与生产力的因素。1935 年美国学者霍波克（Hoppock，1935）正式提出了"职业满意度"这一概念，它是指个人生理与心理对工作所处环境的各方面满意度的主观感受，对员工的工作投入、职业认知和职业倦怠等存在影响。后续研究在此基础上将职业满意度定义大致分为三类。第一类是以霍波克、洛克（Locke，1969）等为代表的综合定义类，他们认为个人在工作过程中会在满意和不满意之间寻找相应的平衡点，并形成总体层面上的满意度，注重对职业的整体感受，强调职业满意度是单一概念。第二类是以波特等（Porter et al.，1974）为代表的差额定义类，他们认为个人在特定的工作环境中对自身应获得的物质回报与非物质回报进行评估，之后将实际回报与评估回报进行对比，根据对比的差额来评价职业满意度，差额越小，职业满意度越高，反之，职业满意度越低。第三类是以弗隆（Vroom，1964）为代表的多要素定义类，其认为工作中的诸多客观因素并不是影响满意度的关键，关键在于个人对这些客观因素的主观看法，而主观看法会受个人自我参考框架的影响。综上，本文将职业满意度定义为个人对自身职业、工作条件与工作状况等客观因素的主观需求与期望的总体感受与看法。

教师职业满意度正是在职业满意度三种分类的基础上进行的详细划分。国外学者认为教师职业满意度是指教师对自身教学角色的主观感情，即教师从教学中获得的需求反馈与整体感知的关系（Lawler，1973），认为教师职业满意度是教师对自身所处的职业发展、工作环境以及工作现状的总体看法和感知（Rodgers–Jenkinson & Chapman，1990）。国内学者认为教师职业满意度是教师对所从事的职业、工作条件与状况的一种总体的、带有情绪色彩的感受与看法（陈云英、孙绍邦，1994）。后续研究都以此为基础，认为教师职业满意度是教师对工作本身和工作经历评估后的一种态度反映（杜秀芳，2003）。在实际研究中，教师职业满意度一般都采用多维度量表进行测量，研究重点聚焦具体的维度。换句话说，教师职业满意度的构成是多维且动态变化的，其定义根据研究主题的变化而变化（Gkolia，Belias，& Koustelios，2014）。因此，本文将教师职业满意度定义为教师对自身职业、工作现状以及教学环境的一种主观看法。

（2）教师职业满意度的测量

目前主要通过量表测量教师职业满意度，包括单因素测量和整体因素测量两种模式。单因素测量能够更好地反映某一方面的满意度，而整体因素测量有利于反映个体对特定项目的反应差异（Fields，2004）。

国外常用的职业满意度测试量表有以下几种。

整体满意度量表：通过 3 个整体性问题对职业满意度进行评估，即您对您的工作满意吗？您工作时感到高兴的程度如何（从高兴到不高兴共分为 10 个等级）？您对工作感到满意的时间占全部工作时间的比例是多少？实证研究的结果显示，该量表的信度为 0.78~0.85。

工作满意度调查量表：通过 36 道题描述了包括报酬、晋升、管理者、利益、偶然奖励、操作程序、同事、工作本身和交际 9 个方面的满意度问题。采用六点李克特量表计分形式，分数越高，满意度水平越高（Spector，1997）。

明尼苏达满意度量表：该量表分为含有 100 道题的长式量表与含有 21 道题的短式量表。其中，长式量表需测量满意度的 20 个方面，短式量表则重点测试员工内在、外在两方面的满意度和总体职业满意度（Weiss，Dawis，& England，1967）。

国内编制的教师职业满意度量表比国外稍晚，但随着教师职业满意度研究的不断深入，目前的量表已经相当丰富，因为学者们采用的是不同研究视角的量表，所以侧重点也有所不同。对比国内外测试量表发现，我国教师职业满意度量表大多基于明尼苏达满意度量表进行修改，加入了许多本土化测量指标，具体见表 1。

表 1　我国教师职业满意度量表汇总

作者、年份	名称	量表主要内容
（陈云英、孙绍邦，1994）	《教师工作满意度量表》	内在：职业的投入、人际关系、工作的性质 外在：政策、薪水、晋升、工作条件
（冯伯麟，1996）	《教师工作满意度量表》	自我实现、工资待遇、工作强度、领导和同事关系
（陈卫旗，1998）	《中学教师工作满意感调查问卷》	教育体制、社会地位、社会环境、领导管理、社会认可、工作环境、工作成就、同事的关系、学生品质、工作压力、收入福利
（张忠山，2000）	《小学教师工作满意度调查问卷》	校长、教学、同事、收入、晋升
（王志红、蔡久志，2005）	《大学教师工作满意度问卷》	工作收入、工作回报、领导管理、工作本身、工作协作、组织文化

续表

作者，年份	名称	量表主要内容
（袁凌、谢赤、谢发胜，2006）	《教师工作满意度调查问卷》	工作性质、工作环境与条件、薪酬、进修与提升、领导与管理
（黄桂梅、黄丹媚、张敏强，2008）	《中学教师工作满意度量表》	领导与管理、职业认同、同事关系、工作压力、环境与资源、付出与回报以及学生与家长
（王洁，2015）	《中职教师工作满意度量表》	激励管理、同事关系、学生积极性、薪酬待遇、资源与环境

（3）教师职业满意度影响因素

由于国内外学者的学科视角、理论依据和实证方法各不相同，文献梳理结果表明，影响教师职业满意度水平的因素也各有不同，但统一持多维因素影响观点，并认为可将多维因素总结为个人因素与工作因素两大类（Baron，2010）。其中，个人因素主要考察教师的性别、年龄、教学经验、婚姻、学历等；工作因素主要考察工作压力、职业价值、学校氛围、领导行为等。在个人因素方面，了解不同教师群体的满意度差别，有利于学校管理者"对症下药"，提升教师职业满意度。在工作因素方面，对教师工作过程中可能存在的问题进行全面考察，有利于政策制定者把握教师职业满意度的顶层设计和基层实践之间的关系，从宏观上制定相关政策，提升教师职业满意度。

大量研究显示教师个体因素会影响教师职业满意度，但个体因素的影响在国内外均呈现地区间差异。在性别上，美国和马来西亚的研究显示，男女教师职业满意度不存在显著差异（Ghavifekr & Pillai，2016：1–20; Klecker & Loadman，1999），但欧洲国家的研究发现，教师职业满意度在性别上存在显著差异，女教师的职业满意度高于男教师（Nieto & Riveiro，2006; Nieto & López-Martín，2015）。我国的研究结果显示，在江西和山西两地，教师职业满意度在性别上存在显著差异，女教师的职业满意度更高，其余多数地区在性别上不存在显著差异（孙锦明，2009; 王卫平，2015）。在教龄上，大多数研究显示，教龄与职业满意度呈现先上升后下降的倒"U"

形关系（张宇，2013; Klecker & Loadman，1999）；也有研究显示，教师教龄越长，职业满意度越低（张红、李华，2018; Gil-Flores，2017），同时教师教龄越长、教师职业满意度越高的情况也存在（胡咏梅，2007b）。在学历上，几乎所有地区的教师职业满意度均随学历的提高而降低（王祖莉，2003; 谢一帆，2010; 张红、李华，2018），而分学段的研究显示，小学教师学历提升职业满意度下降，中学教师则不受影响（Koustelios & Athanasios，2001）。

工作因素对教师职业满意度影响的研究均持多维因素影响的观点。多数研究显示，工作时间、工作数量、上下级关系、非教学活动、职业社会声望和领导管理是影响教师职业满意度的关键因素（冯伯麟，1996; Pagel & Price，1980），但不同研究所展现的关键影响因素各有不同。有研究指出，领导管理与组织氛围对教师职业满意度的影响最大，高效率校长与低效率校长对领导风格与人际交往方式有不同的认知，高效率校长往往更友好、更专心以及更好沟通，能营造更好的校内组织氛围，进而能有效提升教师职业满意度（潘孝富、秦启文，2006; Skrapits，1986）；也有研究指出，教师职业认知直接且强烈地影响教师职业满意度（Bogler，2001），其中职业认同对教师职业满意度的解释力占 46.9%（李梅，2013）。此外，学校物质资源和教师职业保障也是影响教师职业满意度的重要因素（陈纯槿，2017; 穆洪华、胡咏梅、刘红云，2016; Ghavifekr & Pillai，2016）。

（二）学生学业成就的相关研究

学业成就一般指学生通过接受学业标准考核而获得相应的具有等级差异的教育奖励，通常是指通过考试获得的学业成绩（周兆海，2019）。学业成绩因其容易收集、测量和客观等特性，一直以来被视为衡量教育质量的重要指标，但学生学业成绩只是学生学业成就的一部分。

国外研究从高校管理与招生角度出发，认为学生学业成就包含各科成绩、技能、态度以及毕业后的表现（Ewell，1985）。我国学者基于人力资本理论和信号筛选理论，认为学生学业成就包括认知能力、非认知能力、创新能力、身心状态、专业素养、公民素养等方面（马莉萍、管清天，2016）。学生学习成绩能较好地体现学生认知水平，因为语文、数学、英语三个科目在高中升学考试中所占的比重超过总成绩的四分之三，语文、数学、英语是学校授课的核心，其教学时间超过了学校总教学时间的一半。此外，语文、数学、英语的学习对后续的知识与技能的学习起到了强有力的支撑作用，但其仍不能被看成是完全学业成就。因此，本文认为，学生学业成就是学生在学校接受教育之后，其认知能力、非认知能力、身心健康三大方面的综合成就。

（1）学生学业成就测评

学生学业成就测评可大致分为四类。第一类是学习成绩即为学业成就，认为学生学业成就是指学生在学校接受系统教育后，获得各学科的知识技能，该技能可通过测试分数或教师等级评价来体现（施良方，1994）。第二类是以标准化试题测评学生学业成就，试题一般由专家按科学程序编制，可用于不同学校的同一年级（林崇德、杨治良、黄希庭，2003），标准化试题测评具有较强的客观性，目前国内外都有类似测试，如国外的 PISA 测试与国内的教育质量评价（NAEQ）（林崇德、杨治良、黄希庭，2003; 张咏梅等，2016; Ewell，1985）。第三类是以"增量"来测评学生学业成就，将学生成绩按年度排序，前一年为前测，后一年为后测，后测与前测的差异即为学生学业"增量"，并以不同年度学业"增量"变化来评价学生学业成就，进而优化学生知识技能学习的评价（Tekwe et al.，2004）。第四类是采用综合型量表来测试学生学业成就，也就是在学生学业成就评测中以教学目标为依据，影响学生学业进步或成功的各方面因素都应被作为测评学生学业成就的因素，包括认知、技能、态度以及毕业后的发展等方面（安翔 、刘映海，2018; Ewell，1985）。

（2）学生学业成就影响因素

影响学生学业成就的因素一直是学界重点关注的问题，大量研究分别从宏观、中观和微观视角进行了探索。其中，宏观视角主要关注地区经济发展、教育财政投入、教育管理体制等；中观视角主要关注学校资源配置、教师质量、学校文化等；微观视角主要关注学生个人特征和学生家庭背景等。有研究基于多学科背景对学生学习影响因素进行了元分析，结果显示，影响学生学习的因素从高到低排序为学校、家庭、个人、社区、地区以及状态，并强调前三项的影响远远大于后三项（Wang，1990）。因此，本文主要梳理学校、家庭以及个人三方面的文献。

学校因素主要包括学校资金、班级规模和教师特征。在学校资金方面，元分析的结果显示，学校资金对学生学习成绩具有显著的正向预测作用（Hedges，Laine，& Greenwald，1994），其中生均经费对学生学业成就的影响最大，特别是在农村地区，生均费用对学生学业成就的影响更加明显（陈纯槿、郅庭瑾，2017; Cobb–Clark & Jha，2016）。在班级规模方面，班级规模与学生成绩呈负相关，大班额不仅不利于学生的学习，还容易影响教师教学，导致班级学生成绩两极分化（崔盛、吴秋翔，2019; 胡咏梅，2007a; Krassel & Heinesen，2014; Westerlund，2008）。在教师特征方面，教师资格证能够筛选出更优秀的教师，持有教师资格证的教师对学生成绩的正向影响明显高于没有教师资格证的教师（邓业涛，2005; Goldhaber & Anthony，2007）；教师学历和教龄与学业成绩均呈正相关，且教龄越长学生成绩提升趋势越明显（范艳玲，2007; Clotfelter，Ladd，& Vigdor，2006）。

家庭因素主要包括家庭背景变量和家庭教育投入两个方面。家庭背景变量最早由科尔曼（Coleman，1968）提出，他指出家庭背景变量与学生学业成就存在很强的相关性，家庭背景的作用甚至远远大于学校的作用。基于家庭社会经济地位对学生学业成就影响的研究显示，多个家庭背景信息对学生学业成就产生了积极的影响，其中影响最大的是父母受教育程度（庞维国等，2013; Wößmann，2005）。在家庭教育投入方面，有研究发现，父母经济收入高，并不意味着学生学业成就大，重要的是父母对孩子教育的重视程度，父母是否愿意将收入转换为学生的教育资源投资，转换程度的大小会对学生学业成就造成不同的影响（Gershoff et al.，2007）。此外，家长的教育参与对初中生学习成绩有显著的正向影响，父母的教养方式又是影响学生非认知能力的关键（黄超，2018）。

个人因素一般可分为智力因素与非智力因素，其中非智力因素可进一步划分为主观心理特征（自我效能、学习动机、学习情绪）与客观行为特征（学习投入）。在智力因素方面，美国著名心理学家阿瑟·詹森（Jensen，1969）指出智力因素能影响学生成绩的 40%~80%。我国学者也指出，智力水平与学生成绩之间呈现中等正相关关系（郜瑞珍、皮连生，1988）。在非智力因素方面，自我效能、学习动机、学习情绪和学习投入均会对学生学业成就产生影响，其中自我效能感的影响最大（曾荣侠、李新旺，2003；Schunk，1984）。此外，四个要素之间有着很强的互动关联，学习情绪会激发或抑制学生的学习动机，积极的学习情绪能够唤醒学生的学习动机，促使学生增加学习投入，消极的学习情绪则可能抑制学生的学习动机，甚至可能造成学生厌学（朱巨荣，2014；Meyer & Turner，2002）。

（三）教师职业满意度与学生学业成就关系的相关研究

目前，国内研究更多关注教师职业满意度的影响因素和教师职业满意度对教师离职、工作投入、职业倦怠等方面的影响，这些方面大多与学生学业成就有很强的相关性，因而普遍认为教师职业满意度和学生学业成就之间存在相关关系，但真正分析二者关系的研究比较少。国外针对二者直接关系的研究出现了具有争议的研究结果。因此，要深入研究二者的直接关系，需全面了解二者的间接关系以及直接关系的争议所在。

（1）教师职业满意度与学生学业成就的间接关系

教师职业满意度对教师离职、工作投入和职业倦怠具有重要影响，这三个方面作为学生学业成就的重要预测因素也早已得到验证。因此，大多研究并未直接检验教师职业满意度对学生学业成就的影响，而是通过教师职业满意度对相关因素的影响结果来判断教师职业满意度与学生学业成就的关系。

首先，教师职业满意度与教师离职存在紧密关系，高流失率导致教学连续性受损以及高额的招聘成本，间接导致学生学业成就下降（Ronfeldt，Loeb，& Wyckoff，2013）。具体来看，有研究提取了 39 项教师职业满意度影响因子进行元分析，其中仅 4 项与教师离职无关（Muchinsky & Tuttle，1979）。跨国比较研究显示，教师离职率高的国家，其教师职业满意度往往较低（Zieger，Sims，& Jerrim，2019）。此外，针对新生代教师群体的研究同样显示，教师职业满意度对离职倾向有显著的负向预测作用（皮丹丹等，2018）。可以说，教师职业满意度直接影响教师工作体验，高水平的职业满意度能给教师带来积极、愉悦的工作感受，从而提升教师的留任率。

其次，教师职业满意度的提升能够有效促进教师工作投入，教师的高工作投入又是每所学校最需要的，只有每位教师的工作投入意愿增加，学校整体效率才会提高，才能达到最佳的教学效果，因而教师职业满意度间接影响学生学业成就。从教师角度的研究来看，多数研究显示，教师职业满意度越高，教师工作投入水平就越高（陈卫旗，1998; Timms & Brough，2013; Topchyan & Woehler，2021），且教师工作投入在教师职业满意度的持续影响下，最终会让教师在教学中形成积极或是消极的教学风格（贺雯，2007）。从学生角度的研究来看，学生对教师评价的高低与教师工作投入程度密切相关，而影响教师工作投入的主要原因正是教师职业满意度（Afshar & Doosti，2016）。

最后，教师职业满意度能够有效缓解教师职业倦怠，而教师职业倦怠对学生学业成就的负向影响早已得到验证（Friedman，1991），因此教师职业满意度间接影响学生学业成就。教师职业是最易将个体内部资源耗尽的职业，是职业倦怠的高发群体，而教师职业满意度的提升能够有效遏制教师职业倦怠的发生。有研究指出，教师职业满意度水平开始下降并降到一定程度后，教师的情感开始衰竭，之后教师在工作中会出现敷衍完成教学任务、忽视学生和疏远同事的情况，他们疲惫不堪、精力丧失，职业满意度触底，职业倦怠达到顶峰，这势必会对学校发展、教师成长以及学生学业成就产生极其严重的消极影响（胡晰、毛晋平，2015; Schwab & Iwanicki，1982）。基于社会比较的理论研究指出，教师与他人比较或受他人鼓舞时，更可能对自己的职业产生满足感，当教师职业满意度较高时，教师更多选择向上或同化的社会比较，进而感受到更大的个人成就、更少的情感衰竭和更少的去人格化，从而有效缓解职业倦怠（Brackett et al., 2010; Kitchel et al., 2012）。

（2）教师职业满意度与学生学业成就的直接关系

教师职业满意度与学生学业成就间接关系的研究较为丰富且具有一定的说服力，两者直接关系的研究相对较少，但通过对现有文献的梳理后发现，教师职业满意度对学生学业成就的影响并未达成一致。

一是教师职业满意度对学生学业成就的影响存在地区差异。有研究基于 TALIS2013 和 PISA2012 数据库分析了澳大利亚、芬兰、拉脱维亚、墨西哥、葡萄牙、罗马尼亚、新加坡、西班牙这些国家的教师职业满意度与学生学业成就关系，结果显示，教师职业满意度与学生学业成就显著正相关，相关系数为 0.48（Dicke et al., 2020）。然而，在南亚地区的印度和巴基斯坦两个国家，学者的研究结果显示，教师职业满意度不会对学生学业成就产生任何影响，其中印度教师职业满意度与学生学业成就的相关系数仅为 0.197 且不显著（Chutia, 2013）；巴基斯坦则对教师职业满意度进行了两次测量，两次测量的结果都是与学生学业成就没有任何关系（Iqbal et al., 2016）。

二是教师职业满意度对学生学业成就的影响因教师群体、学生背景以及学科的不同而不同。从不同的教师群体来看，兼职教师和全职教师的职业满意度对学生学业成就的影响有明显差异。当考察全体教师的职业满意度和学生学业成就之间的影响时，两者显著正相关，相关系数为 0.521；当把教师群体区分为兼职教师和全职教师时，全职教师的职业满意度会对学生学业成就存在显著的正向影响，而兼职教师的职业满意度并不会对学生学业成就产生任何影响（Hessamy & Kheiri, 2013）。从不同的学生群体看，教师职业满意度对男女学生学业成就的影响不存在显著差异；然而，以家庭社会经济地位对学生群体进行区分后，教师职业满意度对低家庭社会经济地位学生的学业成就的影响显著高于对高家庭社会经济地位学生的影响（Dicke et al., 2020）。从不同的学科来看，教师职业满意度对学生数学和英语成绩差异解释力度分别为 2% 和 5%，对英语成绩的影响更大（Tek,

2014）。另一项追踪研究的结果则显示，教师职业满意度对学生数学成绩始终不存在显著的影响，对学生阅读成绩的影响则要到初中高年级之后才会有所体现（Banerjee et al., 2017）。

三是教师职业满意度和学生学业成就存在冲突关系。一般而言，提高教师职业满意度能够有效促进学生学业成就的获得，然而，有研究在分析非洲法语国家（布基纳法索、喀麦隆、科特迪瓦、马达加斯加和塞内加尔）的各类教师政策、教师职业满意度和学生学业成就的关系后指出，许多因素对教师职业满意度和学生学业成就产生的良好效应是同时发生的，因此并非所有影响教师职业满意度的积极因素都会带来更好的学业成就。多数情况下，提高教师职业满意度和学生学业成就是存在冲突的，特别是一些措施能够强行控制教师积极工作，虽然教师职业满意度会因此减弱，但学生学习成绩显著提升（Michaelowa, 2002）。

（四）文献评述

对教师职业满意度、学生学业成就以及两者间关系的相关文献进行梳理后发现，教师职业满意度和学生学业成就的测量以及影响因素的研究已经较为丰富，学者们也通过直接和间接的方式对两者的关系进行了分析，但仍然存在以下几个方面的不足。

第一，缺乏对教师职业满意度的综合性测量。因教师职业满意度影响因素较多且复杂，许多研究仅聚焦某一特定维度对教师职业满意度进行研究，但基于某特定维度的衡量标准可能没有考虑到教师的个体差异，从而低估教师职业满意度的整体影响力（Skaalvik & Skaalvik, 2011）。此外，无论是社会、学校、教师还是学生，都具有多层次、多维度和多目标的特征，对某一维度的分析，并不能较好地预测教师职业满意度的整体影响，研究可能会出现偏差。

第二，未能实现学生学业成就的综合性评定。很长一段时间内，国内外多数研究都认为学校教育就是培养学生的认知能力（Heckman & Rubinstein, 2001），且认知能力对个人教育成就、薪金收入和社会地位有很强的预测效果（Heckman，Stixrud，& Urzua，2006），因而将体现学生认知能力的学业成绩直接作为学生学业成就的代理变量。然而，非认知能力不但对学生的教育成效有积极作用，还决定了个人在劳动力市场中的成就（周金燕，2015; Mueller & Plug，2006）。同时，身心健康对学生学业成就的影响同样需要重视，习近平总书记就曾强调要重视学生的身心健康，切实提高学生的身心健康水平，促进学生全面发展。可见认知能力、非认知能力和身心健康是学生学业成就的重要组成部分，据此需要进一步对学生学业成就进行综合性分析。

第三，教师职业满意度对学生学业成就的影响缺乏更为深入的分析。一方面，教师职业满意度与学生学业成就间接关系的研究较为丰富且具有一定说服力，这在一定程度上掩盖了两者直接关系的真实情况。而事实确实如此，既有研究表明，教师职业满意度和学生学业成就之间的关系与普遍认为的情况并非完全一致，两者甚至可能存在冲突。另一方面，目前分析教师职业满意度与学生学业成就关系的研究方法还较为简单，多以相关性分析为主，未能分析教师职业满意度对学生学业成就影响的具体情况，也未能实现更进一步的因果关系探讨，因而需要对两者进行综合性测量分析后，更深入地探索两者的关系。

据此，本文选用中国教育追踪调查（China Education Panel Survey，CEPS）数据，先在文献梳理的基础上确定教师职业满意度和学生学业成就的具体评价变量，再通过因子分析等手段对具体变量进行降维处理，最后基于教育生产函数理论分析两者的关系。

三 理论基础与模型建构

（一）理论基础

虽然研究学生学业产出的方法有很多，但最富吸引力且最常用的方法是被经济学家称为"生产函数"方法（在其他学科，它被称为投入－产出或成本－质量方法）（卡诺依，2000）。教育生产函数理论是将经济学中的生产函数理论纳入教育研究领域，研究学校内部效率的一种方法，它旨在研究教育过程中投入与产出的关系。教育投入按投入主体可划分为学校投入、教师投入、家庭投入、学生投入。其中，学校投入包括教学设备和建筑物等物质设施、班级规模、图书资料等；教师投入包括教师学历、教学经验、专业水平、职业素养等；家庭投入包括家庭收入、父母受教育程度、社会地位、家庭规模等；学生投入包括学生初始天资与后天努力，后者主要指学生学习过程中时间、精力和态度等方面的投入。教育产出主要指学生的认知能力和非认知能力等，具体包括学生知识的获得、基本技能的掌握、职业技能的提升、创造力的培养、态度的形成等（张学敏、叶忠，2014）。

从 20 世纪 60 年代起，教育生产函数理论被学者们广泛使用。汉纳谢克（Hanushek）指出，用生产函数做工具，解释学校产出中所表现出来的差异，有利于深刻地理解教师特征（比如岗前培训、在职进修和教学经验）和教育物质上的支出（如书本和实验室设备）对学生个人表现所产生的预期影响。此外，利用生产函数对资源相对匮乏的发展中国家进行估算，可以非常成功地将研究注意力放到非教师支出以及学校额外时间所产生的特殊效益之上（卡诺依，2000）。

（二）模型建构

基于教育生产函数理论，本文将教师职业满意度视为投入要素，学生成绩、非认知能力和身心健康视为产出要素，分析教师职业满意度对学生学业成就的影响。虽然教育投入与产出并不只包括上述两个方面，且各种要素的关系可能比较复杂，但教育生产函数仍然可以采用简单的方程来表示（顾明远，1998）。教育生产函数理论模型的一般方程如下：

$$A_t = f(P_t, \ S_t, \ T_t)$$

其中，教育产出 A_t 为学生在时间 t 内所获得的学业产出；教育投入 P_t

代表累计到时间 t 为止，对学生学业成就产生影响的是家庭投入与学生投入要素，家庭投入要素包括家庭文化资本、经济条件、父母受教育程度等，学生投入要素包括学习努力程度、先天能力等；S_t 代表累计有利于学生学习的学校要素，如班级规模、图书资料、学校基建费用等；T_t 代表累计教师要素，包括教师受教育程度、教师资格、教师收入等。而 $f(\cdot)$ 表示广义的教育生产科技。因此，此函数框架表明，家庭、学校、教师等要素对学生学业成就有直接影响，而教学与管理方式又决定着不同类别教育投入的融合效率。本文在投入端引入教师职业满意度要素，在产出端引入学生非认知能力与身心健康要素，构建了教育生产函数研究模型框架（见图 1）。

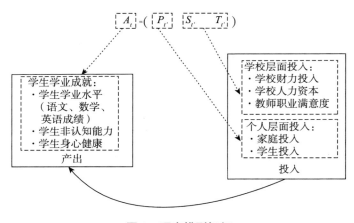

图 1　研究模型框架

四　数据介绍、模型的确定以及变量的选择

（一）数据介绍

中国教育追踪调查由中国人民大学中国调查与数据中心设计与主持，是全国首个具有代表性且纵向记录中学生各方面情况的大型追踪调查项目，旨在揭示家庭、学校、社区以及宏观社会结构对个人教育产出的影响。项目以 2013~2014 学年为基线，调查初中一年级（7 年级）和初中三年级（9

年级）两个同期群，采用分层、多阶段、概率比例规模（PPS）抽样设计方式，以 28 个县级单位（县、区、市）作为调查点，对 112 所中学、438 个班的 22400 名学生进行了基线调查，其中每个学校两个年级，每个年级两个班，并计划追踪 7 年级学生升入初中高年级情况，追踪 9 年级学生升入高中和进入劳动力市场的情况。

中国教育追踪调查以问卷调查为主，问卷分为学生、家长、班主任、任课教师以及校领导五份独立问卷。学生问卷包括学生基本信息、户籍与流动、成长经历、身心健康、亲子互动、在校学习、课外活动、师生／同伴关系、社会行为发展、教育期望等；家长问卷包括家长基本信息、生活习惯、亲子互动、家庭教育环境、家庭教育投入、社区环境、学校教育看法、与老师的互动、对孩子的教育期望；班主任和任课教师问卷包括班主任在内的任课教师的个人基本信息、教育理念、日常教学工作、工作压力与满意度；校领导问卷包括学校负责人基本信息、教育理念、学校的基本信息、教学设施、招生入学情况、在校师生情况以及日常教学管理（王卫东、郝令昕、张宪，2015）。

（二）基本计量模型

本文基于教育生产函数基本模型建立教师职业满意度与学生学业成就的分析模型探讨两者关系。在分析教师职业满意度与学生成绩时，为解决潜在的估计偏差问题，本文建立了具有学科间差异的学生固定效应生产函数。在教师职业满意度测量中，使用学生语文、数学和英语成绩的差异将教师职业满意度与学生成绩联系起来，并以此分析教师职业满意度与学生学业成就的因果关系。这样分析的目的在于，确定同一学生在不同科目上的学习成绩如何变化。在不同的科目中，可观察的教师特征也是不同的。在分析教师职业满意度与学生非认知能力和身心健康时，不能通过学生内部跨学科的差异将学生非认知能力、身心健康和教师职业满意度联系起来，故采用多元回归模型，在尽可能控制无关干扰变量的情况下，分析两者间的关系。

（1）教师职业满意度与学生成绩基础模型

学生成绩包含语文、数学和英语成绩，因此将学生内部学科之间的成绩差异与各学科教师可观测的特征差异联系起来，建立学生固定效应模型，尽量减少学生、家庭层面不可观测的混杂因素。每位学生都拥有语文、数学和英语三行数据，每行数据都代表不同科目的测试分数，每位学生不同科目的成绩所对应的教师是不同的，他们的受教育程度、培训情况与资格认证等方面均不相同。也正因为如此，可将不同科目教师的可观测特征差异与每位学生不同科目成绩的差异联系起来，进而消除潜在估计偏差源，分析两者的因果关系。

目前，有研究基于 47 个国家的跨国可比学生成绩数据库，通过建立班级规模差异与学生各科成绩差异的固定效应模型来分析班级规模效应（Altinok & Kingdon，2012），也有研究基于固定效应模型分析教师资格证对学生成绩的影响（Chu et al.，2015）。本文基于上述学者的研究对模型进行了改进：一是通过教师问卷中的大量背景信息，控制教师特征变量；二是利用中国教育追踪调查数据的追踪特性，将随学科变化的学生学业水平信息纳入方程，包括按各科目前一年的考试成绩、不同科目学生的努力程度和动机。具体模型如下：

$$Y_{is} = \alpha + \beta \cdot X^k_{s(t-1)} + \gamma \cdot P_s + \pi \cdot T^k_s + \mu_i + \varepsilon_{is} \qquad ①$$

其中，Y_{is} 是学生 i 在科目 s 中的考试分数。$X^k_{s(t-1)}$ 是学生 i 的学业水平背景特征变量，在基线时，不同科目的背景特征不同。具体来讲，模型控制了每个学生前一年特定学科的考试成绩、基线的课后补习率、基线师生互动以及基线学生对各科目学习内容的评价。P_s 是本文核心解释变量，γ 是本模型尝试的无偏估计系数，能够反映可观测的教师职业满意度和学生成绩之间的关系。T^k_s 表示教师特征的控制变量，这一变量在不同学科中存在差异，包括性别、教学经验、教师资格认证、教育培训和教学奖励等。μ_i 表示学生固定效应，其控制了学生层面，所以具有可观测与不可观测的特征，这些特征不随科目变化而变化，包括学生个人、家庭与学校等更广泛的背景特征，这些特征在不同科目上是不存在差异的。ε_{is} 表示误差项。

上述模型的无偏估计需要满足误差项 ε_{is} 与因变量学生成绩 Y_{is}、自变量教师职业满意度 T 均正交的假设。但如果忽略学生与教师层面因学科不同而产生变化的变量，就会导致教师职业满意度回归系数 γ 估计的偏差。因此，需要进行如下处理。

第一，在学生层面，一些因学科而异的不可观测因素，如学习动机、努力程度、师生互动等，如果未被察觉，并与教师职业满意度相关，那将产生估计偏差。故本文利用中国教育追踪调查数据的面板结构，纳入了与学科相关的学生基线控制变量 X_s，其中包含基线学生期中考试成绩、学生课后额外投入、师生课堂互动以及学生对各科目未来看法。第二，教师层面因素可能与学生层面因素存在相关性，且因学科不同而产生遗漏变量，这些变量同样会造成估计偏差。因此，在模型中控制教师特征 T_s，包括教师性别、教学经验、班主任身份、职前师范学习、资格证书、职称和教学获奖情况。第三，为解决因按学生能力分组造成的估计偏差，需进一步关注班级中学生成绩的分布情况。

（2）教师职业满意度与学生非认知能力、身心健康基础模型

学生非认知能力、身心健康不能像学习成绩一样，将各学科考试成绩差异与不同学科教师的可观测特征差异联系起来，也就是说，不能根据学科不同将学生与教师的可观测特征进行匹配。因此，分析教师职业满意度对学生非认知能力、身心健康的影响时，直接采用 2014~2015 学年追踪调查截面数据，构建多元回归模型，尝试将因变量学生非认知能力、身心健康解构为学生、教师、学校三个层面自变量因素。具体模型如下：

$$Y_{is} = \alpha + \gamma \cdot P_s + \beta \cdot X_s^k + \theta \cdot C_{is}^k + \varepsilon_{is} \qquad ②$$

Y_{is} 表示学校 s 学生 i 的认知能力和身心健康，α 为回归截距，P_s 是该模型的核心解释变量教师职业满意度，其系数 γ 代表教师满意度对学生认知能力、身心健康影响的差异。为了能够尽可能地减小模型估算偏差，本文还添加了学校层面控制变量 X_s^k、学生层面控制变量 C_{is}^k，它们都包含 k 项矢

量。ε_{is} 表示误差项。

（3）教师职业满意度与学生成绩、非认知能力和身心健康的交互效应模型

在教育实证研究中，交互效应模型常用于探究不同自变量对因变量产生叠加影响的计量分析方法（Sprent，2019）。因此，本文建立学生背景变量与教师职业满意度的交互效应模型，分析教师职业满意度对不同背景学生的学习成绩、非认知能力以及身心健康的影响是否存在异质性。具体而言，分别在模型中加入学生背景变量与教师职业满意度的交互项 $\delta \cdot BP_s$。其中，教师职业满意度与学生成绩交互模型为式③，教师职业满意度与学生非认知能力、身心健康交互模型为式④。

$$Y_{is}=\alpha+\beta \cdot X^k_{s(t\text{-}1)}+\gamma \cdot P_s+\delta \cdot BP_s+\pi \cdot T^k_s+\mu_i+\varepsilon_{is} \qquad ③$$

$$Y_{is}=\alpha+\gamma \cdot P_s+\delta \cdot BP_s+\beta \cdot X^k_s+\theta \cdot C^k_{is}+\varepsilon_{is} \qquad ④$$

（三）变量的选择

1. 教师职业满意度与学生成绩固定效应模型的变量选择

（1）自变量：教师职业满意度

教师职业满意度是一个多维指标，涉及社会地位、领导管理、工作环境、工作成就、学生品质、工作压力、收入福利等多个方面。因此，本文将选用多个指标体现教师职业满意度。

在中国教育追踪 2013~2014 学年基线调查中，班主任和任课教师问卷虽然是分开的，但问卷内容一致。因此，在班主任问卷中选择 A 部分 A17题、C 部分 C26 题；任课教师问卷中选择 A 部分 A17 题、B 部分 B24 题。具体见表 2。

（2）因变量：学生成绩

在中国教育追踪调查数据库中，学生成绩均直接通过学校学生成绩档案直接获取，因调查地区、学校等不同，需对原始成绩进行标准化处理后才具有可比性，具体处理方式是将学生的原始成绩与总分值的比值转化为百

表 2　教师职业满意度各变量及说明

维度	变量	变量解释
您平时在下面各方面的压力大吗	学生学习成绩不好	非常大＝1 比较大＝2 一般＝3 不大＝4 没有＝5
	学生学习成绩参差不齐	
	校方对老师的考核	
	校方种种行政措施	
	家长的各种要求	
	学生的升学率	
	社会舆论对教师的评价	
	发表论文	
您对学校下列方面是否满意	薪酬待遇	很不满意＝1 不太满意＝2 一般＝3 比较满意＝4 很满意＝5
	学校管理方式	
	学校硬件设施	
	学生素质	

注：对压力维度赋值方向进行了转向，使压力与满意两个维度方向一致，均为赋值越高，满意值越高。

分比，之后在学校内部独立进行标准化转换，具体转换公式如下：

$$Z = \frac{X - \overline{X}}{S}$$

Z 表示学生可比标准分，X 表示原始分数，$\overline{X}$ 为原始分数平均数，S 表示原始分数的标准差。其中 2014~2015 学年追踪调查数据的学生标准化成绩是模型中的结果变量，而 2013~2014 学年基线调查数据的学生标准化成绩则是模型中的控制变量。

（3）控制变量：学生基线学习投入与教师特征

学习投入一直被学者们视为影响学生成绩的重要因素，一般指在学习和非学习活动中，学生行为和情感的伴随强度和质量，强度和质量会随着学生个体与环境相互影响而发生改变（Archambault et al., 2009）。因此，本文选择课外补习、课堂投入、师生课堂互动作为学习投入的代理变量。

在中国教育追踪 2013~2014 学年基线调查中，选择 7 年级学生问卷的 B 部分 B19 题中的 1~4 小题来表示学生参加特定学科课外补习情况；选择 C 部分 C13 题中的 1~3 小题，以学生对特定学科看法来表示学生课堂投入情况；选择 C 部分 C13 题中 4~6 小题来表示师生课堂互动情况。详见表 3。

表 3　学生投入变量及说明

维度	变量	变量解释
课外补习	奥数	没参加 =0 参加 =1
	普通数学	
	语文 / 作文	
	英语	
学科对学生的未来是否有帮助	数学对我的未来很有帮助	完全不同意 =1 比较不同意 =2 比较同意 =3 完全同意 =4
	语文对我的未来很有帮助	
	英语对我的未来很有帮助	
课堂互动	数学老师经常提问我	
	语文老师经常提问我	
	英语老师经常提问我	

在中国教育追踪 2013~2014 学年基线调查中，教师性别由班主任问卷中 C 部分 C1 题和任课教师问卷中 B 部分 B1 题组成；教师受教育年限由班主任问卷 C 部分 C4 题和任课教师问卷 B 部分 B4 题组成。是否为班主任由班主任问卷 A 部分 A1 题表示；是否为师范毕业生由班主任问卷 C 部分 C5 题和任课教师问卷 B 部分 B5 题组成；是否具有教师资格证由班主任问卷 C 部分 C6 题和任课教师问卷 B 部分 B6 题组成；教龄由班主任问卷 C 部分 C7 题和任课教师问卷 B 部分 B7 题组成；是否具有事业编由班主任问卷 C 部分 C11 题和任课教师问卷 B 部分 B11 题组成；职称由班主任问卷 C 部分 C12 题和任课教师问卷 B 部分 B12 题组成。详见表 4。

表 4　教师特征变量及说明

变量	变量解释
教师年龄	22~60 岁
是否为班主任	不是 =0，是 =1
是否为师范毕业生	不是 =0，是 =1
是否具有教师资格证	不是 =0，是 =1
教龄	0~38 年
是否具有事业编	不是 =0，是 =1
职称	没有职称 =0，三级 =1，二级 =2，一级 =3，高级 =4

注：表中 0、1 赋值的虚拟变量都经过重新赋值。

2.教师职业满意度与学生非认知能力、身心健康多元回归模型的变量选择

（1）自变量：教师职业满意度

在 2014~2015 学年追踪调查数据中，教师职业满意度由班主任问卷的 A 部分 A16 题、C 部分 C26 题和任课教师问卷 A 部分 A16 题、B 部分 B24 题组成。题目内容与 2013~2014 学年基线调查完全一致。

（2）因变量：学生非认知能力、身心健康

学生非认知能力是指在个人发展、学校教育和劳动力市场等领域中具有价值的个人特征、目标、品格动机以及偏好（Kautz et al.，2014）。结合文献，本文在 2014~2015 学年追踪调查中，选择学生问卷 B 部分 B6 题的部分小题、C 部分 C24 题、D 部分 D3 题中的部分小题以及家长问卷的 D 部分 D13 题，综合体现学生的非认知能力水平。详见表 5。

世界卫生组织认为健康是身体、心理与处世方面之完整健全状态，并不止于无疾病或羸弱而已（苏静静、张大庆，2016）。由此可见，身体健康和心理健康是个人健康的重要组成部分。本文在中国教育追踪 2014~2015 学年追踪调查中，选择学生问卷的 C 部分 C4 题、C5 题和 C25 题，综合表现学生的身心健康水平。具体情况见表 6。

表5 学生非认知能力变量及说明

维度	变量	变量解释
你是否同意下列说法或描述	班里大多数同学对我很友好	完全不同意=1 比较不同意=2 比较同意=3 完全同意=4
	我经常参加学校或班级组织的活动	
	我对这个学校的人感到亲近	
	就算身体有点不舒服，或者有其他理由可以留在家里，我仍然会尽量去上学	
	就算是我不喜欢的功课，我也会尽全力去做	
	就算功课需要花好长时间才能做完，我仍然会尽力去做	
	对于自己的兴趣爱好，我能够坚持下去	
	当我不小心伤害或得罪人时，我会道歉	
	如果我处理事情的方法不对，我会尽量想别的办法解决	
	即使情况很糟糕，我也能保持镇静	
	对于需要完成的任务，我通常很有信心	
下列表述与您孩子现在的状况符合吗	能够很清楚地表述自己的意见	非常不符合=1 不太符合=2 比较符合=3 非常符合=4
	反应很迅速	
	能够很快学会新知识	
	对新鲜事物很好奇	

表6 学生身心健康变量及说明

变量	变量解释
你现在健康情况如何	很不好=1，不太好=2，一般=3，比较好=4，很好=5
过去的一年中，你经常生病吗	经常=1，很少=2，没有=3
沮丧	总是=1 经常=2 有时=3 很少=4 从不=5
不快乐	
生活没有意思	
提不起劲儿来做事	
悲伤、难过	

续表

变量	变量解释
紧张	总是 =1 经常 =2 有时 =3 很少 =4 从不 =5
担心过度	
预感有不好的事情会发生	
精力过于旺盛，上课不专心	

注：除了整体健康情况外，其余变量均进行了方向转换，以使所有变量方向一致。所有变量均为赋值越高，健康状况越好。

（3）控制变量

学生层面的控制变量主要包括学生的个人特征和家庭背景情况。在中国教育追踪 2014~2015 学年追踪调查中，选择学生问卷的 A 部分 A2 题、A5 题，B 部分 B21 题以及 C 部分 C13 题来表现学生个人情况，选择学生问卷的 A 部分 A8 题、A16 题、A17 题来表现父母关系情况；选择家长问卷的 A 部分 A26 题来表现学生与父母关系情况，选择家长问卷的 E 部分 E8 题、E17 题、E23 题来表现父母受教育程度和家庭经济状况。详见表 7。

表 7　学生层面控制变量及说明

维度	变量	变量解释
学生个人情况	你现在的户口类型	农村 =0，城市 =1
	你是独生子女吗	不是 =0，是 =1
	你对自己的未来有没有信心	没有 =0，有 =1
	你进行体育锻炼的时间——通常每周几天	1~7 天
父母关系情况	亲生父母的婚姻状况是	离异 =0，未离异 =1
	父母经常吵架吗	不是 =0，是 =1
	父母之间关系好吗	不好 =0，好 =1
学生与父母关系情况	与学生讨论：学校发生的事情	从不 =1 偶尔 =2 经常 =3
	与学生讨论：孩子与朋友的关系	
	与学生讨论：孩子与老师的关系	
	与学生讨论：孩子的心事或烦恼	

维度	变量	变量解释
父母受教育程度、家庭经济情况	孩子父亲的受教育程度是	小学及以下 =1，初中 =2，高中 =3，大专及以上 =4
	孩子母亲的受教育程度是	
	您家里现在的经济条件如何	非常困难 =1，比较困难 =2，中等 =3，比较富裕 =4，很富裕 =5

注：表中 0、1 赋值的虚拟变量都经过重新赋值。

学校层面的控制变量主要包括教师和学校两个方面。在 2014~2015 学年的追踪调查中，选择班主任问卷 C 部分的 C4 题、C5 题、C6 题、C7 题、C8 题、C11 题、C12 题和教师问卷 B 部分 B4 题、B5 题、B6 题、B7 题、B8 题、B11 题、B12 题作为反映教师特征的变量；选择校领导问卷 A 部分 A1 题、A9 题的部分小题、A19 题以及 E 部分 E28 题的部分小题作为反映学校特征的变量。详见表 8。

表 8　学校层面控制变量及说明

维度	变量	变量解释
教师特征	您取得的最高学历是	大学专科 =1，成人本科 =2，大学本科 =3，研究生 =4
	您是否是师范类院校或者师范类专业毕业	不是 = 0，是 = 1
	您是否具有教师资格证	没有 = 0，有 = 1
	您是否接受过心理健康培训	没有 = 0，有 = 1
	您的教龄有多少年	0~35 年
	您在此学校是否属于事业编制	不是 = 0，是 = 1
	您目前在教学方面的职称是	没有职称 = 0，三级教师 = 1，二级教师 = 2，一级教师 = 3，高级教师 = 4
学校特征	贵校的学校性质属于	私立 = 0，公立 = 1
	为学生举办生活辅导（如情绪管理、亲子关系）讲座	没有 = 0，有 = 1
	学校是否有如下场馆——心理咨询室	没有 = 0，有 = 1
	学校是否有如下场馆——运动场	没有 = 0，有 = 1

<table>
<tr><td></td><td></td><td align="right">续表</td></tr>
<tr><td>维度</td><td>变量</td><td>变量解释</td></tr>
<tr><td>学校
特征</td><td>学校所在的地区类型是</td><td>中心城区学校 = 1
边缘城区学校 = 2
城乡接合部的学校 = 3
县城以外的镇上学校 = 4
农村学校 = 5</td></tr>
</table>

五　教师职业满意度与学生学业成就实证分析

（一）教师职业满意度与学生成绩固定效应模型分析

1. 学生成绩分析

　　每个学生各科目的原始成绩都有两次记录，分别在基线、追踪调查各记录一次。表 9 汇报了学生基线、追踪调查原始成绩的相关性矩阵和描述性统计。基线调查中三门核心科目原始成绩的相关系数在 0.64~0.73（$p<0.05$），追踪调查中三门核心科目原始成绩的相关系数在 0.68~0.73（$p<0.05$），两次调查的原始成绩有较强的相关性，意味着学生三门科目的原始成绩在基线和追踪调查中都具有较好的内部信度。基线和追踪调查对应科目原始成绩的相关系数在 0.71~0.75（$p<0.05$），较强的相关性表示两次调查原始成绩具有很强的重测可靠性。为了后续分析，学生原始成绩按照第四节第三部分介绍的方法进行转换，转换后学生成绩的单位不再是分，而是校内标准差。

表 9　学生基线、追踪调查原始成绩相关性矩阵和描述性统计

学生考试原始成绩		1	2	3	4	5	6
1	基线语文成绩	1					
2	基线数学成绩	0.64*	1				
3	基线英语成绩	0.73*	0.71*	1			

学生考试原始成绩		1	2	3	4	5	6
4	追踪语文成绩	0.74*	0.56*	0.64*	1		
5	追踪数学成绩	0.58*	0.71*	0.62*	0.69*	1	
6	追踪英语成绩	0.59*	0.61*	0.75*	0.68*	0.73*	1
均值		76.03	74.60	80.61	78.87	72.22	68.46
标准差		18.07	27.73	26.29	22.09	32.38	30.03
最小值		1	3	4	0	0	0
最大值		126	150	150	142.5	150	150

注：第 1~6 行表示皮尔逊相关系数 R；*$p<0.05$。

2. 教师职业满意度因子分析

因子分析的量化思路是提取公共因子，依据变量间的相关性对变量进行分组，将多个变量融合为一个或少数几个变量，同一组的变量相关性强，不同组的变量相关性弱。本文选取的教师职业满意度观测指标共 12 个（见表 2），其克朗巴哈（Cronbach）检验结果为 0.75，大于 0.7，这表明教师职业满意度观测指标通过内部一致性检验，具有较好的可靠性。

表 10 汇报了教师职业满意度 12 个观测指标的相关性矩阵和描述性统计。从教师职业满意度观测指标的相关性矩阵能够发现，许多指标的相关性都显著大于 0.3，可共享公共因子，符合进行因子分析的基础条件。为进一步确认观测指标是否适合因子分析，对观测指标进行 KMO 检验与巴特利（Bartlett）球形检验，其中 KMO 值为 0.773，大于 0.7；巴特利（Bartlett）球形检验的 p 值为 0.000，小于 0.05，拒绝原假设，表明教师职业满意度观测指标可以进行因子分析。

表 10　教师职业满意度 12 个观测指标的相关性矩阵和描述性统计

	X_1	X_2	X_3	X_4	X_5	X_6	X_7	X_8	X_9	X_{10}	X_{11}	X_{12}
X_1	1											
X_2	0.55*	1										

续表

	X_1	X_2	X_3	X_4	X_5	X_6	X_7	X_8	X_9	X_{10}	X_{11}	X_{12}
X_3	0.39*	0.38*	1									
X_4	0.31*	0.32*	0.68*	1								
X_5	0.29*	0.32*	0.34*	0.42*	1							
X_6	0.34*	0.35*	0.39*	0.35*	0.48*	1						
X_7	0.28*	0.31*	0.35*	0.36*	0.55*	0.52*	1					
X_8	0.10*	0.18*	0.28*	0.23*	0.19*	0.25*	0.32*	1				
X_9	0.08*	0.13*	0.08*	0.15*	0.10*	0.10*	0.20*	0.11*	1			
X_{10}	−0.01*	−0.02*	0.01	0.08*	−0.01	−0.03*	−0.06*	0.05*	0.34*	1		
X_{11}	0.02*	−0.05*	0.01	0.03*	0.00	−0.00	0.00	−0.02	0.30*	0.57*	1	
X_{12}	0.07*	−0.02	0.03	0.06*	0.03*	−0.02*	0.06*	0.01	0.30*	0.50*	0.47*	1
Mean	1.96	2.14	2.21	2.46	2.34	1.96	2.13	2.89	2.51	3.51	3.39	3.01
SD	0.64	0.79	0.88	0.85	0.86	0.85	0.97	0.99	1.02	0.81	0.88	0.79
Min	2	1	1	1	1	1	1	1	1	1	1	1
Max	5	5	5	5	5	5	5	5	5	5	5	5

注：第1~12行表示皮尔逊相关系数 R；*$p<0.05$；X_1~X_{12} 指标具体含义见表2。

表11汇报了以特征值大于1为标准，教师职业满意度因子载荷矩阵特征值、方差贡献率与累计贡献率。结果显示，在12个教师职业满意度观测指标中提取了3个特征值大于1的综合因子，它们能够解释12个原始观测变量近60%的数据信息。

表 11　教师职业满意度因子载荷矩阵特征值、方差贡献率与累计贡献率

因子	旋转前			旋转后		
	特征值	方差贡献率	累计贡献率	特征值	方差贡献率	累计贡献率
1	3.57	0.30	0.30	2.36	0.20	0.20
2	2.25	0.19	0.49	2.27	0.19	0.39
3	1.06	0.09	0.58	2.24	0.19	0.58

由于原始因子载荷结构并不清晰，因子含义不突出，难以对公共因子进行分类命名，本文采用方差极大化进行因子正交旋转，使因子载荷的平方向 1 和 0 靠拢，让教师职业满意度观测指标在相应的因子上产生较高载荷，从而得到结构清晰的因子载荷矩阵。详见表 12。

表 12　教师职业满意度因子载荷矩阵

观测指标	旋转前			旋转后		
	因子 1	因子 2	因子 3	因子 1	因子 2	因子 3
X_1	**0.61**	−0.06	**−0.57**	0.05	0.26	**0.84**
X_2	**0.64**	−0.12	−0.45	0.16	−0.03	**0.77**
X_3	**0.73**	−0.07	−0.15	0.42	0.04	**0.62**
X_4	**0.72**	0.01	−0.06	0.47	0.11	**0.53**
X_5	**0.69**	−0.08	0.23	**0.66**	0.01	0.32
X_6	**0.70**	−0.12	0.18	**0.63**	−0.03	0.36
X_7	**0.71**	−0.07	0.39	**0.78**	0.03	0.21
X_8	0.43	−0.02	**0.50**	**0.65**	0.04	−0.06
X_9	0.27	**0.54**	0.14	0.24	**0.58**	0.03
X_{10}	0.08	**0.83**	−0.03	−0.05	**0.84**	−0.01
X_{11}	0.07	**0.80**	−0.05	−0.06	**0.79**	0.00
X_{12}	0.12	**0.73**	−0.05	−0.02	**0.77**	0.04

根据表 12 因子正交旋转结果，再依据原始观测指标的含义，对公共因子进行归纳命名。详见表 13。

表 13　教师职业满意度公共因子命名

	较大载荷量	因子名称
F_1	X_5、X_6、X_7、X_8	非教学满意度
F_2	X_9、X_{10}、X_{11}、X_{12}	物质回报满意度
F_3	X_1、X_2、X_3、X_4	教学满意度

3. 教师职业满意度对学生成绩影响分析

经过学生基线成绩和追踪成绩的相关性分析、教师职业满意度因子分析后，便可基于学生固定效应模型分析教师职业满意度对学生成绩的影响。

（1）教师职业满意度与学生成绩关系分析样本描述

表 14 集中介绍了数据清理后学生和教师层面详细的描述性统计。经过整理，从中国教育追踪调查数据中抽取了 60 所学校、117 个班级、221 名教师、4678 名 7 年级学生。在学生层面，基线和追踪调查的学生校内标准化考试成绩均值为 0（SD=1）；有 10%~19% 的学生表示参加了语文、数学和英语三门核心课程的课外补习；90% 左右的学生表示三门核心课程对自己的未来发展很有帮助；62%~66% 的学生认为教师在课堂上经常与自己互动。在教师层面，女教师占比接近 75%；有 30.08% 的教师担任班主任职务；毕业于师范院校或专业的教师占 94.03%；有近 34% 的教师拥有本科及以上学历；接近 98% 的教师持有教师资格证；拥有事业编的教师大约占 65%；因教学成绩获得市级以上教学奖励的教师占 35.86%；教师平均教龄为 14.616年，最长为 39 年；教师额外承担班级数的均值为 1.036 个（SD=0.786）；仅 13.10% 的教师没有评过职称。在教师职业满意度层面，因进行过标准化处理，三个方面满意度均值均为 0，标准差均为 1。

表 14　教师职业满意度与学生成绩关系分析样本描述

变量名称（单位）	Mean	SD	Min	Max
学生层面				
追踪调查学生校内标准化考试成绩（标准差）	0	1	−6.194	2.935
基线调查学生校内标准化考试成绩（标准差）	0	1	−7.267	3.601
课外补习情况（%）参加 =1				
语文	10.47	—	0	1
数学	15.52	—	0	1
英语	18.47	—	0	1
学生对学科未来帮助的看法（%）有用 =1				
语文	92.27	—	0	1

续表

变量名称（单位）	Mean	SD	Min	Max
数学	89.70	—	0	1
英语	86.87	—	0	1
师生课堂互动（%）经常 =1				
语文	62.59	—	0	1
数学	62.44	—	0	1
英语	65.75	—	0	1
教师层面				
性别（%）女 =1	74.53	—	0	1
班主任（%）是 =1	30.08	—	0	1
师范院校或专业（%）是 =1	94.03	—	0	1
本科及以上学历（%）是 =1	33.77	—	0	1
教师资格证（%）有 =1	97.85	—	0	1
事业编（%）有 =1	64.67	—	0	1
获得市级以上教学奖励（%）是 =1	35.86	—	0	1
教龄（年）	14.616	8.431	0	39
额外承担班级数（个）	1.036	0.786	0	11
教师职称（%）				
没有职称	13.10			
三级教师	1.22			
二级教师	36.10			
一级教师	38.32			
高级教师	11.27			
教师职业满意度（标准差）				
非教学满意度	0	1	−3.866	2.622
物质回报满意度	0	1	−2.808	3.322
教学满意度	0	1	−3.678	2.286

注：学生基线、追踪成绩为语文、数学和英语的综合成绩，并进行了标准化转换。

（2）教师职业满意度对学生成绩影响（学生固定效应模型）的回归分析

表15展示了学生固定效应模型回归结果。其中，模型（1）是未添加任何学生或教师基线控制变量的简单模型；模型（2）是添加学生基线控制变量的回归模型；模型（3）是添加教师基线控制变量的回归模型；模型（4）是包含学生和教师基线控制变量的完整模型；模型（5）是以按成绩分班的学生为研究样本，对模型稳健性进行检验。

模型（1）的回归结果显示，教师非教学满意度越高，学生成绩越好，但不具有统计学意义；教师物质回报满意度正向影响学生成绩，每提升一个单位，学生成绩能够提升0.026个标准差（$p<0.01$）；教师教学满意度每提升一个单位，学生成绩下降0.019个标准差（$p<0.05$）。这样的结果并不意外，在未控制学生、教师层面的可观测变量时，模型估计结果往往存在偏差。

模型（2）和（3）分别加入了学生和教师基线控制变量，两个模型的结果均显示，仅物质回报满意度正向影响了学生成绩，物质回报满意度每提升一个单位，模型（2）中学生成绩就会提升0.021个标准差，模型（3）中学生成绩会提升0.023个标准差。而非教学满意度和教学满意度在两个模型中对学生成绩的影响均不显著。

模型（4）同时加入了学生和教师基线控制变量，结果显示，教师职业满意度对学生学习成绩的影响均为正，但非教学满意度对学生成绩的影响并不显著。参照前人研究结果，学生每个学年的正常学习时间为9个月，用学生成绩的标准差来衡量，每0.03个标准差相当于一个月的学习量（Kane & Staiger，2008）。在这样的判定标准下，本文物质回报满意度每提升一个单位，学生成绩就会提高0.026个标准差，相当于学生多学习了将近一个月；教学满意度每提升一个单位，学生成绩就会提高0.020个标准差，相当于学生多学习了20天。

模型（5）将样本限制在参加入学考试或分班考试的学生样本中。结果显示，物质回报满意度与教学满意度正向影响学生成绩，非教学满意度对学生成绩的影响不显著，说明模型具有稳健性。具体来看，物质回报满意度每提升一个单位，学生成绩能够提升 0.050 个标准差；教学满意度每提升一个单位，学生成绩能够提升 0.024 个标准差。结合模型（4）和模型（5）的回归结果，教师无论面对何种能力的学生，其职业满意度的提升均能有效提高学生成绩。

表 15　教师职业满意度对学生成绩的影响（学生固定效应模型）

因变量 学生追踪标准化考试成绩	模型（1）	模型（2）	模型（3）	模型（4）	模型（5）
教师职业满意度					
非教学满意度	0.011	0.013	−0.001	0.006	−0.003
	（0.009）	（0.008）	（0.007）	（0.009）	（0.011）
物质回报满意度	0.026**	0.021**	0.023**	0.026**	0.050***
	（0.009）	（0.008）	（0.007）	（0.008）	（0.011）
教学满意度	−0.019*	−0.010	0.006	0.020*	0.024*
	（0.008）	（0.008）	（0.007）	（0.009）	（0.012）
学生层面控制变量					
学生基线标准化考试成绩		0.347***		0.347***	0.384***
		（0.013）		（0.012）	（0.017）
课外补习情况		0.007		0.013	0.025
		（0.027）		（0.027）	（0.035）
学生对学科未来帮助的看法		0.352***		0.326***	0.328***
		（0.032）		（0.032）	（0.017）
师生课堂互动		0.141***		0.128***	0.146
		（0.023）		（0.023）	
教师层面控制变量					
性别			−0.008	−0.010	−0.044
			（0.016）	（0.019）	（0.025）
本科及以上学历			0.046**	0.065***	−0.036
			（0.016）	（0.018）	（0.023）

续表

因变量 学生追踪标准化考试成绩	模型（1）	模型（2）	模型（3）	模型（4）	模型（5）
额外承担班级数			−0.016	−0.021*	−0.019
			（0.009）	（0.010）	（0.012）
班主任			0.137***	0.142***	0.076**
			（0.018）	（0.020）	（0.027）
师范院校或专业			0.071*	0.062*	0.026
			（0.029）	（0.033）	（0.046）
教师资格证			−0.494***	−0.430***	−0.433***
			（0.049）	（0.056）	（0.076）
事业编			0.051**	0.069**	−0.009
			（0.018）	（0.020）	（0.027）
职称					
三级教师			−0.077	−0.266*	−0.153
			（0.084）	（0.095）	（0.106）
二级教师			0.016	0.031	0.101*
			（0.031）	（0.035）	（0.046）
一级教师			0.056	0.042	0.136*
			（0.035）	（0.040）	（0.051）
高级教师			0.074	0.070	0.160*
			（0.042）	（0.048）	（0.063）
获得市级以上教学奖励			0.063***	0.050**	0.013
			（0.016）	（0.018）	（0.025）
教龄			−0.009***	−0.009***	−0.009***
			（0.001）	（0.002）	（0.002）
常数项	0.015*	−0.407***	0.492***	0.029	0.091
	（0.006）	（0.031）	（0.057）	（0.073）	（0.099）

因变量 学生追踪标准化考试成绩	模型（1）	模型（2）	模型（3）	模型（4）	模型（5）
调整后 R^2	0.491	0.549	0.650	0.558	0.580
学生固定效应	是	是	是	是	是
样本量	13737	13737	13737	13737	7542

注：括号内为标准误；$^*p<0.05$，$^{**}p<0.01$，$^{***}p<0.001$。

4. 学生固定效应交互模型分析

表16报告了教师职业满意度与学生背景变量交互回归分析结果。其中，学生背景变量包括学生户口性质、是否留守学生、是否独生子女、是否住校学生这几个方面。从交互效应来看，模型（6）~模型（9）均存在显著的部分，其中模型（6）的结果表明教师非教学满意度和物质回报满意度对外县学生学习成绩的影响比本县学生分别高出0.058个标准差和0.065个标准差；模型（7）的结果表明教师教学满意度对留守学生学习成绩的影响比非留守学生高出0.075个标准差；模型（8）的结果表明教师物质回报满意度对非独生子女学生成绩的影响比独生子女学生高出0.060个标准差；模型（9）的结果表明教师非教学满意度对住校学生学习成绩的影响比非住校生高出了0.035个标准差。主效应虽然不显著居多，但系数多为正，综合全部回归结果来看，教师职业满意度对弱势背景学生学习成绩的积极影响相较于优势背景学生来说更大，教师职业满意度提升，弱势背景学生学习成绩提高更明显。

表16　教师职业满意度与学生背景变量交互回归分析结果（学生固定效应模型）

因变量 学生追踪标准化考试成绩	模型（6）	模型（7）	模型（8）	模型（9）
主效应				
非教学满意度	−0.003	0.004	−0.002	−0.011
	（0.009）	（0.011）	（0.010）	（0.011）

续表

因变量 学生追踪标准化考试成绩	模型（6）	模型（7）	模型（8）	模型（9）
物质回报满意度	0.017	0.018	0.004	0.046***
	（0.009）	（0.011）	（0.010）	（0.011）
教学满意度	0.016	0.005	0.011	0.029**
	（0.009）	（0.010）	（0.011）	（0.011）
交互效应				
学生户口性质 × 非教学 满意度（本县 =0）	0.058*			
	（0.025）			
学生户口性质 × 物质回报 满意度（本县 =0）	0.065*			
	（0.026）			
学生户口性质 × 教学 满意度（本县 =0）	−0.012			
	（0.026）			
留守学生 × 非教学 满意度（不是 =0）		−0.002		
		（0.023）		
留守学生 × 物质回报 满意度（不是 =0）		0.011		
		（0.023）		
留守学生 × 教学 满意度（不是 =0）		0.075**		
		（0.025）		
独生子女 × 非教学 满意度（不是 =0）			0.026	
			（0.018）	
独生子女 × 物质回报 满意度（不是 =0）			0.060***	
			（0.017）	
独生子女 × 教学 满意度（不是 =0）			0.023	
			（0.016）	
住校学生 × 非教学 满意度（不是 =0）				0.035*
				（0.017）

续表

因变量 学生追踪标准化考试成绩	模型（6）	模型（7）	模型（8）	模型（9）
住校学生 × 物质回报 满意度（不是 =0）				−0.057
				（0.017）
住校学生 × 教学 满意度（不是 =0）				−0.020
				（0.017）
常数项	0.030	0.065	0.027*	−0.002
	（0.074）	（0.079）	（0.073）	（0.073）
调整后 R^2	0.557	0.549	0.559	0.559
学生层面基线控制变量	是	是	是	是
教师层面基线控制变量	是	是	是	是
学生固定效应	是	是	是	是
样本量	13456	10974	13737	13737

注：括号内为标准误；*$p<0.05$，**$p<0.01$，***$p<0.001$。

（二）教师职业满意度与学生非认知能力、身心健康多元回归模型分析

1. 追踪调查教师职业满意度因子分析

基线和追踪调查所采用的教师职业满意度问卷虽然是一致的，但分析教师职业满意度对学生非认知能力和身心健康影响采用的数据为 2014~2015 学年追踪调查的横截面数据，因此需要根据追踪调查的数据重新计算教师职业满意度。先对追踪调查教师职业满意度观测指标进行克朗巴哈（Cronbach）检验，检验结果为 0.77，大于 0.7，说明追踪调查中教师职业满意度观测指标有较好的内部一致性。

表 17 汇报了追踪调查教师职业满意度 12 个观测指标的相关性矩阵和描述性统计。许多指标间的相关性显著大于 0.3，具备共享因子的可能。对观测指标进行 KMO 检验与巴特利（Bartlett）球形检验，其中 KMO

值为 0.78，大于 0.7；巴特利（Bartlett）球形检验的 p 值为 0.000，小于 0.05，拒绝原假设，表明追踪调查中教师职业满意度观测指标适合进行因子分析。

表 17 追踪调查教师职业满意度 12 个观测指标的相关性矩阵和描述性统计

	X_1	X_2	X_3	X_4	X_5	X_6	X_7	X_8	X_9	X_{10}	X_{11}	X_{12}
X_1	1											
X_2	0.50*	1										
X_3	0.45*	0.22*	1									
X_4	0.33*	0.17*	0.74*	1								
X_5	0.35*	0.22*	0.55*	0.46*	1							
X_6	0.48*	0.25*	0.46*	0.42*	0.47*	1						
X_7	0.30*	0.22*	0.58*	0.46*	0.62*	0.47*	1					
X_8	0.22*	0.18*	0.44*	0.39*	0.42*	0.33*	0.47*	1				
X_9	0.02	0.02	0.21*	0.40*	0.07*	0.06*	0.15*	0.21*	1			
X_{10}	−0.04*	−0.09*	0.09*	0.19*	−0.04	0.05*	−0.03*	0.10*	0.48*	1		
X_{11}	−0.08*	−0.04	−0.09*	0.05*	−0.11*	−0.11*	−0.08*	−0.05	0.37*	0.48*	1	
X_{12}	0.16*	−0.06	0.14*	0.16*	0.11*	−0.13*	0.15*	0.07	0.21*	0.37*	0.45*	1
Mean	2.16	2.15	2.47	2.56	2.50	2.14	2.43	2.86	2.65	3.40	3.53	3.00
SD	0.84	0.77	0.98	0.94	0.89	0.80	0.98	1.12	0.93	0.87	0.82	0.79
Min	1	1	1	1	1	1	1	1	1	1	1	1
Max	5	5	5	5	5	5	5	5	5	5	5	5

注：第 1~12 行表示皮尔逊相关系数 R；*$p<0.05$；X_1~X_{12} 指标具体含义见表 2。

表 18 汇报了以特征值大于 1 为标准，对 12 个教师职业满意度观测指标提取公共因子的结果。共提取了 3 个公共因子，且解释原始变量信息的 62%，符合累计贡献率最低要求。

表 18 追踪调查教师职业满意度因子载荷矩阵特征值、方差贡献率与累计贡献率

因子	旋转前			旋转后		
	特征值	方差贡献率	累计贡献率	特征值	方差贡献率	累计贡献率
1	4.01	0.33	0.33	3.48	0.29	0.20
2	2.21	0.19	0.52	2.23	0.19	0.38
3	1.20	0.10	0.62	1.70	0.14	0.62

随后采用方差极大化进行因子正交旋转，调整因子载荷结构，便于对公共因子归类命名。因子旋转结果详见表 19，公共因子命名详见表 20。

表 19 追踪调查教师职业满意度因子载荷矩阵

观测指标	旋转前			旋转后		
	因子 1	因子 2	因子 3	因子 1	因子 2	因子 3
X_1	**0.61**	−0.21	**0.56**	0.32	−0.01	**0.79**
X_2	0.41	−0.21	**0.64**	0.10	−0.02	**0.78**
X_3	**0.83**	−0.05	−0.18	**0.82**	0.05	0.21
X_4	**0.77**	0.15	−0.23	**0.78**	0.22	0.08
X_5	**0.74**	−0.20	−0.13	**0.73**	−0.09	0.23
X_6	**0.69**	−0.16	0.13	**0.57**	−0.02	0.43
X_7	**0.76**	−0.11	−0.19	**0.77**	−0.02	0.17
X_8	**0.62**	−0.00	−0.28	**0.68**	0.04	0.01
X_9	0.32	**0.65**	−0.21	0.34	**0.65**	−0.20
X_{10}	0.17	**0.79**	−0.03	0.11	**0.79**	−0.14
X_{11}	−0.01	**0.80**	0.24	−0.17	**0.81**	0.02
X_{12}	0.27	**0.58**	0.38	0.04	**0.67**	0.32

表 20 追踪调查教师职业满意度公共因子命名

	较大载荷量	因子名称
F_4	X_3、X_4、X_5、X_6、X_7、X_8	非教学满意度
F_5	X_9、X_{10}、X_{11}、X_{12}	物质回报满意度
F_6	X_1、X_2	教学满意度

2. 学生非认知能力因子分析

首先对学生非认知能力的观测指标进行克朗巴哈（Cronbach）检验，检验结果为 0.83，大于 0.7，表明学生非认知能力指标有很好的内部一致性，问卷具有较强的信度。

表 21 汇报了学生非认知能力 15 个观测指标的相关性矩阵和描述性统计。从相关矩阵结果来看，不能判断指标是否适合进行因子分析，要通过 KMO 检验与巴特利（Bartlett）球形检验来验证学生非认知能力观测指标是否适合进行因子分析。其中，KMO 检验的结果为 0.83，大于 0.7；巴特利（Bartlett）球形检验的 p 值为 0.000，小于 0.05，拒绝原假设，表明学生非认知能力观测指标间存在较强的相关性，适合进行因子分析。

表 21　学生非认知能力 15 个观测指标的相关性矩阵和描述性统计

	Y_1	Y_2	Y_3	Y_4	Y_5	Y_6	Y_7	Y_8	Y_9	Y_{10}	Y_{11}	Y_{12}	Y_{13}	Y_{14}	Y_{15}
Y_1	1														
Y_2	0.37*	1													
Y_3	0.49*	0.49*	1												
Y_4	0.14*	0.12*	0.15*	1											
Y_5	0.20*	0.20*	0.23*	0.53*	1										
Y_6	0.20*	0.21*	0.24*	0.48*	0.75*	1									
Y_7	0.17*	0.20*	0.17*	0.36*	0.41*	0.46*	1								
Y_8	0.21*	0.18*	0.20*	0.17*	0.22*	0.24*	0.17*	1							
Y_9	0.24*	0.20*	0.23*	0.20*	0.25*	0.27*	0.21*	0.64*	1						
Y_{10}	0.19*	0.22*	0.22*	0.12*	0.21*	0.23*	0.21*	0.37*	0.51*	1					
Y_{11}	0.21*	0.27*	0.26*	0.14*	0.25*	0.28*	0.26*	0.35*	0.47*	0.58*	1				
Y_{12}	0.16*	0.18*	0.18*	0.11*	0.16*	0.19*	0.13*	0.16*	0.19*	0.18*	0.17*	1			
Y_{13}	0.18*	0.21*	0.18*	0.09*	0.15*	0.18*	0.13*	0.13*	0.16*	0.20*	0.20*	0.69*	1		
Y_{14}	0.19*	0.21*	0.20*	0.11*	0.18*	0.20*	0.11*	0.14*	0.18*	0.19*	0.21*	0.61*	0.72*	1	
Y_{15}	0.11*	0.15*	0.11*	0.08*	0.11*	0.13*	0.12*	0.12*	0.13*	0.13*	0.16*	0.50*	0.55*	0.53*	1

续表

	Y_1	Y_2	Y_3	Y_4	Y_5	Y_6	Y_7	Y_8	Y_9	Y_{10}	Y_{11}	Y_{12}	Y_{13}	Y_{14}	Y_{15}
Mean	3.31	2.85	2.95	3.26	3.12	3.10	3.33	3.31	3.27	2.89	2.93	3.26	3.18	3.09	3.35
SD	0.76	0.96	0.90	0.92	0.86	0.86	0.81	0.80	0.76	0.85	0.82	0.76	0.74	0.76	0.72
Min	1	1	1	1	1	1	1	1	1	1	1	1	1	1	1
Max	4	4	4	4	4	4	4	4	4	4	4	4	4	4	4

注：第 1~15 行表示皮尔逊相关系数 R；$^*p<0.05$；Y_1~Y_{15} 指标具体含义见表5。

表 22 汇报了以特征值大于 1 为标准，提取学生非认知能力观测指标公共因子的结果。共提取了 4 个公共因子，总共解释了 15 个原始观测指标信息的 65%，符合累计贡献率最低要求。

表 22 学生非认知能力因子载荷矩阵特征值、方差贡献率与累计贡献率

因子	旋转前			旋转后		
	特征值	方差贡献率	累计贡献率	特征值	方差贡献率	累计贡献率
1	4.51	0.30	0.30	2.83	0.19	0.19
2	2.20	0.15	0.45	2.52	0.17	0.36
3	1.64	0.11	0.56	2.44	0.16	0.42
4	1.36	0.09	0.65	1.91	0.13	0.65

表 23 汇报了正交旋转前后的因子载荷情况，旋转前因子载荷结构存在重叠，难以对公共因子归类命名，旋转后因子载荷具备清晰的结构，可据此对公共因子进行命名，具体命名情况见表24。

表 23 学生非认知能力因子载荷矩阵

观测指标	旋转前				旋转后			
	因子 1	因子 2	因子 3	因子 4	因子 1	因子 2	因子 3	因子 4
Y_1	0.48	0.09	−0.17	**0.57**	0.09	0.11	0.13	**0.75**
Y_2	**0.51**	0.04	−0.16	**0.56**	0.15	0.11	0.13	**0.74**
Y_3	**0.52**	0.11	−0.17	**0.63**	0.09	0.13	0.13	**0.82**

续表

观测指标	旋转前				旋转后			
	因子1	因子2	因子3	因子4	因子1	因子2	因子3	因子4
Y_4	0.45	0.34	**0.50**	−0.08	0.04	**0.75**	0.05	0.03
Y_5	**0.60**	0.38	**0.50**	−0.05	0.08	**0.85**	0.12	0.12
Y_6	**0.62**	0.36	0.47	−0.06	0.12	**0.83**	0.16	0.12
Y_7	**0.50**	0.30	0.33	−0.04	0.07	**0.64**	0.15	0.11
Y_8	**0.52**	0.24	−0.40	−0.30	0.06	0.13	0.74	0.08
Y_9	**0.60**	0.25	−0.43	−0.31	0.09	0.15	**0.82**	0.10
Y_{10}	**0.57**	0.17	−0.44	−0.26	0.12	0.08	**0.76**	0.13
Y_{11}	**0.60**	0.18	−0.37	−0.19	0.14	0.15	**0.71**	0.19
Y_{12}	**0.57**	**−0.60**	0.10	−0.08	**0.82**	0.09	0.10	0.07
Y_{13}	**0.59**	**−0.66**	0.10	−0.05	**0.88**	0.06	0.08	0.10
Y_{14}	**0.59**	**−0.61**	0.11	−0.04	**0.84**	0.08	0.09	0.12
Y_{15}	0.47	**−0.58**	0.11	−0.10	**0.76**	0.05	0.06	0.02

表24　学生非认知能力公共因子命名

	较大载荷量	因子名称
F_7	Y_{12}、Y_{13}、Y_{14}、Y_{15}	新事物学习能力
F_8	Y_4、Y_5、Y_6、Y_7	自我规制能力
F_9	Y_9、Y_{10}、Y_{11}	遇事判断能力
F_{10}	Y_1、Y_2、Y_3	人际交往能力

3.学生身心健康因子分析

首先要检验学生身心健康观察指标的信度，克朗巴哈（Cronbach）检验结果为0.9，大于0.7，说明学生身心健康问卷的指标具有较好的内部一致性，问卷有较高的信度。

表25给出了学生身心健康11个观测指标的相关性矩阵和描述性统计。

从相关矩阵来看，大部分指标的相关系数显著高于 0.3，具备共享因子的可能。此外，KMO 检验结果为 0.92，大于 0.7；巴特利（Bartlett）球形检验的 p 值为 0.000，小于 0.05，拒绝原假设，表明学生身心健康观测指标间存在较强的相关性，适合进行因子分析。

表 25　学生身心健康 11 个观测指标的相关性矩阵和描述性统计

	Z_1	Z_2	Z_3	Z_4	Z_5	Z_6	Z_7	Z_8	Z_9	Z_{10}	Z_{11}
Z_1	1										
Z_2	0.33*	1									
Z_3	0.23*	0.16*	1								
Z_4	0.24*	0.14*	0.69*	1							
Z_5	0.27*	0.16*	0.70*	0.66*	1						
Z_6	0.25*	0.13*	0.57*	0.60*	0.66*	1					
Z_7	0.25*	0.14*	0.57*	0.64*	0.66*	0.68*	1				
Z_8	0.23*	0.15*	0.67*	0.62*	0.72*	0.63*	0.63*	1			
Z_9	0.17*	0.13*	0.47*	0.44*	0.47*	0.40*	0.46*	0.51*	1		
Z_{10}	0.18*	0.12*	0.49*	0.48*	0.47*	0.48*	0.48*	0.54*	0.65*	1	
Z_{11}	0.20*	0.14*	0.47*	0.45*	0.48*	0.45*	0.47*	0.49*	0.53*	0.59*	1
Mean	3.86	2.03	3.69	3.79	3.70	4.10	3.87	3.88	3.64	3.97	3.69
SD	0.93	0.45	1.05	1.09	1.07	1.09	1.07	1.06	1.06	1.09	1.19
Min	1	1	1	1	1	1	1	1	1	1	1
Max	5	5	5	5	5	5	5	5	5	5	5

注：第 1~15 行表示皮尔逊相关系数 R；* $p<0.05$；Z_1~Z_{11} 指标具体含义见表 6。

表 26 汇报了以特征值大于 1 为标准，提取学生身心健康观测指标公共因子的结果。具体来看，共提取了 2 个公共因子，并解释了 11 个原始观测指标 62% 的信息，2 个公共因子较好地代表了原始观测变量。

表 27 展示了正交旋转前后的因子载荷结构，旋转前的结构已经非常清

晰，旋转后也并未发生变化，表明学生身心健康因子载荷结构稳定，可直接对公共因子进行归类命名，具体命名情况详见表28。

表26　学生身心健康因子载荷矩阵特征值、方差贡献率与累计贡献率

因子	旋转前			旋转后		
	特征值	方差贡献率	累计贡献率	特征值	方差贡献率	累计贡献率
1	5.62	0.51	0.51	5.39	0.49	0.49
2	1.19	0.11	0.62	1.41	0.12	0.62

表27　学生身心健康因子载荷矩阵

观测指标	旋转前		旋转后	
	因子1	因子2	因子1	因子2
Z_1	0.36	**0.71**	0.19	**0.77**
Z_2	0.24	**0.79**	0.06	**0.83**
Z_3	**0.81**	−0.03	**0.79**	0.15
Z_4	**0.80**	−0.04	**0.79**	0.14
Z_5	**0.84**	−0.02	**0.82**	0.17
Z_6	**0.79**	−0.04	**0.78**	0.13
Z_7	**0.80**	−0.04	**0.79**	0.14
Z_8	**0.83**	−0.07	**0.83**	0.11
Z_9	**0.69**	−0.12	**0.70**	0.03
Z_{10}	**0.73**	−0.15	**0.74**	0.01
Z_{11}	**0.69**	−0.08	**0.69**	0.07

表28　学生身心健康公共因子命名

	较大载荷量	因子名称
F_{11}	Z_3、Z_4、Z_5、Z_6、Z_7、Z_8、Z_9、Z_{10}、Z_{11}	心理健康
F_{12}	Z_1、Z_2	身体健康

4. 教师职业满意度对学生非认知能力、身心健康影响分析

（1）教师职业满意度与学生非认知能力、身心健康关系分析样本描述

表 29 汇总了 2014~2015 学年追踪调查的学生层面、教师层面以及学校层面变量的相关信息。数据库包含了 101 所学校、198 个班级、175 名教师、5987 名学生。

在学生层面，农村户口学生稍微多于城市户口学生，占 51.70%；非独生子女学生占总体学生的 55.05%；每周进行身体锻炼的均值为 3.39 天（SD=1.94）。学生父母婚姻、生活关系情况总体较好，其中父母离异的学生占 6.28%，父母关系不好的学生占 10.24%，父母经常吵架的学生占 9.79%。父母和学生沟通情况并不乐观，其中 33.41% 的父母很少与学生讨论学校发生的事；31.37% 的父母较少与孩子讨论其与朋友的关系；36.50% 的父母不关注孩子与老师的关系；34.54% 的父母很少关心孩子的烦心事。父亲受教育程度均值为 2.42 分（SD=0.94）；母亲的受教育程度均值为 2.28 分（SD=0.98）；家庭经济条件均值为 2.83 分（SD=0.59）。此外，学生非认知能力和身心健康指标因进行过标准化处理，故所有指标的均值为 0，标准差为 1。

在教师层面，教师受教育程度均值为 2.36 分（SD=0.69）；87.42% 的教师是师范院校或专业毕业；96.88% 的教师持有对应学科的教师资格证；89.24% 的教师拥有事业编；25.76% 的教师未接受过学生心理健康培训；教师平均教龄为 15.92 年（SD=9.17）；仅 5.48% 的教师未评职称。在教师职业满意度上，因经过了标准化处理，所有指标的均值都为 0，标准差为 1。

在学校层面，公办学校占绝大部分，占比高达 95.47%；80.56% 的学校为学生举办了生活辅导讲座；87.31% 的学校配备了心理咨询室；98.25% 的学校拥有运动场。学校所处位置占比最高的是中心城区（50.19%），最低为边缘城区（6.73%）。

表 29　教师职业满意度与学生非认知能力、身心健康关系分析样本描述

变量名称（单位）	均值	标准差	最小值	最大值
学生层面				
户口类型（%）农村 =1	51.70	——	0	1
独生子女（%）不是 =1	55.05	——	0	1
每周锻炼天数（天）	3.39	1.94	0	7
父母婚姻状况（%）离婚 =1	6.28	——	0	1
父母关系（%）不好 =1	10.24	——	0	1
父母经常吵架（%）是 =1	9.79	——	0	1
父母与孩子经常讨论（%）不是 =1				
学校发生的事	33.41	——	0	1
孩子与朋友关系	31.37	——	0	1
孩子与老师关系	36.50	——	0	1
孩子的烦心事	34.54	——	0	1
父亲受教育程度（分）	2.42	0.94	1	4
母亲受教育程度（分）	2.28	0.98	1	4
家庭经济条件（分）	2.83	0.59	1	5
学生非认知能力（标准差）				
新事物学习能力	0	1	−4.02	2.07
自我规制能力	0	1	−3.84	2.07
遇事判断能力	0	1	−4.13	2.51
人际交往能力	0	1	−3.68	2.72
学生身心健康（标准差）				
心理健康	0	1	−3.78	1.94
身体健康	0	1	−3.56	2.66
教师层面				
受教育程度（分）	2.36	0.69	1	4
师范院校或专业（%）是 =1	87.42	——	0	1

续表

变量名称（单位）	均值	标准差	最小值	最大值
教师资格证（%）有 =1	96.88	—	0	1
事业编（%）有 =1	89.24	—	0	1
学生心理健康培训（%）未接受 =1	25.76	—	0	1
教龄（年）	15.92	9.17	1	50
教师职称（%）				
没有职称	5.48			
三级教师	3.44			
二级教师	32.30			
一级教师	40.59			
高级教师	18.19			
教师职业满意度（分）				
非教学满意度	0	1	−2.08	3.56
物质回报满意度	0	1	−2.52	2.63
教学满意度	0	1	−2.13	2.87
学校层面				
办学性质（%）公办 =1	95.47	—	0	1
举办生活辅导讲座（%）有 =1	80.56	—	0	1
心理咨询室（%）有 =1	87.31	—	0	1
运动场（%）有 =1	98.25	—	0	1
学校所在的地区（%）				
中心城区	50.19			
边缘城区	6.73			
城乡接合部	10.94			
县城以外的镇	12.48			
农村	19.66			

（2）教师职业满意度对学生非认知能力、身心健康影响的多元回归模型分析

表30汇报了教师职业满意度对学生非认知能力、身心健康影响的多元回归结果。具体来讲，模型（11）~模型（15）分别为教师职业满意度与学生新事物学习能力、自我规制能力、遇事判断能力、人际交往能力、心理健康和身体健康的回归结果，每个模型均含有学生、教师和学校层面控制变量。

在教师职业满意度对学生非认知能力影响方面，从产生影响的方向来看，教师职业满意度能够有效提升学生非认知能力；但从影响的显著性来看，教师职业满意度对学生非认知能力的提升效果并不算明显。具体来看，模型（10）显示，控制了学生、教师和学校层面的变量后，教师教学满意度每提升一个单位，学生的新事物学习能力会提升0.025个标准差，而非教学满意度和物质回报满意度对学生的影响不具备统计学意义。模型（11）显示，控制了学生、教师和学校层面的变量后，教师非教学满意度每提升一个单位，学生自我规制能力会提升0.025个标准差，而物质回报满意度和教学满意度并不会对学生的自我规制能力产生显著影响。模型（12）显示，控制了学生、教师和学校层面的变量后，教师物质回报满意度每提升一个单位，学生遇事判断能力会提升0.041个标准差，而非教学满意度与教学满意度并不会影响学生的遇事判断能力。模型（13）显示，控制了学生、教师和学校层面的变量后，教师职业满意度并不会对学生人际交往能力产生任何影响。

在教师职业满意度对学生身心健康影响方面，从影响的方向来判断，教师职业满意度正向影响学生身心健康，但根据显著性来判断，教师职业满意度对学生身心健康的影响效果较为一般。具体来看，模型（14）显示，控制学生、教师和学校层面的变量后，物质回报满意度每提升一个单位，学生的心理健康能够提升0.002个标准差，非教学满意度和教学满意度对学生心理健康的影响虽为正，但不显著。模型（15）显示，控制学生、教师和学校层面的变量后，教师教学满意度每提升一个单位，学生身体健康会提升0.024个标准差，而非教学满意度与物质回报满意度对学生的身体健康产生的影响并不显著。

表 30 教师职业满意度对学生非认知能力、身心健康影响的多元回归结果

因变量 学生非认知能力、 身心健康	模型（10） 新事物学 习能力	模型（11） 自我规制 能力	模型（12） 遇事判断 能力	模型（13） 人际交往 能力	模型（14） 心理健康	模型（15） 身体健康
自变量						
非教学满意度	−0.002	0.025*	0.003	−0.008	0.017	−0.023
	（0.013）	（0.014）	（0.014）	（0.014）	（0.014）	（0.014）
物质回报满意度	−0.006	0.009	0.041***	0.017	0.002*	0.008
	（0.013）	（0.014）	（0.014）	（0.014）	（0.014）	（0.014）
教学满意度	0.025*	0.009	0.001	0.002	0.002	0.024*
	（0.013）	（0.014）	（0.014）	（0.014）	（0.014）	（0.014）
学生层面控制变量	含	含	含	含	含	含
教师层面控制变量	含	含	含	含	含	含
学校层面控制变量	含	含	含	含	含	含
常数项	0.038	0.380**	0.094	−0.439**	−0.173	−0.313*
	（0.165）	（0.175）	（0.176）	（0.171）	（0.172）	（0.174）
样本量	5,987	5,987	5,987	5,987	5,987	5,987
调整后 R^2	0.134	0.025	0.021	0.069	0.066	0.038

注：括号内为标准误；*$p<0.05$，**$p<0.01$，***$p<0.001$。

（3）学生非认知能力、身心健康交互模型分析

本文在模型中加入了学生户口类型、是否独生子女、是否留守学生与教师职业满意度的交互项，以分析教师职业满意度对不同背景学生非认知能力、身心健康影响的异质性。其中，主效应表示教师职业满意度对城市学生、独生子女、非留守学生这些优势背景学生非认知能力和身心健康产生影响，交互效应则表示教师职业满意度对不同背景学生非认知能力、身心健康的影响是否存在显著差异。

表 31 汇报了教师职业满意度与学生户口类型交互回归结果。从主效应来看，回归系数为正较多，表明教师职业满意度对城市学生的积极影响稍大于整体学生。从交互效应的结果来看，模型（16）显示，教师非教学满

意度对城市学生和农村学生新事物认知能力之间存在显著的差异，对农村学生的影响比城市学生高出 0.068 个标准差，物质回报满意度和教学满意度对城市和农村学生的新事物认知能力影响不存在显著差异；模型（19）显示，教师非教学满意度对学生人际交往能力存在户口类型间的差异，对农村学生的影响相较于城市学生来说低了 0.081 个标准差；其他方面的交互效应均不显著，表明教师职业满意度对学生自我规制能力、遇事判断能力和身心健康的影响不会因学生户口类型的不同而产生差异。

表 31　教师职业满意度与学生户口类型交互回归结果

因变量	模型（16）新事物学习能力	模型（17）自我规制能力	模型（18）遇事判断能力	模型（19）人际交往能力	模型（20）心理健康	模型（21）身体健康
主效应						
非教学满意度	−0.042	−0.029	−0.001	0.042**	0.034	−0.023
	（0.020）	（0.022）	（0.022）	（0.021）	（0.021）	（0.021）
物质回报满意度	−0.022	0.021	0.048*	0.025	0.003	0.008
	（0.018）	（0.019）	（0.019）	（0.019）	（0.019）	（0.019）
教学满意度	0.023	0.021	0.006	−0.017	−0.012	0.025
	（0.018）	（0.019）	（0.019）	（0.019）	（0.019）	（0.019）
交互效应						
学生户口类型 × 非教学满意度	0.068**	0.005	0.007	−0.081***	−0.026	−0.000
	（0.026）	（0.027）	（0.027）	（0.027）	（0.027）	（0.027）
学生户口类型 × 物质回报满意度	0.031	−0.023	−0.013	−0.016	−0.001	−0.000
	（0.025）	（0.026）	（0.026）	（0.026）	（0.026）	（0.026）
学生户口类型 × 教学满意度	0.009	−0.023	−0.009	0.035	0.027	−0.002
	（0.025）	（0.027）	（0.027）	（0.026）	（0.026）	（0.026）
常数项	0.044	0.368	0.088	−0.430**	−0.167	−0.314*
	（0.165）	（0.176）	（0.176）	（0.171）	（0.172）	（0.174）
调整后 R^2	0.14	0.03	0.02	0.07	0.07	0.04

续表

因变量	模型（16）新事物学习能力	模型（17）自我规制能力	模型（18）遇事判断能力	模型（19）人际交往能力	模型（20）心理健康	模型（21）身体健康
学生层面控制变量	是	是	是	是	是	是
教师层面控制变量	是	是	是	是	是	是
学校层面控制变量	是	是	是	是	是	是
样本量	5987	5987	5987	5987	5987	5987

注：括号内为标准误；$^*p<0.05$，$^{**}p<0.01$，$^{***}p<0.001$。

表32汇报了教师职业满意度与独生子女交互回归结果。从主效应来看，为正的回归系数略多于为负的回归系数，这表明教师职业满意度对独生子女的影响稍高于对整体学生的影响。从交互效应来看，模型（21）显示，教师非教学满意度对独生子女学生和非独生子女学生的新事物学习能力的影响存在显著差异，对非独生子女学生的影响比独生子女的影响高出0.058个标准差；模型（24）结果表明，教师教学满意度对独生子女学生和非独生子女学生的人际交往能力存在显著差异，对非独生子女学生的影响比独生子女学生的影响高出0.060个标准差；模型（26）显示，教师非教学满意度对学生身体健康的影响在独生子女和非独生子女之间存在显著差异，非独生子女学生的影响相较于独生子女学生来说，低了0.047个标准差。其他方面的交互效应均不显著，表明教师职业满意度对学生自我规制能力、遇事判断能力以及心理健康的影响在非独生子女和独生子女间不存在显著差异。

表32 教师职业满意度与独生子女交互回归结果

因变量	模型（21）新事物学习能力	模型（22）自我规制能力	模型（23）遇事判断能力	模型（24）人际交往能力	模型（25）心理健康	模型（26）身体健康
主效应						
非教学满意度	−0.039	−0.054*	0.010	0.022	0.029	0.004
	（0.021）	（0.023）	（0.023）	（0.022）	（0.022）	（0.022）

续表

因变量	模型（21）新事物学习能力	模型（22）自我规制能力	模型（23）遇事判断能力	模型（24）人际交往能力	模型（25）心理健康	模型（26）身体健康
物质回报满意度	−0.016	0.027	0.052***	0.029	−0.004	0.009
	（0.018）	（0.019）	（0.020）	（0.019）	（0.019）	（0.019）
教学满意度	0.032*	0.027	−0.007	−0.031	−0.009	0.039**
	（0.019）	（0.020）	（0.020）	（0.019）	（0.019）	（0.020）
交互效应						
独生子女 × 非教学满意度	0.058*	0.043	−0.009	−0.041	−0.017	−0.047*
	（0.026）	（0.027）	（0.028）	（0.027）	（0.027）	（0.027）
独生子女 × 物质回报满意度	0.020	−0.034	−0.020	−0.023	0.012	−0.001
	（0.025）	（0.026）	（0.026）	（0.026）	（0.026）	（0.026）
独生子女 × 教学满意度	−0.008	−0.029	0.016	0.060**	0.018	−0.034
	（0.025）	（0.026）	（0.027）	（0.026）	（0.026）	（0.026）
常数项	0.040	0.370**	0.088	−0.445**	−0.169	−0.315*
	（0.165）	（0.175）	（0.176）	（0.171）	（0.172）	（0.174）
调整后 R^2	0.13	0.03	0.02	0.07	0.07	0.04
学生层面控制变量	是	是	是	是	是	是
教师层面控制变量	是	是	是	是	是	是
学校层面控制变量	是	是	是	是	是	是
样本量	5987	5987	5987	5987	5987	5987

注：括号内为标准误；*$p<0.05$，**$p<0.01$，***$p<0.001$。

表33汇报了教师职业满意度与留守学生交互回归结果。从主效应来看，回归系数为负的结果略多于为正的结果，表明教师职业满意度对非留守学生非认知能力、身心健康的影响略小于整体学生。从交互效应来看，没有任何系数显著，这意味着教师职业满意度对学生非认知能力和身心健康的影响在留守和非留守学生间并不存在差异。

表 33 教师职业满意度与留守学生交互回归结果

因变量	模型（27）新事物学习能力	模型（28）自我规制能力	模型（29）遇事判断能力	模型（30）人际交往能力	模型（31）心理健康	模型（32）身体健康
主效应						
非教学满意度	0.019	−0.063*	0.028	−0.012	0.010	−0.031
	（0.028）	（0.029）	（0.029）	（0.028）	（0.029）	（0.029）
物质回报满意度	−0.003	0.011	0.035	−0.007	−0.016	0.023
	（0.029）	（0.031）	（0.031）	（0.030）	（0.030）	（0.031）
教学满意度	0.024	−0.004	−0.008	−0.007	−0.001	0.029
	（0.030）	（0.032）	（0.032）	（0.031）	（0.031）	（0.031）
交互效应						
留守学生 × 非教学满意度	−0.025	0.052	−0.029	0.009	0.009	0.012
	（0.030）	（0.032）	（0.032）	（0.031）	（0.031）	（0.032）
留守学生 × 物质回报满意度	−0.012	−0.001	0.007	0.030	0.021	−0.018
	（0.032）	（0.033）	（0.034）	（0.033）	（0.033）	（0.033）
留守学生 × 教学满意度	−0.001	0.005	−0.007	−0.005	−0.002	−0.004
	（0.032）	（0.034）	（0.034）	（0.034）	（0.034）	（0.034）
常数项	−0.082	0.377*	0.096	−0.479**	−0.289	−0.352*
	（0.165）	（0.175）	（0.175）	（0.171）	（0.171）	（0.174）
调整后 R^2	0.13	0.03	0.02	0.07	0.07	0.04
学生层面控制变量	是	是	是	是	是	是
教师层面控制变量	是	是	是	是	是	是
学校层面控制变量	是	是	是	是	是	是
样本量	5954	5954	5954	5954	5954	5954

注：括号内为标准误；*$p<0.05$，**$p<0.01$。

六　研究结论与启示

（一）研究结论与分析

1. 教师职业满意度对学生成绩的影响结论与分析

本文采用学生固定效应模型策略，将不同学科教师职业满意度差异与学生成绩差异联系起来，探究了教师可观测的职业满意度与学生学习成绩之间的因果联系，并通过学生背景变量与教师职业满意度的交互分析，检验了教师职业满意度对不同背景学生影响的异质性。

从学生固定效应回归分析结果来看，教师职业满意度中的物质回报满意度和教学满意度对学生成绩产生了积极的影响。物质回报满意度每提升一个单位，学生成绩能够提升 0.026 个标准差；教学满意度每提升一个单位，学生成绩能够提升 0.020 个标准差。参照前人研究标准，物质回报满意度每提升一个单位，相当于学生多学习了近 30 天；教学满意度提升一个单位，相当于学生多学习了 20 天。将样本设置为按成绩分班的学生群体时，同样显示物质回报满意度和教学满意度会对学生成绩产生积极影响。值得注意的是，非教学满意度不会对学生成绩产生任何影响，但并不意味着非教学满意度不重要，这反而从侧面反映了教师对教学的重视，教师会尽可能排除外界干扰，降低非教学工作对学生成绩产生过多的负向影响。从不同学生背景的交互效应模型结果来看，教师职业满意度对弱势群体学生成绩的影响要大于优势群体学生。其中，教师物质回报满意度对弱势群体学生的影响最大，教学满意度和非教学满意度的影响稍弱一些。这意味着，当教师职业满意度提高时，弱势学生受益更大，学业成就提升更明显。

2. 教师职业满意度对学生非认知能力、身心健康的影响结论与分析

本文采用多元回归策略，尽可能控制学生、教师和学校层面的干扰变量，分析教师职业满意度对学生非认知能力和身心健康两个方面的影响。

从多元回归分析的结果来看，在学生非认知能力上，教学满意度对学

生新事物学习能力存在显著的正向影响，非教学满意度对学生自我规制能力存在显著的正向影响，物质回报满意度对学生遇事判断能力有显著的积极影响，但并不会对学生人际交往能力产生任何影响。在学生身心健康上，教师物质回报满意度会对学生心理健康产生显著正向的影响，教学满意度则对学生的身体健康产生显著积极的影响。从交互效应模型的结果来看，在学生户口性质上，非教学满意度对外县学生新事物学习能力的提升水平要高于本县学生；在人际交往方面则正好相反，教师非教学满意度更利于本县学生。在是否为独生子女上，非教学满意度对独生子女身体健康的影响显著大于非独生子女；教师教学满意度对非独生子女人际交往能力影响更大。在留守与否上，教师职业满意度对学生非认知能力和身心健康的影响并不因学生是否留守而产生差异。

（二）研究启示

1. 明确教师工作职责，提升教师非教学满意度

非教学满意度对于老师来说非常重要。一方面，教师可能会因非教学任务过多而课前准备不足、课中教学质量低下、课后辅导欠缺，进而影响学生学业成就的提高。另一方面，教师为了保证教学质量，只能延长工作时间，挤占正常休息时间，长此以往，必然会造成教师身心俱疲，进而导致教师流失。值得注意的是，我国教师非教学负担问题从 20 世纪 60 年代起就存在（秦锡纯，1965），近年来更是愈演愈烈。教师除了课堂教学、专业发展和教学工作外，还有学校考核、职称评定以及家长沟通等事项需要处理，农村教师甚至还需经常应对上级检查、扶贫工作等其他事项。有研究指出，中小学教师的工作量远远超过每天 8 小时的普通工作量，并且工作内容分配不合理，多地出现非教学工作超过教学工作的现象（李新翠，2016）。教师的本职工作是教学，非教学任务过重，容易使教师出现负担过重问题，这与教师工作原则产生冲突，导致本职教学工作的弱化。目前，党和国家已非常重视这一问题，中共中央办公厅、国务院办公厅印发《关于减轻中小学教师负担进一步营造教育教学良好环境的若干意见》，强调

"营造教育教学良好环境，让教师全身心投入教书育人工作，落实好立德树人根本任务，是各级党委和政府的职责所在，是全社会尊师重教的基本体现"。因此，需要以政府部门为主体，改革以往工作机制，学校要明确教学工作中心地位，社区、学校和家庭联合协作，明确教师主要工作职责，避免非教学工作过量，保证较高的教师非教学满意度，让教师能够全身心投入教学工作，促进学生学业成就发展。

2. 做好适应新时代教师工资制度的顶层设计，提升教师物质回报满意度

工资是教师生活的基本保障，在一定意义上代表了教师的经济地位，在市场经济背景下，教师的经济地位又折射出教师的社会地位和政治地位。改革开放至今，我国教师基本工资有三次较大程度的调整，全国教师平均工资在 19 个行业中排第七。此外，全国仅 11 个省份的教师平均工资与公务员工资持平或高于公务员工资（于维涛，2019）。1988 年，教师平均工资高出非教师人员 13%，之后却一直在下降，2007 年教师的工资优势已被抹平，2013 年非教师人员的平均工资比教师的平均工资高出 11%，非教师人员的工资总共追上了 24 个百分点（Liu, 2019）。教师工资跨国比较的研究更是指出我国教师工资仅比全国平均工资高出 3%，远低于经合组织国家的 33%（张炜，2018）。这些情况说明，我国发展社会主义市场经济后，非教师人员的收入快速增长，而教师平均工资增长长期停滞。提高教师物质回报满意度是激发教师工作积极性、提升教师整体质量的重要手段，这要求我国建立新时代教师工资制度，各地政府部门根据自身发展情况，设立教师基本工资、薪级工资和绩效工资的动态调整标准（刘骥、黄少澜，2020），保证教师物质回报具有市场竞争力，保障教师的经济地位，稳步提升教师物质回报满意度，不要让物质回报过低阻碍更多优秀人才进入教师队伍。

3. 构建校内校外"双循环"促进机制，提升教师教学满意度

教学满意度是指教师在教学工作的结果和教学工作价值之间的关系函数，它主要反映的是教师的工作态度和情感（Ho & Au, 2006），也就是教师对课堂活动、教学效果以及教学支持条件的感知，具体包括教师教学自主权、教学过程、教学效能、教学环境、教学管理以及专业发展（卢正芝、洪松舟，2011）。有研究指出，我国教师教学满意度情况并不乐观，在教学满意度的七个维度上，均值为 3.1~3.7 分，没有任何一个维度达到"较满意"（4分）的程度（洪松舟、卢正芝，2010）。因此，政府、学校和教师三者要协调联动，努力提升教师教学满意度。在政府层面，要加强组织领导，统筹推进教师良好教学环境的建设；坚持基础保障，稳步提升教师教学满意度。在学校层面，要增强服务意识，完善教师教学评价机制以及评价内容；满足教师主体需求，组织教师进行专业发展的培训与研讨；以新时代教育发展为目标，改善教师教学条件和生活质量。在教师层面，要提升专业自主权，对课堂教学内容进行深入的个性化加工，让自身获得较高的教学成就感；加强教学过程中的师生互动，充分激发学生的学习积极性；强化实践反思教学，不断提升自身教学能力，发展实践教学智慧。此外，社会舆论、家长的教育观念和方式等同样是影响教师教学满意度的关键因素，社会和家庭应该积极配合政府、学校和教师，构建以校内为主、校外为辅的校内校外相互促进的"双循环"教师教学满意度提升机制。

4. 关注弱势学生群体，追求义务教育优质均衡发展

弱势学生群体主要是指农村尤其是西部偏远地区贫困农民子女、进城务工人员子女、留守学生以及少数民族子女等。其中，留守和流动学生相比于其他弱势背景学生，更容易因各种风险变动而成为教育贫困弱者中的弱者（李涛等，2020）。在我国，弱势学生群体存在数量大、分布广的特点，2018 年全国留守儿童大概还有 700 万人[1]，2019 年全国义务教育阶段在校生中进城务工人员随迁子女 1426.96 万人[2]。因此，需要进一步强化对弱势学生群体的关注，促进义务教育优质均衡发展。首先，科学合理地对弱势群体进行动态监测，多手段、多渠道、多维度强化弱势学生群体的认定，做好现阶段弱势学生群体的支持工作。其次，多部门联合建立新型弱势学生服务平台，满足弱势学生群体教育个性化需求，实现弱势学生群体帮扶常态化，探索可持续性的帮扶机制，保证及时精准帮扶弱势学生群体。最后，

---

[1] http://www.mca.gov.cn/article/gk/tjtb/201809/20180900010882.shtml。

[2] http://www.moe.gov.cn/jyb_sjzl/sjzl_fztjgb/202005/t20200520_456751.html。

新增弱势学生群体转化干预的教师职前、在职培训，让教师能及时准确地发现学生在学习和生活上存在的问题，及时帮助弱势学生群体，尽量抹平弱势学生群体与优势学生群体之间的"背景鸿沟"。

参考文献

安翔、刘映海，2018，《体育活动与学业成就的相关性研究》，《教学与管理》第 15 期，第 24~27 页。

陈纯槿，2017，《中学教师工作满意度影响因素的实证研究——基于 PISA2015 教师调查数据的分析》，《教师教育研究》第 2 期，第 41、84~91 页。

陈纯槿、郅庭瑾，2017，《教育财政投入能否有效降低教育结果不平等——基于中国教育追踪调查数据的分析》，《教育研究》第 7 期，第 68~78 页。

陈卫旗，1998，《中学教师工作满意感的结构及其与离职倾向、工作积极性的关系》，《心理发展与教育》第 1 期，第 38~44 页。

陈晓晨、翟冬梅、林丹华，2008，《小学教师生活、工作满意度与职业枯竭的关系》，《中国健康心理学杂志》第 1 期，第 98~100 页。

陈云英、孙绍邦，1994，《教师工作满意度的测量研究》，《心理科学》第 3 期，第 146~149、193 页。

崔盛、吴秋翔，2019，《班级规模对初中生学业能力的异质性影响——基于中国教育追踪调查数据的实证研究》，《中国教育学刊》第 3 期，第 28~35 页。

邓业涛，2005，《关于小学师资状况与教育质量关系的实证研究》，博士学位论文，北京大学。

杜秀芳，2003，《教师工作满意度及其提高对策》，《当代教育科学》第 19 期，第 33~35 页。

范艳玲，2007，《教师资源投入与学生学业成绩产出关系研究》，硕士学位论文，河南大学。

Fields, Dail L.，2004，《工作评价：组织诊断与研究实用量表》，阳志平、王薇、王东升、宋珉译，中国轻工业出版社，第 2 页。

冯伯麟，1996，《教师工作满意及其影响因素的研究》，《教育研究》第 2 期，第 42~49 页。

高鸾、陈思颖、王恒，2015，《北京市高校青年教师工作满意度及其主要影响因素研究——基于北京市 94 所高校青年教师的抽样调查》，《复旦教育论坛》第 5 期，第 74~80 页。

邰瑞珍、皮连生，1988，《教育心理学》，上海教育出版社，第 305~307 页。

顾明远，1998，《教育大辞典》，上海教育出版社，第 798 页。

关成华、邢春冰、陈超凡，2021，《中学教师的职业满意度与流动意愿及其影响因素研究——来自中国教育追踪调查数据 (CEPS) 的经验证据》，《北京社会科学》第 3 期，第 84~102 页。

郝文武，2015，《提高教育质量的永恒追求与时代特征》，《陕西师范大学学报》(哲学社会科学版) 第 2 期，第 157~166 页。

贺雯，2007，《中学教师教学风格和工作满意度的研究》，《心理科学》第 3 期，第 596~599 页。

洪松舟、卢正芝，2010，《中小学教师教学满意度影响因素研究》，《现代教育管理》第 11 期，第 77~79 页。

胡晰、毛晋平，2015，《中学教师工作满意度与职业倦怠的关系：心理资本的中介作用》，《中国健康心理学杂志》第 9 期，第 1334~1337 页。

胡咏梅，2007a，《学校资源配置与学生学业成绩关系研究》，博士学位论文，北京师范大学。

胡咏梅，2007b，《中学教师工作满意度及其影响因素的实证研究》，《教育学报》第 5 期，第 46~52 页。

黄超，2018，《家长教养方式的阶层差异及其对子女非认知能力的影响》，《社会》第 6 期，第 216~240 页。

黄桂梅、黄丹媚、张敏强，2008，《以结构方程模型构建中学教师工作满意度量表》，《中国临床心理学杂志》第 6 期，第 620~622 页。

卡诺依，M. 编著，2000，《教育经济学国际百科全书》，闵维方译，高等教育出版社，第 352 页。

李梅，2013，《中小学新教师工作满意度影响因素的实证研究》，《教师教育研究》第 5 期，第 17、43~48 页。

李涛、邬志辉、周慧霞、冉淑玲，2020，《"十四五" 时期中国全面建设小康社会后教育扶贫战略研究》，《教育发展研究》第 23 期，第 30~42 页。

李新翠，2016，《中小学教师工作量的超负荷与有效调适》，《中国教育学刊》第 2 期，第 56~60 页。

梁文艳、杜育红，2011，《基于学生学业成绩的教师质量评价——来自中国西部农村小学的证据》，《北京大学教育评论》第 3 期，第 105~120 页。

林崇德、杨治良、黄希庭主编，2003，《心理学大辞典》(上卷)，上海教育出版社，第 1478~1479 页。

刘骥、黄少澜，2020，《工资与择业互动下的教师质量研究：理论探析与国际比较》，

《宁波大学学报》(教育科学版)第 4 期，第 97~105 页。

卢正芝、洪松舟，2011，《中小学教师教学满意度现状调查与应对策略》，《教育研究与实验》第 5 期，第 61~65 页。

马莉萍、管清天，2016，《院校层次与学生能力增值评价——基于全国 85 所高校学生调查的实证研究》，《教育发展研究》第 1 期，第 56~61 页。

穆洪华、胡咏梅、刘红云，2016，《中学教师工作满意及其影响因素研究》，《教育学报》第 2 期，第 71~80 页。

潘孝富、秦启文，2006，《中学组织气氛与教师工作满意度的相关分析》，《心理科学》第 1 期，第 185~188 页。

庞维国、徐晓波、林立甲、任友群，2013，《家庭社会经济地位与中学生学业成绩的关系研究》，《全球教育展望》第 2 期，第 12~21 页。

裴丽、唐一鹏、黄嘉莉、李琼，2020，《东亚高绩效四国教师工作满意度及其影响因素——基于 TALIS 数据的多水平分析》，《教师教育研究》第 1 期，第 50~59 页。

皮丹丹、汪瑛、张建人、凌辉，2018，《新生代中学教师工作价值观、工作满意度与离职倾向的关系》，《中国临床心理学杂志》第 2 期，第 371~374 页。

秦锡纯，1965，《减轻小学教师负担》，《人民教育》第 11 期，第 22 页。

施良方，1994，《学习论：学习心理学的理论与原理》，人民教育出版社，第 375~398 页。

苏静静、张大庆，2016，《世界卫生组织健康定义的历史源流探究》，《中国科技史杂志》第 4 期，第 485~496 页。

孙锦明，2009，《公立中学教师工作满意度的实证研究》，《当代教育论坛》(上半月刊)第 2 期，第 120~122 页。

王洁，2015，《中职教师工作满意度、工作特征和心理资本的关系研究》，硕士学位论文，天津职业技术师范大学。

王善迈、董俊燕、赵佳音，2013，《义务教育县域内校际均衡发展评价指标体系》，《教育研究》第 2 期，第 65~69 页。

王卫东、郝令昕、张宪，2015，《中国教育追踪调查(CEPS)基线数据使用手册》，第 1 页。

王卫平，2015，《中学骨干教师工作满意度影响因素研究》，《教育理论与实践》第 16 期，第 35~38 页。

王志红、蔡久志，2005，《大学教师工作满意度的测量与评价》，《黑龙江高教研究》第 2 期，第 77~79 页。

王祖莉，2003，《初中教师工作满意度的调查研究》，《当代教育科学》第 11 期，第 37~39 页。

武向荣，2019，《义务教育教师工作满意度影响因素的实证研究》，《教育研究》第 1 期，第 66~75 页。

习近平，2022，《高举中国特色社会主义伟大旗帜 为全面建设社会主义现代化国家而团结奋斗——在中国共产党第二十次全国代表大会上的报告》，《中华人民共和国国务院公报》第 30 期，第 4~27 页。

谢一帆，2010，《广西农村中学教师社会比较与工作满意度关系研究》，《传承》第 15 期，第 166~168 页。

于维涛，2019，《新中国成立 70 年以来我国教师队伍建设的历程、成就与反思》，《中国教师》第 12 期，第 5~11 页。

袁凌、谢赤、谢发胜，2006，《高校教师工作满意度的调查与分析》，《湖南师范大学教育科学学报》第 3 期，第 103~106 页。

曾荣侠、李新旺，2003，《试论自我效能感对学生学业成就的影响》，《教育研究与实验》第 4 期，第 53~55 页。

张红、李华，2018，《上海地区中学教师工作满意度影响因素的实证研究——基于 TALIS 数据库的分析》，《上海教育科研》第 11 期，第 36~41 页。

张炜，2018，《改革开放 40 年教师职业吸引力嬗变的循证研究——基于教师教育现代化视角》，《教师发展研究》第 4 期，第 27~36 页。

张学敏、叶忠，2014，《教育经济学》（第 2 版），高等教育出版社，第 271 页。

张咏梅、郝懿、田一、李美娟，2016，《大规模学业成就调查系列背景问卷的设计与建构》，《教育科学研究》第 5 期，第 5~11 页。

张宇，2013，《基础教育教师工作满意度分析——基于江苏省 8 所高级中学的实证调查》，《学海》第 6 期，第 229~232 页。

张忠山，2000，《上海市小学教师工作满意度研究》，《上海教育科研》第 3 期，第 39~42 页。

周金燕，2015，《人力资本内涵的扩展：非认知能力的经济价值和投资》，《北京大学教育评论》第 1 期，第 78~95、189~190 页。

周兆海，2019，《课外学习投入：城乡学生学业成就差距拉大的又一动因》，《教育理论与实践》第 2 期，第 12~14 页。

朱巨荣，2014，《中学生学习压力、学习动机、学习自信心与学业成就的关系研究》，硕士学位论文，华中师范大学。

Aaronson, D., Barrow, L., & Sander, W. 2007. "Teachers and Student Achievement in the Chicago Public High Schools." *Journal of Labor Economics* 25（1）：95–135.

Afshar, H. S. & Doosti, M. 2016. "Investigating the Impact of Job Satisfaction/Dissatisfaction on Iranian English Teachers' Job Performance." *Iranian Journal of Language Teaching Research* 4（1）：97–115.

Altinok, N. & Kingdon, G. 2012. "New Evidence on Class Size Effects：A Pupil Fixed Effects

Approach. " *Oxford Bulletin of Economics and Statistics* 74（2）：203–234.

Archambault, I., Janosz, M., Morizot, J., & Pagani, L. 2009. "Adolescent Behavioral, Affective, and Cognitive Engagement in School：Relationship to Dropout." *Journal of School Health* 79（9）：408–415.

Banerjee, N., Stearns, E., Moller, S., & Mickelson, R. A. 2017. "Teacher Job Satisfaction and Student Achievement：The Roles of Teacher Professional Community and Teacher Collaboration in Schools." *American Journal of Education* 123（2）：203–241.

Baron, R. A. 2010. "Self–Presentation in Job Interviews：When There Can Be 'Too Much of a Good Thing' ." *Journal of Applied Social Psychology* 16（1）：16–28.

Bogler, R. 2001. "The Influence of Leadership Style on Teacher Job Satisfaction." *Educational Administration Quarterly* 37（5）：662–683.

Brackett, M. A., Palomera, R., Mojsa–Kaja, J., Reyes, M. R., & Salovey, P. 2010. "Emotion-regulation Ability, Burnout, and Job Satisfaction Among British Secondary–School Teachers. " *Psychology in the Schools* 47（4）：406–417.

Chu, J. H., Loyalka, P., Chu, J., Qu, Q., Shi, Y., & Li, G. 2015. "The Impact of Teacher Credentials on Student Achievement in China." *China Economic Review* 36：14–24.

Chutia, M. 2013. "Impact of Teachers' Job Satisfaction in Academic Achievement of the Students in Assamese Medium Secondary Schools of Kamrup District of Assam, India." *The Clarion–International Multidisciplinary Journal* 2（1）：194–203.

Clotfelter, C. T., Ladd, H. F., & Vigdor, J. L. 2006. "Teacher–Student Matching and the Assessment of Teacher Effectiveness. "*Journal of Human Resources* 41（4）：778–820.

Cobb–Clark, D. A. & Jha, N. 2016. "Educational Achievement and the Allocation of School Resources." *Australian Economic Review* 49（3）：251–271.

Coleman, J. S. 1968. "Equality of Educational Opportunity. " *Integrated Education* 6（5）：19–28.

Dicke, T., Marsh, H. W., Parker, P. D., Guo, J., Riley, P., & Waldeyer, J. 2020. "Job Satisfaction of Teachers and Their Principals in Relation to Climate and Student Achievement." *Journal of Educational Psychology* 112（5）：1061.

Ewell, P. T. 1985. "Recruitment, Retention and Student Flow：A Comprehensive Approach to Enrollment Management Research. " *Journal of Manufacturing Processes* 6（1）：32–50.

Friedman, I. A. 1991. "High and Low–Burnout Schools：School Culture Aspects of Teacher Burnout." *The Journal of Educational Research* 84（6）：325–333.

Gershoff, E. T., Aber, J. L., Raver, C. C., & Lennon, M. C. 2007. " Income is not Enough：

Incorporating Material Hardship into Models of Income Associations with Parenting and Child Development." *Child Development* 78（1）: 70–95.

Ghavifekr, S. & Pillai, N. S. 2016. "The Relationship Between School's Organizational Climate and Teacher's Job Satisfaction: Malaysian Experience." *Asia Pacific Education Review* 17（1）.

Gil-Flores, J. 2017. "The Role of Personal Characteristics and School Characteristics in Explaining Teacher Job Satisfaction." *Revista de Psicodidáctica（English ed.）* 22（1）: 16–22.

Gkolia, A., Belias, D., & Koustelios, A. 2014. "Teacher's Job Satisfaction and Selfefficacy: A Review." *European Scientific Journal* 10（22）.

Goldhaber, D. D. & Brewer, D. J. 2000. "Does Teacher Certification Matter? High School Teacher Certification Status and Student Achievement." *Educational Evaluation and Policy Analysis* 22（2）: 129–145.

Goldhaber, D. & Anthony, E. 2007. "Can Teacher Quality be Effectively Assessed? National Board Certification as a Signal of Effective Teaching." *The Review of Economics and Statistics* 89（1）: 134–150.

Heckman, J. J. & Rubinstein, Y. 2001. "The Importance of Noncognitive Skills: Lessons from the GED Testing Program." *American Economic Review* 91（2）: 145–149.

Heckman, J. J., Stixrud, J., & Urzua, S. 2006. "The Effects of Cognitive and Noncognitive Abilities on Labor Market Outcomes and Social Behavior." *Journal of Labor Economics* 24（3）: 411–482.

Hedges, L. V., Laine, R. D., & Greenwald, R. 1994. "Does Money Matter? A Meta Analysis of Studies of the Effects of Differential School Inputs on Student Achievement." *Educational Researcher* 23: 9–10.

Hessamy, G. & Kheiri, S. 2013. "The Relationship Between Job Satisfaction of Iranian English Teachers and Their Students' Achievement." *Studies in English Language Teaching* 1（2）: 315.

Ho, C. L. & Au, W. T. 2006. "Teaching Satisfaction Scale: Measuring Job Satisfaction of Teachers." *Educational and Psychological Measurement* 66（1）: 172–185.

Hoppock, R. 1935. *Job Satisfaction*. New York and London: Harper and Brothers.

Iqbal, A., Fakhra, A., Farooqi, T. K., & Shabbir, A. L. I. 2016. "Relationship Between Teachers' Job Satisfaction and Students' Academic Performance." *Eurasian Journal of Educational Research* 16（65）: 335–344.

Jackson, C. K. & Bruegmann, E. 2009. "Teaching Students and Teaching Each Other: The

Importance of Peer Learning for Teachers." *American Economic Journal: Applied Economics* 1（4）: 85–108.

Jensen, A. R. 1969. "How Much Can We Boost IQ and Scholastic Achievement?" *Originally Published in Harvard Educational Review* 39（1）: 1–123.

Judge, T. A., Boudreau, J. W., & Bretz, R. D. 1994. "Job and Life Attitudes of Male Executives." *Journal of Applied Psychology* 79（5）.

Kane, T. J. & Staiger, D. 2008. Estimating Teacher Impacts on Student Achievement: An Experimental Evaluation. *NBER Working Paper*, No. w14607.

Kardos, S. M. & Johnson, S. M. 2007. "On Their Own and Presumed Expert: New Teachers' Experience with Their Colleagues." *Teachers College Record* 109（9）: 2083–2106.

Kautz, T., Heckman, J. J., Diris, R., Weel, B. T., & Borghans, L. 2014. Fostering and Measuring Skills: Improving Cognitive and Non-Cognitive Skills to Promote Lifetime Success. *NBER Working Papers*.

Kitchel, T., Smith, A. R., Henry, A. L., Robinson, J. S., Lawver, R. G., Park, T. D., & Schell, A. 2012. "Teacher Job Satisfaction and Burnout Viewed Through Social Comparisons." *Journal of Agricultural Education* 53（1）: 31–44.

Klecker, B. M. & Loadman, W. E. 1999. "Male Elementary School Teachers' Ratings of Job Satisfaction by Years of Teaching Experience." *Education* 119（3）: 504–504.

Koustelios, Athanasios D. 2001. "Personal Characteristics and Job Satisfaction of Greek Teachers." *International Journal of Educational Management* 15（7）: 354–358.

Krassel, K. F. & Heinesen, E. 2014. "Class-Size Effects in Secondary School." *Education Economics* 22（4）: 412–426.

Lawler, E. 1973. Motivation in Work Organizations. *Brooks/Cole Publishing Company.*

Liu, J. X. 2019. *The Economics of Teacher Occupational Choice in China.* Columbia University.

Locke, E. A. 1969. "What is Job Satisfaction?" *Organizational Behavior and Human Performance* 4（4）: 309–336.

Meyer, D. K. & Turner, J. C. 2002. "Discovering Emotion in Classroom Motivation Research." *Educational Psychologist* 37（2）: 107–114.

Michaelowa, K. 2002. "Teacher Job Satisfaction, Student Achievement, and the Cost of Primary Education in Francophone Sub-Saharan Africa." *Hwwa Discussion Paper* 60（7）: 1559–1568.

Muchinsky, P. M. & Tuttle, M. L. 1979. "Employee Turnover: An Empirical and Methodological Assessment." *Journal of Vocational Behavior* 14（1）: 43–77.

Mueller, G. & Plug, E. J. S. 2006. "Estimating the Effect of Personality on Male-Female

Earnings." *Industrial & Labor Relations Review* 60（1）: 3–22.

Nieto, D. A. & López–Martín, E. 2015. "Satisfacción Laboral del Profesorado de Educación Secundaria." *Revista de Investigación Educativa* 33（2）: 435–452.

Nieto, D. A. & Riveiro, J. M. S. 2006. "La Satisfacción Laboral de los Profesores en Función de la etapa Educativa, del género y de la antigüedad Profesional." *Revista de Investigación Educativa* 24（2）: 521–556.

Pagel, S. & Price, J. 1980. Strategies to Alleviate Teacher Stress. *Pointer* 24（2）: 45–53.

Porter, L. W., Steers, R. M., Mowday, R. T., & Boulian, P. V. 1974. "Organizational Commitment, Job Satisfaction, and Turnover Among Psychiatric Technicians." *Journal of Applied Psychology* 59（5）: 603.

Reeves, P. M., Pun, W. H., & Chung, K. S. 2017. "Influence of Teacher Collaboration on Job Satisfaction and Student Achievement." *Teaching and Teacher Education* 67: 227–236.

Rice, J. K. 2003. *Teacher Quality: Understanding the Effectiveness of Teacher Attributes*. ERIC.

Rivkin, S. G., Hanushek, E. A., & Kain, J. F. 2005. "Teachers, Schools, and Academic Achievement." *Econometrica* 73（2）: 417–458.

Rodgers–Jenkinson, F. & Chapman, D. W. 1990. "Job Satisfaction of Jamaican Elementary School Teachers." *International Review of Education* 36（3）: 299–313 %@ 1573–0638.

Ronfeldt, M., Loeb, S., & Wyckoff, J. 2013. "How Teacher Turnover Harms Student Achievement." *American Educational Research Journal* 50（1）: 4–36.

Schunk, D. H. 1984. "Self–Efficacy Perspective on Achievement Behavior." *Educational Psychologist* 19（1）: 48–58.

Schwab, R. L. & Iwanicki, E. F. 1982. "Perceived Role Conflict, Role Ambiguity, and Teacher Burnout." *Educational Administration Quarterly* 18（1）: 60–74.

Skaalvik, E. M. & Skaalvik, S. 2009. "Does School Context Matter? Relations with Teacher Burnout and Job Satisfaction." *Teaching and Teacher Education* 25（3）: 518–524.

Skaalvik, E. M. & Skaalvik, S. 2011. "Teacher Job Satisfaction and Motivation to Leave the Teaching Profession: Relations with School Context, Feeling of Belonging, and Emotional Exhaustion." *Teaching and Teacher Education* 27（6）: 1029–1038.

Skaalvik, E. M. & Skaalvik, S. 2015. "Job Satisfaction, Stress and Coping Strategies in the Teaching Profession–What Do Teachers Say?" *International Education Studies* 8（3）: 181–192.

Skrapits, V. A. 1986. *School Leadership, Interpersonal Communication, Teacher Satisfaction,* *and Student Achievement.*Fordham University.

Spector, P. E. 1997. *Job Satisfaction: Application, Assessment, Causes, and Consequences.*Sage Publications.

Sprent, P. 2019. *Data Driven Statistical Methods.*Routledge.

Tek, B. A. 2014. "An Investigation of the Relationship Between School Leadership, Teacher Job Satisfaction, and Student Achievement." University of Rhode Island.

Tekwe, C. D., Carter, R. L., Ma, C.-X., Algina, J., Lucas, M. E., Roth, J., . . . Resnick, M. B. 2004. "An Empirical Comparison of Statistical Models for Value-Added Assessment of School Performance." *Journal of Educational and Behavioral Statistics* 29（1）: 11-36.

Timms, C. & Brough, P. 2013. "I Like Being a Teacher: Career Satisfaction, the Work Environment and Work Engagement." *Journal of Educational Administration* 51（6）: 768-789.

Topchyan, R. & Woehler, C. 2021. "Do Teacher Status, Gender, and Years of Teaching Experience Impact Job Satisfaction and Work Engagement?" *Education and Urban Society* 53（2）: 119-145.

Veldman, I., Admiraal, W., van Tartwijk, J., Mainhard, T., & Wubbels, T. 2016. "Veteran Teachers' Job Satisfaction as a Function of Personal Demands and Resources in the Relationships with Their Students." *Teachers and Teaching* 22（8）: 913-926.

Vroom, V. H. 1964. *Work and Motivation.*San Francisco, CA: Jossey-Bass.

Wang, M. C. 1990. "Variables Important to Learning: A Meta-Review of Reviews of the Research Literature." *Content Analysis*: 305-400.

Weiss, D. J., Dawis, R. V., & England, G. W. 1967. Manual for the Minnesota Satisfaction Questionnaire. *Minnesota Studies in Vocational Rehabilitation.*

Westerlund, J. 2008. "Class Size and Student Evaluations in Sweden." *Education Economics* 16（1）: 19-28.

Wößmann, L. 2005. "Educational Production in East Asia: The Impact of Family Background and Schooling Policies on Student Performance." *German Economic Review* 6（3）: 331-353.

Zieger, L., Sims, S. ,& Jerrim, J. 2019. "Comparing Teachers' Job Satisfaction Across Countries: A Multiple-Pairwise Measurement Invariance Approach." *Educational Measurement: Issues and Practice* 38（3）: 75-85.

寄宿生的学校与家庭生活样态和特征

——基于农村寄宿制学校的田野调查*

樊秀丽　　刘林欢**

摘　要： 农村寄宿制学校可以解决学生上学远的问题，保证农村适龄儿童、少年完成义务教育。然而，寄宿制学校存在基础设施简陋、学校管理欠缺、相关人员配备不足等问题。本文通过对农村寄宿生的学校与家庭生活样态的观察，发现在应试教育的影响下，学校无限延长寄宿生的学校生活，这不仅缩短了学生的课余活动时间，而且影响亲子互动。割裂的家校生活带来的情感教育缺失，既不利于发挥寄宿制模式的优势，也不利于儿童身心健康成长。解决这些问题，需要社会、学校和家庭共同努力。

关键词： 寄宿制学校；农村寄宿生；生活样态

一　问题提出

农村寄宿制学校是一种特殊的办学模式。早在 20 世纪 50 年代，我国

* 　基金项目：本文系国家社科基金项目"农民工随迁子女文化融合教育的人类学研究"（项目编号：15BSH062）的后续成果。

** 　樊秀丽，广岛大学博士，首都师范大学教育学院教授，主要研究方向为教育人类学、文化人类学；刘林欢，首都师范大学教育硕士，邯郸市第二中学教师，主要研究方向为家庭教育指导。

为了解决偏远山区儿童的上学问题，首先在民族地区创办了寄宿制学校，随后逐步在农村地区进行推广。2001 年，国务院印发的《关于基础教育改革与发展的决定》指出，应因地制宜调整农村义务教育学校布局。我国按照小学就近入学、初中相对集中、优化教育资源配置的原则，合理规划和调整学校布局，即"撤点并校"，故寄宿生数量快速增加。截至 2010 年，我国初中阶段寄宿率达到 43.67%。①《中国农村教育发展报告 2015》数据显示，截至 2015 年底，初中寄宿率达到 64.83%。鉴于寄宿生数量不断增加，国家出台了一系列政策促进寄宿制学校的发展。由于寄宿制学校的复杂性、农村学校的局限性，这些政策依旧难以保障寄宿生的身心健康发展。

一些学生从小学五年级就开始寄宿生活，他们长期处于封闭的校园环境中，活动空间单一，缺少父母的关爱与交流的机会。另外，很多寄宿制学校没有配置专职的生活教师，导致寄宿生遇到问题时得不到及时疏导，很容易产生孤独和抑郁情绪。《农村寄宿制学校学生发展报告》（2016 年）显示，农村寄宿制学生存在更为严重的心理抑郁问题，这类学生占将近65.7% 的比例，远远高出全国平均水平。笔者在田野调查期间也发现学生会出现学习散漫、亲子关系淡薄、情绪敏感、人际关系紧张等问题。

基于上述背景，本文采用教育人类学的方法，深入寄宿生的学校和家庭两个场域进行长期田野调查。通过参与观察和访谈，获取寄宿生的学校和家庭生活样态的第一手资料，挖掘农村寄宿生在受教育过程中出现的问题，寻找解决的方法。

二　文献回顾与研究方法

在西方国家，作为一种制度化的办学模式，寄宿制学校始于英国公学，为了解决长途跋涉的求学者的食宿问题，英国公学建立起以宿舍为核心的生活服务体系，并逐步发展成为一种将学生的生活与学习相结合的教育方

---

① 教育部发展规划司编《2010 年全国教育事业发展简明统计分析》，http://www.moe.gov.cn/srcsite/A03/s180/moe_633/201203/t20120321132634.html。

式（White，2004）。我国最早的一所寄宿制学校创办于1956年初，为了使更多的农村留守儿童学习方便，解决他们上学路途遥远等诸多问题，这样才有了一所乡村寄宿制学校（董世华，2012）。在寄宿制学校生活期间，寄宿生基本都和同伴一起在学校里居住，和同伴一起学习。他们的衣、食、住、行都是集体化的，在学校内均接受半封闭式的统一集中管理。

寄宿生的受教育问题备受学者的关注，有学者总结了我国寄宿制学校的成就与问题。董世华（2012）研究发现，寄宿制学校在发展过程中获得的成就包括解决了农村学生上学远、上学难的问题，整合了城乡义务教育资源，保障了农村学生的学习时间，解决了农村留守儿童的教育和看护问题，缩小了城乡学生家庭教育的差距，营造了学生安全成长的环境；存在的问题主要包括农村寄宿制学校难以满足学生日益增长的寄宿需求、新增寄宿成本缺乏财政保障、学校人力资源配置不当、学生业余生活单调、学生营养状况普遍欠佳、学生安全得不到充分保障、低龄寄宿生普遍存在心理问题。有些学者关注寄宿生的适应情况和生活。茹宗志、刘海莲（2015）研究发现，农村寄宿制初中生在适应方面存在问题，包括学业、人际交往、规范化适应等问题，并探讨了家庭和学校在其中发挥的作用。段如菲等（2017）发现学生渴望学习营养知识，但是执行力较弱。小部分学生营养不良，部分学生营养特别不良，部分学生对营养知识不了解，学校食堂的食材营养分配不合理。有学者发现农村寄宿制学校存在管理问题。孙亚杰（2017）在长期教学过程中发现，农村寄宿制学校初中学生管理工作方面存在的主要问题是，各方面都缺乏情感关怀，学生管理人员没有切实重视初中学生的生理、心理变化，忽视寄宿生心理健康教育和辅导。寄宿生在校缺乏课余活动、学习生活枯燥，心理健康问题比较普遍。有研究发现寄宿生的心理健康与家庭教育有关。周永军(2015)在对农村寄宿制学校家庭教育进行研究时发现，寄宿制家长存在教育误区，包括个别家长教育理念存在极端化的趋势，部分家长把教育孩子的责任全部推给学校，家长对家庭教育无从下手、心余力绌等。总之，寄宿生存在生活、心理、社会适应等方面的问题，家庭对寄宿生的成长和发展发挥着不可或缺的作用。

本文采用教育人类学的田野调查方法获取寄宿生的生活全貌。笔者通过教育实习的机会进入一所农村寄宿制学校①，通过对寄宿生日常生活的参与观察和访谈收集第一手资料，获取寄宿生的学校生活样态。同时，为了更加全面地了解寄宿生的生活，笔者以义务补课教师身份进入寄宿生的家庭，观察其家庭生活样态，并用整体视角对寄宿生及其家长、教师进行访谈，多维度地了解学校教育和家庭教育给寄宿生带来的影响。

三　寄宿生的学校与家庭生活样态

本文所呈现的寄宿生生活主要包括学校和家庭两个场域，寄宿生的大部分时间是在学校度过的。下面分别描写寄宿生学校和家庭生活的两个真实场景。

（一）学校生活——乏味又珍贵

1. 封闭的寄宿生活

贺中是一所拥有 50 多年历史的乡镇寄宿制中学。它属于完全寄宿制学校，每两周放一次假，休息两天，其余时间学习、生活都是在学校进行。寄宿生的在校生活呈现一种程序式的、约束性强、缺少自主时间的生活模式。学校作为有目的、有计划、有组织地对受教育者开展系统教育活动的组织机构，面对身心发展尚不成熟的未成年人，制定一系列政策制度为学生系统接受知识保驾护航。寄宿制学校更是如此。它们的工作涉及学生的安全、卫生、宿舍管理、食堂管理、学习保障等多方面需求。为了便于管理，贺中的时间安排得非常紧凑。寄宿生的学校生活大致可以分为上课时间和课余时间。

在上课安排上，从 5:40 开始一直到 21:10 熄灯，学习占据绝大部分时

---

① 本文的寄宿制学校指国家在县级行政区以下（乡镇及村庄）为适龄儿童举办的同时兼顾学习和生活需要的农村全寄宿制中学。

间，寄宿生基本上没有自己的活动时间。早读有两节课：第一节是由班主任安排任务，第二节课由语文或者英语教师安排背诵、听写、朗读等任务。上午总共四节课，每节课 45 分钟；下午总共四节课，每节课 50 分钟；晚上两节晚自习，每节课一个小时（见表 1）。寄宿生一天一般学习时间长达近 10 个小时，在此期间，有任课教师统筹安排学习时间，这在保障学生系统地接受知识的同时，极大地限制了学生的自主发展。

表 1 贺中学生作息时间

早晨	起床	5:40
	预备	5:50
	早读	5:50~6:15
	早读	6:25~7:15
上午	预备	7:50
	第一节	8:00~8:45
	第二节	8:55~9:40
	课间操	9:40~10:20
	第三节	10:20~11:05
	第四节	11:15~12:00
午休：12:30~13:50		
下午	预备	14:00
	第一节	14:10~15:00
	第二节	15:10~16:00
	第三节	16:10~17:00
	第四节	17:10~18:00
晚上	预备	18:30
	第一节	18:40~19:40
	第二节	19:50~20:50
熄灯 21:10		

　　在有限的课间休息时间，学生或者三五成群去卫生间，回来基本就快到上课时间，或者选择在教室门口闲聊，看到任课教师出现就回到教室准备上课。也有部分男生下课就会去抢占乒乓球桌，这是他们仅有的体育活动，学校只有几张乒乓球桌。除了课间生活，学生的饮食和住宿也在学校的管控之中。对于寄宿生的饮食，从吃饭时间到菜品种类都由学校统筹管理，基本是固定不变的安排。学校有专门的菜单，看似每天变换种类，实则菜品非常单调。在住宿管理方面，学校没有专门的生活教师，而是由学校的男教师轮流值守，其主要职责是及时发现学生问题、防止学生违反学校纪律、保障学生能够按时休息。学生在结束一天的学习生活之后，从下晚自习到熄灯只有20分钟时间，学生要在这个时间内处理好相关事情，熄灯就不允许外出，否则会被值班教师记作违纪。

　　陶行知先生提出的生活即教育思想至今仍有借鉴意义。生活原本就蕴含教育的成分，正所谓"处处留心皆学问"。想接受什么样的教育取决于自己的生活本身。实际生活是生活教育的中心。生活是教育之母，教育来源于生活，服务于生活，最终归于生活（张俊娥，2019）。紧凑的时间安排直接导致寄宿生难以养成良好的个人卫生和饮食习惯。贺中对穿校服未作强制性要求，学生穿衣自由，很多学生选择只换不洗，放假拿回家交给父母。学校没有独立洗漱空间，学生都是在一整排水管前集体洗漱，没有条件洗澡，甚至有些实验班的学生在校期间不洗头，个人卫生难以保障。宿舍安排也是大通铺，一个宿舍住十几个学生，难以保证作息规律。贺中食堂是外包的，饭菜味道单一且营养不足，很多学生选择不去食堂吃或者以吃零食代替，难以养成良好的饮食习惯。

　　生活中处处有教育，学校除了教书，还应该重视育人。应该促进学生的个性化和社会化发展，培养学生立足社会的能力，应该让教育来源于生活而不仅仅是课本，并最终归于生活。而封闭的寄宿生活导致寄宿生在校生活缺少激情，一天中绝大部分时间都是在学习中度过，这虽然保障了他们的安全，但也使他们的生活变得枯燥乏味。

2. 匮乏的校园活动

丰富的校园活动可以培养师生情感、加强学生德育、提高学生实践能力。在这个物质文明与精神文明建设并重的社会，分数并不能成为衡量学生的唯一标准。素质教育提倡促进学生德智体美劳全面发展，书本上的知识是远远不够的。"教学做合一"是陶行知生活教育思想的方法论，亦是他将生活与教育有机联系的切入点。陶行知提出："我们要在做上教，在做上学。在做上教的是先生，在做上学的是学生。从先生对学生的关系说：做便是教；从学生对先生的关系说：做便是学。先生拿做来教，乃是真教；学生拿做来学，方是实学。"（转引自胡晓风等，2007：12）

然而，农村寄宿制学校基础条件薄弱、专业教师缺乏、开展活动的意识不强，导致校园活动匮乏。笔者田野调查期间，学校仅举办过"冬月杯"拔河比赛，比赛过程中教师缺乏对学生凝聚力、集体意识等积极品质的有效培养，教师重视程度不够，只是由班长组织执行。

> 比赛报名时，后面几排的学生非常积极，跃跃欲试。但是因为需要40人才能参赛，所以即使后面几排的同学都报上名也差七八个，没报名的同学保持沉默，班长表示就是去凑个人数也行，依旧很少有人报名，最终把生病的同学也算上才凑齐人数。这是一个集体项目，（学生不积极参加）既是凝聚力缺乏的表现，也是勇敢、坚毅优秀品质缺乏的表现。
>
> （摘自2021年12月14日田野笔记）

随着"双减"政策的出台，一方面，义务教育阶段学生的课业压力得到缓解；另一方面，学生的课余时间得到增加。让学生参加社团活动，有利于促进其德智体美劳全面发展。然而，由于条件限制，农村寄宿制学校难以有效实现促进学生全面发展的目标。农村寄宿制学校社团组织存在专业教师缺乏、教师开展活动的意识不强、执行敷衍等问题。

　　笔者："上周你们班应该也统计社团报名人数了吧？你有没有喜欢的社团？报名了吗？"

　　小燕："没有。但是俺语文老师是学舞蹈的，所以她管这事，她说不用让别班报了，把俺班女生都报上。"

　　笔者："那你喜欢舞蹈吗？其他的演讲朗诵什么的没有想试试的？"

　　小燕："俺老师让报的，不过到现在也没有学过舞蹈，也没练过。不想参加，没啥喜欢的。"

（摘自 2022 年 1 月 9 日田野笔记）

　　农村寄宿生的阅历和受到的教育使其并不热衷于参加社团活动。一方面，在应试教育背景下，家庭教育和学校教育重智轻德，仍是分数至上，忽略了对学生潜能的挖掘；另一方面，学生自身兴趣爱好尚未被发掘，最终导致师生对社团活动的态度敷衍。

3. 贯穿始终的师生情谊

　　师生关系是教育的一种产物，是产生也是服务于教育背景的，若是离开了教育体系，师生关系也就不存在（黄霄，2018）。师生关系对学生心理的形成发展有一定的影响，有时导致学生出现问题的，并不是物质条件，而是心理环境。这是一种关系到教育者的观念、态度以及习惯行为的因素，学生特性的形成往往依赖于教师，因此若是师生关系恶劣，就会导致学生心理出现严重的变化，甚至会造成学生性情大变，这对学生未来的发展是极为不利的（赵祥辉，2018）。在田野调查中，笔者发现，尽管寄宿制学校教师情感教育缺失，但师生之间的感情依然存在，贯穿整个校园生活，体现在师生互动的点滴之间。如在我们的田野调查中有这样一段记录：

　　今天七（8）班班主任老师在教职工群里发布了学生们排练手势舞的视频，视频中学生整齐的动作、专注的眼神都很让人动容。从视频中可以看出他们不擅长手语，但在老师的引导下他们也乐在其中。班主任老师是舞蹈专业毕业，虽然无法担任专业学科的教学工作，但是其把艺术融入教学中。老师还分享了排练趣事，学生从最初的害羞、动作不到位，一步步练习，最终手势舞成为他们课前的必备活动，这既拉近了师生之间的情感距离，又增强了班级凝聚力。

（摘自 2021 年 11 月 27 日田野笔记）

班主任老师认为她在跟同学们一起排练时也是收获满满，拉近了与同学们之间的距离，最终的效果很好。班主任老师将视频发到群里，校长表示："班主任老师这个想法很好，学生们表现得也很不错，值得大家借鉴学习，虽然咱们是乡镇学校，但我们学校的孩子一点也不差。"（摘自 2021 年 11 月 27 日田野笔记）其他老师也纷纷为班主任老师这一举动点赞，表示要向班主任老师学习，将自己的专业知识与教学结合，激发学生的兴趣，在教育教学中有所突破。

贺中的一些教师平时上课会时刻关注学生的动态，尤其是冬日感冒频发时，教师自发在班级暖气上放醋杀菌消毒。此外，班主任老师还会给患有轻度感冒的同学送药。这样的关爱行为，也让学生很感激。如下面这段对话：

班长："老师你感冒好了吗?"

老师："我今天好多了，很感谢你对老师的关心。"

班长："我们都注意到了，很多人不好意思问，我是班长，我是代表大家来问的。"

老师："谢谢你们，近期天气多变，感冒频发，大家也要多喝水。"

班长："老师，他们让我跟你说感冒了就不要洗头了，洗头感冒就好不了了。"

（摘自 2021 年 11 月 19 日田野笔记）

通过上述对话，我们可以看到寄宿生会在平时主动表达对教师的关心和喜爱。笔者作为观察者，也切实体会到学生给予教师的关心。

另有学生还会在上课前偷偷送给老师自己叠的小星星、会跟老师分享他们喜欢的糖果、会在有心事或者困难时给老师写小纸条……关心是相互的，在师生互动中自然而然产生的喜爱之情是弥足珍贵的，力量是强大的。这珍贵的师生情谊可以激发学生的学习动力，当这股力量足够强大时，可以抵御生活中种种不如意的侵袭。

寄宿生在学校吃穿住行各方面遇到问题时，最先想到的也是班主任老师，老师是他们的坚实后盾。比如在遇到情感问题、人际关系问题时，最先想到的是班主任老师，在出现厌学情绪以及心理问题时也是班主任老师进行开导，可见在寄宿学校，班主任老师所发挥的作用，是其他老师无法代替的。

（二）家庭生活——平凡又吵闹

家庭教育对孩子的影响往往是刻骨铭心且深远的。笔者以志愿者身份，利用学生两周回家一次的机会，无偿给他们补课，以了解寄宿生的日常家庭生活样态，窥探他们的内心世界。

1. 平平淡淡才是真

美国社会学者拉鲁（2010）在其著作《不平等的童年》一书中向读者展示了大量的真实案例，让我们可以切实感受到工人阶级和贫困家庭与中产阶级家庭的教育差异。书中提到了中产阶级家庭生活非常紧张忙乱，家长在孩子们各种各样的活动之间奔忙，需要接送他们去各个活动场所。有时他们在家也会参与孩子们的生活，和他们下棋、玩猜字游戏、进行体育活动、指导他们完成各项作业等。而与之相对应的，工人阶级和贫困家庭中，孩子很少参加活动，家长并不重视他们的兴趣爱好，他们认为孩子的活动并不重要，不应该牵扯大人的时间和精力。大部分农村寄宿生的家庭生活与工人阶级和贫困家庭中的场景很相似。他们的父母很少会探寻他们的兴趣爱好，为他们报各类艺术班。在农村家长眼里，各项活动的花销又贵又不值得，因此寄宿生在家生活平平淡淡甚至是无趣才是最真实的状态。

寄宿生在家的时间有限，因此应合理安排自己的时间。而现实中有相当一部分学生在校期间盼望回家，笔者在参与观察中发现，每次放假当天都能感受到学生溢于言表的喜悦之情，回家之后吃过家长精心准备的饭菜又开始无所事事。家长没有意识为他们安排一天的生活，也没有教给他们如何安排自己的假期。很多农村父母能够做到的是孩子放假回家后为他们洗衣服、准备可口的饭菜、嘱托他们完成教师布置的作业，更多停留在生理需求阶段。小燕家属于农村多子女家庭，尽管父母不在家，但是孩子们在一起也可以很热闹。然而，笔者进入小燕家最常看到的一幅场景是这样的：哥哥在桌子上写作业，小燕坐在沙发上或者拿着一本书，或者在发呆，弟弟各个屋子到处跑或者摆弄一堆玩具。他们彼此之间没有交流，也不喜欢出门找朋友玩。

> 笔者："你们平时不写作业的时候都做什么啊？"
>
> 小燕："就是看电视，有时候有手机就刷手机或者睡觉。"
>
> 笔者："那你们出去找朋友玩吗？"
>
> 小燕："人家都有手机，再说也出不去（没有交通工具）。在家待着发呆，时间过得特别快。一下子就开学了。"
>
> （摘自 2021 年 10 月 2 日田野笔记）

寄宿生在家时间短，学校还会布置家庭作业，边写作业边发呆一天很快就会过去，他们在家的生活轨迹基本就是吃饭、发呆、写作业、玩手机、睡觉。在小燕这种农村多子女家庭中，兄弟姐妹之间日常还会拌嘴，小燕妈妈对手机电脑管控比较严，小燕和哥哥弟弟基本没有机会接触手机，生活中只剩下发呆和写作业，妈妈偶尔带他们出门购买生活必需品。大部分寄宿生的家庭生活大同小异。但是这样的一天缺少成就感，教会他们如何合理安排时间，才能让寄宿生的家庭生活更有价值。

就像网上热议的"小镇做题家"，他们出身农村或小城镇，埋头苦读、擅长应试，经过高考进入一流名校，以为是命运改变的开端，却发现在思维、眼界、家境、社交能力等方面与其他同学相比都有一定差距，对新环境无所适从、焦虑迷茫。这种标签一经出现就引发热议，而从现在农村寄宿生的生活状态来看，"小镇做题家"已经算是众多农村学子中的佼佼者，要改变这些被看到的"小镇做题家"以及千千万万没有被看到的农村学子，还是要从改变教育观念和教育方法入手。

2. 吵吵闹闹总是情

俗话说："家家有本难念的经。"现实中每个家庭都有其独特的家庭氛围。家庭氛围指家庭成员共同创设的文化、心理和情感氛围，其客观地存在于每个家庭中并影响着身心发展迅速的孩子。良好的家庭氛围能使孩子积极向上、勇敢坚毅，家长有意识地创建良好的家庭氛围有利于孩子健康成长。寄宿生的家庭生活有限，这更需要家长用心营造良好的家庭氛围。

然而，笔者在 2021 年 9 月随机抽取贺中一个班的 64 名学生，请他们描述家庭情况时才发现，父母双方外出打工的 28 人，占 43.75%；父母一方外出打工的 19 人，占 29.69%；父母没有外出打工的 17 人，占 26.56%。大部分学生的家庭经常是一家人无法聚在一起，这个比例高达 70% 以上。而深入了解小燕家可以发现，小燕爸爸长期在外打工，妈妈在家附近的镇上工作，妈妈的工作弹性大，还承担着照顾放假回家的孩子以及处理日常家务的责任，繁忙的生活导致母子之间沟通交流少，更是难以营造良好的家庭氛围。与小燕日常接触最多的长辈是和蔼的奶奶。最好的教育状态是严慈并济，当家庭生活中有威严的长辈缺失，就会导致日常生活吵吵闹闹且缺少秩序感。

小燕爸爸长期在外打工，他们的日常交流比较少且多数采用电话沟通。

> 小燕妈妈说："那天正好她爸爸打电话回来，小燕正因为学习的事哭，她爸爸问她怎么了，不行就别上了，给她买一群羊放羊去吧，过年她哥哥考不上高中，就都别上了，在家种地吧。"
>
> （摘自 2021 年 10 月 3 日田野笔记）

爸爸的言辞很犀利，但也掩盖不住对子女未来的担忧，因为自己本身吃了没有文化的亏，也懂得学习对他们改变命运的重要性，希望他们能够有一个好前程。但是语言的匮乏容易导致子女感受不到爸爸言辞背后的爱，最终导致教育没有效果。

小燕妈妈对孩子的教育也总是以批评为主，尤其是对于天性活泼、调皮的小儿子。"你把自己身上的毛病也改改，你说我为什么就愿意吵你？到时候你也听话，不犟嘴，你说那我还为啥吵你？"（摘自 2021 年 12 月 12 日田野笔记）词不达意是很多农村家长的通病，他们所表达的进入孩子耳朵里也许就是另一个意思，他们缺少对儿童发展心理的了解，也就难以站在孩子的角度看问题，从而造成误解。

除了亲子之间，小燕家作为农村多子女家庭，孩子之间的日常交流也是"火药味"十足。小燕问弟弟："你去哪玩儿？"弟弟说："碍着你什么事了？你出去的时候也没跟我说过。"小燕说："我为什么要跟你说？"弟弟说："那我去哪，为什么要跟你说。"（摘自 2021 年 11 月 27 日田野笔记）小燕询问的初衷也许是担心弟弟，想了解弟弟的去向，但因为都孩子气，所以一两句不中听的话就会引发一系列的拌嘴。除此之外，哥哥和弟弟在日常生活中也有很多小摩擦，哥哥和小燕之间总体比较和谐，但也会有意见不统一的情况出现，吵吵闹闹背后总是割舍不掉的亲情。

总体来说，吵闹是日常，是不可避免的。需要做出改变的是要学习说话，无论是家长还是孩子，不同的表达方式，效果是不同的。对于寄宿生来说，掌握说话的艺术有利于他们更好地进行人际交往、更好地融入集体生活。

四 寄宿生的生活特征

（一）情感教育缺失下的成长模式

人类学对情感的研究由来已久。玛格丽特·特拉维克（Margarethe Trawick）对南印度塔米尔人爱的概念的研究、乌尼·维坎（Unni Wikan）对巴厘岛人的笑的研究等通过对其他民族的探索揭示情感的表达和概念（普兰佩尔，2021）。现代美国人类学家本尼迪克特（2009）在《文化模式》

一书中以四个族群在文化濡化过程中养成的迥异性格，描绘不同情境的不同情感表达。这都体现了文化、情感对人的作用。情感教育对每个人都是至关重要的，人总是被各种情感环绕，如友情、亲情、爱情、师生情、爱国情等。寄宿生大部分时间在学校度过，远离家庭，缺乏家庭的约束和父母的关爱，友情和师生情占据主导地位。中学生处于青春期，情感更加细腻。对寄宿生的教育融入情感教育，激发学生的求知欲和探索精神，在有限的时间内让他们感受到无微不至的亲情，用真诚和爱拉近师生距离，才能更好地促进寄宿生身心健康发展。

然而，在农村寄宿制学校实际教育教学过程中，教师由于烦琐的工作而分身乏术，多采用短期效果明显却后患无穷的物质奖励方式，忽视情感教育。

> 笔者："你们这次语文考好了吗？"
>
> 小燕："还行吧，我们主科都是第一。"
>
> 笔者："那你们语文老师答应给你们买东西，买了吗？"
>
> 小燕："就买个糖，看了场电影。"
>
> 笔者："看起来你有些失望。"
>
> 小燕："还没俺英语老师好呢，一个人一袋方便面，看场电影。"
>
> 笔者："所以呢？所以你们感觉？"
>
> 小燕："不赖（错）了，俺数学老师就光买辣条，买烧饼。"
>
> 笔者："所以你们失望的点在于对老师买的东西不满意？"
>
> 小燕："英语老师让看的电影是之前欠的，班主任买的东西都是班费买的，老师老抠了。"
>
> （摘自 2021 年 11 月 27 日田野笔记）

通过允诺学生买零食、看电影等方式，激励学生好好考试，在最初成效明显，但是奖励一旦消失，激励作用也随之消退，甚至出现负面效应，这样既不利于师生关系的维系，也不利于培养学生正确的人生观、价值观。

长时间的寄宿生活在一定程度上影响到亲子关系。随着社会的发展，为了维持家庭生活，越来越多的农民选择外出打工，留守在村的多数是老人、孩子和一部分需要照顾孩子的妈妈。事实上，留守妈妈尤其是寄宿生的妈妈多数在家务农或者就近打工，孩子放假回家后照顾其日常生活。由于农村父母自身文化水平有限、教养观念相对滞后，其往往只能满足寄宿生的日常需求，对情感教育缺乏意识。笔者在深入家庭调查过程中发现，寄宿生父母的日常生活很繁忙，平时要上班，下班回家很晚也很累，还要收拾家务，没有精力和时间进行情感交流。小燕妈妈表示：

> 俺孩子放假回来在家看书，然后还会给我讲，但是我没时间听，确实是没时间，有时候回来都很晚了，累得胳膊疼腿疼，看到家里乱七八糟的还得收拾，衣服也得洗，就是各种事。我有时候是回来得晚点，有时候回来都八九点了，她们都吃饭了，我也吃点饭就睡了，也没空管他们。
>
> （摘自 2021 年 10 月 3 日田野笔记）

家长除了没有主动进行情感教育，在日常生活互动中也没有抓住教育的机会。作为农村多子女家庭，孩子之间会不可避免地产生一些矛盾和冲突，在恰当的时机进行情感教育，可以产生事半功倍的效果。然而，很多农村家长难以觉察到教育时机，尤其是隔辈教育。笔者在对寄宿生家庭进行调查时发现，在面对孩子之间的小冲突时，家长多是采取息事宁人或者置之不理的态度。小燕奶奶说：

> 他（弟弟）在吃饭的时候，炒菜里面有鸡蛋，他全都挑出来放到自己的碗里，不让哥哥姐姐吃，把整个碗里的菜都弄得很乱，你还不能说他，你说他一句，他顶你两句。后来没法只能把菜都提前分到碗里面，这样别人才能吃。
>
> （摘自 2021 年 10 月 31 日田野笔记）

在田野调查过程中，也有学生跟笔者分享心事。小文在班级是一位很优秀、很踏实的女生，她向笔者倾诉她的烦恼。

> 小文："我有一个表姐特别厉害，学习特别好，关键我们还在同一个年级。"
>
> 笔者："那你们肯定相处得特别好，有这样一个姐姐在，你应该很高兴吧。"
>
> 小文："并没有，其实我有些讨厌她，一点也不想看到她。"
>
> 笔者："为什么呢？有这样一位年龄相仿又优秀的姐姐你讨厌她什么呢？"
>
> 小文："就是因为她太厉害了，我怎么都超不过她。我妈经常说让我跟她学习，每次去了外婆家都在夸她，我好不容易考了全班第一名，结果我妈还是让我跟她学习，就因为她考了全校前三。可我已经很努力了，有她在大家都看不到我。"
>
> （摘自 2021 年 12 月 17 日田野笔记）

"别人家的孩子"永远都是最好的，很多农村家长都存在这样的认识误区，他们对孩子的对比不但伤害了亲子关系，而且影响了孩子之间的友情。

在情感教育缺失的成长模式下，寄宿生内心缺少安全感，极易出现待人接物麻木等情感缺失表现。笔者在参与观察中发现，有些同学情感发展出现认知偏差，尤其是同理心的发展。寄宿生每天接触最多的就是老师，但是他们日常对任课教师评头论足，最喜欢讨论教师的外貌和穿衣风格，对教师职业认知也存在偏差。

> 笔者："你感觉你的老师辛苦吗？"
>
> 小燕："我感觉不累，一天天有课的时候就去上课，其他时候都没事吧，还光压迫我们，留老多作业。"
>
> （摘自 2021 年 10 月 2 日田野笔记）

寄宿生对自己的家人缺少沟通和理解，小燕说："他（爸爸）又不回来，俺一天天都见不到他面，俺知道他辛苦不辛苦啊。他挣钱是为了给哥哥弟弟买房，感谢也应该是他们感谢，跟我有什么关系？"（摘自 2021 年 11 月 16 日田野笔记）

健康完善的人格需要有积极的情感体验，寄宿生的情感发展需要有意识地进行引导，在集体活动中、在日常生活中融入集体意识、凝聚力等积极品质。积极情感发展会影响孩子的一生。

（二）割裂的家校生活

寄宿生割裂的家校生活来自无效的家校沟通。家校沟通具有多属性特征，通过信息交流、互动等方式实现家校合作，达到凝聚育人合力的目的。然而，在现实中，学校和家庭在利益、职责等方面存在不同，导致目标不一，最终出现割裂现象。家长和学校扮演的角色不同。教师作为法定知识的权威，占有雄厚的文化资本，拥有知识、权力上的优越感。家长作为学生的监护人，主要为学生提供教育及成长所需的物质支持和监督保护，由此引发了培养目标的偏差，产生了文化冲突。文化冲突是指两种不同性质的文化在相遇之后因差异而产生矛盾并引起相互摩擦、冲撞或对抗的状态（徐静、明庆华，2016）。

随着社会的发展，人们对教师提出了更高的要求和期待，所以在遇到与学生相关的问题时，教师首先想到的是事件本身的影响以及如何避免消极作用。而家长要考虑的是孩子本身，情感大于理智。在遇到主动实施协同育人规划问题时，教师考虑的是班集体，希望家长配合，适当地介入教学工作，避免影响正常教学，家长考虑的是自身情况、利益、孩子的现状，出发点不一致，很难有效地进行家校沟通。寄宿生的生活处于割裂的状态。比如组织家长观看家庭教育讲座，学校希望家长可以按时观看并有所启发，而对于家长来说，这无疑是繁忙生活中的插曲，是一种负担。学校最初要求家长签到，反馈到班级群，部分农村寄宿生家长不理解为什么家长还要上课，部分家长对智能手机操作不娴熟不会签到，最终导致这种做法流于形式。究其根本是家长认为教育都是学校的事，学校认为观看家庭教育的讲座是家长的责任，双方没有有效沟通，导致出现职责分工模糊现象。

贺中几乎没有组织过家长会、开放日等交流活动。学生在学校的生活与在家庭中的生活联系甚微，再加上亲子之间缺乏沟通，家长也无从得知孩子在学校的情况，难以开展进一步深层次的教育工作。农村寄宿生家长教养意识缺失更是造成家校沟通不畅的原因之一。贺中组织开展线上讲座，结果不尽如人意。

> 八年级班主任老师："我就直接转到群里了，之前有过让家长签到，但是效果非常不理想，很多家长直接不搭理你这回事，有些家长是不会签到，还有一些直接打电话说没有时间，后来就慢慢地直接转发给家长，他们看不看就不知道了。我估计他们不看，这儿的家长他们没有这个意识，而且现在正是农忙的时候，应该不会看。"
>
> （摘自 2021 年 10 月 11 日田野笔记）

> 九年级班主任老师表示："其实很多家长还是认为我们把孩子交给你们学校了，半个月才回一次家，回家有的时候还顾不上，他们觉得听这个课没有用。有很多家长的观念很难改变，你也没法跟他们一个一个去解释，班主任哪有那个时间，你总不能跟管孩子一样去管家长吧，这个转过去也就是完成上面安排的任务。"
>
> （摘自 2021 年 10 月 11 日田野笔记）

割裂的家校生活对寄宿生的影响是深远的，教育学有一种说法叫"5+2=0"，指的就是在学校接受 5 天的教育，回家接受 2 天的家庭教育，教育效果最终相抵消。这种说法虽然有些夸张，但侧面反映了家校教育目标不一致所带来的负面影响。贺中极易出现"12+2 < 12"的情况。家校教育是割裂的，但是学生本身是一个整体，家校缺乏有效沟通，缺少一致的目标，就会出现职责履行不到位，寄宿生的人生观、价值观、世界观形成出现偏

差的问题。

（三）教育着力点偏差

从人类学观点看，教育既是一种文化活动也是一种文化历程，人类教育的本质是文化的陶冶。因此，教育人类学家很重视研究文化（冯增俊，2005：223）。人类学家玛格丽特·米德（Margaret Mead）在《萨摩亚人的成年》一书中呈现了一个没有焦虑、冲突、竞争的社会，她认为这归功于萨摩亚人宽松的教育方式，即文化。对寄宿生的研究主要涉及家庭文化和学校文化两类。寄宿生最初受到家庭文化的熏陶，随后带着独特的文化体系进入学校。家庭和学校作为两个独立的社会子系统，由孩子联结在一起，共同守护孩子的成长。

在田野调查过程中，我们发现对寄宿生的学习问题，家长和学校表现出惊人的一致性，都体现了重智轻德的特点。这与应试教育大背景下的文化有密切的关联。贺中有一项制度是根据学业成绩划分实验班和普通班，并且在每次考试之后会对实验班和普通班的学生进行微调。面对这样的制度，学生是极其不情愿的，无论是否需要换班，都很抗拒。

> 小燕说："俺们班转来的那几个都说学不会，想转回普通班。我们老师不让走。他们根本就适应不了，我同桌经常就说她压力大，光哭，回宿舍也哭。她原来在普通班的时候都不这样，她想转回去，在这儿都不想学。但是家里人不同意。"
>
> （摘自 2021 年 10 月 31 日田野笔记）

> 七（4）班班长表示："谁让他们转来的，我们还不想要他们来呢，让他们走吧，我们班原来的回来。"
>
> （摘自 2021 年 10 月 16 日田野笔记）

面对这种情况，家长的想法与学校不谋而合。实验班里都是尖子生，进入实验班有更好的前景，学校在资源上也有一定程度的倾斜。

> 小燕妈妈说："托人让她进的实验班，难进不说，人家谁不想进实验班啊，她进实验班之后说压力大，作业多，回来就哭。觉得老师讲得快，作业留得多。她适应适应就好了，哪有进了实验班再去普通班的。人家老师讲得快，学得也多。现在多少孩子上不了高中啊，连实验班都不是，那更上不了。"

（摘自 2021 年 10 月 2 日田野笔记）

无论是学校的制度还是家长的态度，都体现了对寄宿生成绩的重视。应试教育大背景下，考一个好大学是家长和学校的共同目标，在这方面，家校保持了惊人的一致性。家校目标一致本是一种社会期待，但是如果教育着力点不是立足孩子本身，那教育也就失去了原本的意义。对于寄宿生来说，对他们影响最大的是学校，作为培养人才的地方，学校更应该发挥其规划性和专业性，立足学生本身，并为家长起到示范和指导作用。

五　结语

当下，我国农村寄宿生是一个庞大的群体，面对他们遭遇的困境，我们需要在陶行知生活教育理论指导下，结合农村寄宿生的自身特点和局限性，通过社会、学校和家庭的共同努力来解决问题。陶行知先生的生活教育理论又被称作"活教育"，具有动态性和强大的生命力，它是一种与时俱进的教育思想，主要包括"生活即教育""社会即学校""教学做合一"三个方面。

（一）拓宽教育教学阵地，点点活动皆课程

陶行知先生"生活即教育"理念表明，生活是教育的来源和归宿，教育应该亲近生活，融入生活，教育的最终目的是服务于生活。学校是一种

有目的、有计划、系统地培养人的组织机构，政策制度多是机械式的教育，传统的教学多是在课堂上进行，课堂教学方式可以有效完成教学任务，但是难以实现以学生为主体、教师为主导的教学观。寄宿生大部分时间生活在学校，这样的教育体系不利于对学生潜能的激发和个性化的培养。

应该拓宽教育教学阵地，不仅仅拘泥于课堂上，生活中处处存在教育。这对学校和教师提出了更高的要求，而农村寄宿制学校存在管理制度相对滞后、师资力量薄弱，教师年龄偏大、职业倦怠等问题。高素质的师资队伍是学校最宝贵的资源，是学校可持续发展的动力，应该加强骨干教师队伍建设、注重教师培训与自我提升。学校在教学过程中应不仅仅局限于课本内容，要注重校本课程资源开发，同时在信息化社会借助互联网丰富的优质资源，更新教学方法，丰富教学内容，与时俱进，激发学生的兴趣。任何生活情境，包括宿舍、食堂等场所，都存在教育机会。培养的内容应包括良好的习惯，如每天作息时间、卫生习惯、饮食习惯、学习习惯、行为习惯等，还应注重贯穿始终的教育，如安全教育、文化熏陶、情感教育等。

在家庭中更是如此，家庭教育可以更好地关注到孩子自身的性格特点，完成"立德树人"的根本任务。家长是孩子的第一任教师，对孩子的影响也是最深远的。家庭里孩子主要通过模仿学习，家长要注重言传身教，摒弃传统观念中把孩子送到学校教育就是教师的职责、家长保障孩子吃饱穿暖就可以的错误观念，家长要注重孩子生活能力、情感的培养。生活中处处有教育，需要家长和教师用细心、耐心和爱心去爱护身心发展尚不成熟的孩子。

（二）凝聚多元教育力量，家校社协同育人

陶行知先生的"社会即学校"不是要让学校消失，而是要拆除学校和社会之间虚拟的高墙，让学生的内心世界更加丰富，能够超越课本、投入生活。同时，学校汲取社会力量，允许多元教育存在，改变以往学校与社会脱节的现象。对于寄宿生来说，开放的教育环境更有利于他们的成长。人从出生就要接受家庭教育，接着进入学校开始接受系统化的教育，最终还是要在社会上立足，家庭教育、学校教育、社会教育是不可分割的整体。

　　家庭、学校、社会基于自身特点承担不同的使命。家庭教育作为最初的教育也是影响最深远的教育，应以德为先，家长应该为孩子成长营造良好的家庭氛围、注重习惯养成。然而，很多农村家长自身教育观念相对滞后、教养方式简单粗暴，存在局限性。学校教育承担着教书育人的使命，但是对学生的个性化成长难以把控。社会的教育资源虽然丰富却难以分辨。只有家校社协同育人，才能使学生德智体美劳全面发展。社会为家庭教育提供指导。对于寄宿生来说，学校不断汲取家庭和社会的力量，家庭得到有效指导后才能促进他们健康成长。首先，学校一方面要注重家长资源，通过家长了解孩子的独特性，调动家长参与学校教育教学管理的积极性，开辟家长反馈渠道，班主任也要多注重与家长沟通；另一方面，通过家长会、家长学校、线上微课堂、讲座、教育公众号等形式为家长提供指导。其次，学校和家庭应注重社会资源的整合。2022 年 1 月 1 日，《家庭教育促进法》正式实施，家庭教育由"家事"上升到"国事"，而家庭教育立法不仅仅是为了给父母提要求、立规矩，也是在为家长指路，帮助家长采用更恰当的教育方式。学校应灵活运用农村自然资源，开发校本课程，开展综合实践类课程。比如特色社团活动课，邀请民间艺术家分享农耕生活、让学生感受家乡节日氛围等。乡土文化具有特定的原生感、田园感，是农村天然的教育资源。

（三）注重以人为本，教学做合一

　　陶行知先生的生活教育理论的方法论是"教学做合一"，其中"做"是核心，"做"既是教的过程也是学的过程。农村寄宿生对学习之所以敷衍，是因为不了解学习的意义，学校采取传统的讲授法，以课本为中心，难以引起学生的兴趣。他们被迫吸收知识，缺乏主动探索意识。教育人类学非常重视实践活动对人的生成作用，奥拓·弗里特里希·博尔诺夫（Otto Friedrich Bollnow）强调活动是人获得生命和达到"完整的人"的基本途径（冯增俊，2005：373）。传统教学中教师、学生、教材三者的关系是以教材为中心，忽视人的发展，陶行知先生在教学实践中总结出的"教学做合一"理念既肯定了教师的地位，也确定了学生的主体地位。教育应注重教与学的统一。

想要促进寄宿生的全面发展，首先学校和教师要树立"教学做合一"的理念，即学校管理、教师教学设计、活动组织等将"教学做合一"作为基本原则。其次组织丰富多彩的活动课程，以培养学生的动手能力、创造力等。比如，学校在各种节日设计不同主题的手抄报；组织辩论赛、篮球赛、演讲比赛等，让学生在合作与竞争中得到成长；举办拔河比赛、师生谈心、亲子活动等情感教育活动。最后在做中学，即在劳力中劳心。教师在做的过程中教，学生在做的过程中学，最后培养出有思想、有能力的社会需要的人才。家庭教育也是如此，家长应创造适合孩子成长的环境。家庭教育要特别注重对孩子品德的培养，农村初中寄宿生有一定的自理能力，可以做力所能及的家务劳动。而孩子在劳动过程中的思考比劳动本身更重要，所以家长要合理分配家务并进行适时的引导。同时，家长可以有意识地设计符合孩子身心发展规律的亲子活动，这样既可以拉近亲子之间的距离，又可以丰富孩子的情感体验，促进孩子全面发展。

参考文献

本尼迪克特，露丝，2009，《文化模式》，王炜译，社会科学文献出版社。

董世华，2012，《我国农村寄宿制学校问题研究》，博士学位论文，华中师范大学。

段如菲、谢琳、赵建娥、番凤仙、徐维仙、赵学稳，2017，《保山市农村中小学生营养状况分析》，《中国学校卫生》第 7 期，第 980 页。

冯增俊主编，2005，《教育人类学教程》，人民教育出版社。

胡晓风、金成林、张行可、吴琴南编，2007，《陶行知教育文集》，四川教育出版社。

黄霄，2018，《试论中职教师在师生关系中的职业责任——基于一项师生冲突对双边关系影响的教育人种志研究》，《职业教育研究》第 9 期，第 82 页。

拉鲁，安妮特，2010，《不平等的童年》，张旭译，北京大学出版社。

普兰佩尔，扬，2021，《人类的情感：认知与历史》，马百亮、夏凡译，上海人民出版社。

茹宗志、刘海莲，2015，《论农村寄宿制学校学生适应现状、问题及对策——以陕西西部某寄宿制学校为例》，《宝鸡文理学院学报》（社会科学版）第 1 期，第 124~127 页。

孙亚杰，2017，《乡村寄宿制初中生管理的研究》，硕士学位论文，河北大学，第 45 页。

徐静、明庆华，2016，《师生交往过程中的文化冲突探析》，《教学与管理》第 6 期，第 66 页。

张俊娥，2019，《陶行知"活的教育"之实现路径》，《西部素质教育》第 12 期，第 231、233 页。

周永军，2015，《走出误区 关爱成长——浅谈农村中学寄宿生家庭教育问题及对策》，《教书育人》第 4 期，第 10 页。

赵祥辉，2018，《研究生教育中师生关系异化的外在表征及其生成逻辑——基于马克思异化劳动理论的视角》，《现代教育科学》第 3 期，第 74 页。

White, Mathew A. 2004. "An Australian Co-educational Boarding School: A Sociological Study of Anglo-Australian and Overseas Students' Attitudes from Their Own Memoirs." *International Education Journal* 5 (1): 65 – 66.

十年回顾与展望：我国农村义务教育学生营养改善计划[*]

郭艳斌[**]

摘　要：过去十年里，我国农村义务教育学生营养改善计划经历了从无到有的历程，完成了从追求数量扩张到更加注重供餐质量的转变，取得了欠发达地区农村学生营养健康状况明显改善的阶段性成果，但还存在配套经费负担重与地方政府主体责任落实不到位、制定膳食补助标准本身的复杂性与现行膳食补助标准不成熟、学生营养不宜中断与应急供应体系不健全、政府任务繁重与社会力量角色缺位、供餐各环节亟待法律规范与立法条件不成熟等矛盾。我国应尽快建立激励相容的经费分担机制，形成定期调整的膳食补助标准调节机制，积极探索以村（社区）为单位的学生营养餐应急供应体系，打造国家主导和民间参与并重的学生营养餐供给体系，加快推动营养餐法进入立法议程，以形成适应高质量教育体系的营养餐体系。

关键词：营养改善计划；农村义务教育；营养餐立法；第三次分配

---

* 基金项目：教育部哲学社会科学研究 2015 年度重大课题攻关项目"教育与经济发展关系及贡献研究"（项目编号：15JZD040）。

** 郭艳斌，北京师范大学教育学部教育经济研究所博士研究生。

经过十年的努力与推动，农村义务教育学生营养改善计划①的运行机制已基本形成，经济落后地区农村义务教育学生的营养健康状况得到明显改善，学生基本告别了"饿着肚子上学"的历史，但从建设高质量教育体系的战略高度来看，我国营养改善计划还存在配套经费落实不到位、法律保障不健全、供餐质量不高、食品安全事故偶有发生、突发公共危机下营养餐缺位等短板和不足。本文梳理了过去十年我国营养改善计划的发展历程，并以顺利实现 2035 年教育现代化目标为出发点和落脚点，剖析了营养改善计划面临的主要难题，并提出了优化和完善营养改善计划的一般思路。

一　营养改善计划的十年回顾

2011 年 11 月《国务院办公厅关于实施农村义务教育学生营养改善计划的意见》（国办发〔2011〕54 号）的颁布标志着我国学生营养餐项目的正式出台。该项目规定以集中连片特困地区为国家试点地区，并要求地方试点地区应当以贫困地区、民族地区、边疆地区、革命老区等为重点，但还存在一部分原国贫县既未被纳入国家试点地区也未被纳入地方试点地区的情况。为此，2016 年 8 月教育部、发改委、财政部联合印发《关于进一步扩大学生营养改善计划地方试点范围实现国家扶贫开发工作重点县全覆盖的意见》（教督厅函〔2016〕6 号），明确要求各地通过扩大地方试点的方式确保营养改善计划覆盖到所有原国贫县。为此，教育部与各省签署了省部协议书，并建立了双月报制度，2017 年底全国如期实现了这一目标②。之后，各地仍在扩大地方试点的范围，地方试点地区的数量仍在增加，营养改善计划仍处于扩张阶段。2021 年 9 月财政部和教育部联合印发《关于深入实施农村义务教育学生营养改善计划的通知》（财教〔2021〕174 号），明

---

① 我国的营养餐项目就是指农村义务教育学生营养改善计划，本文对此不作区分，下文简称为营养改善计划。

② 《营养改善计划铸就民族未来》，http://www.moe.gov.cn/jyb_xwfb/xw_fbh/moe_2069/xwfbh_2018n/xwfb_20180627/sfcl/201806/t20180627_341250.html，最后访问日期：2021 年 10 月 1 日。

确提出"各地做好现有试点范围内营养改善计划实施工作，不再扩大试点范围"，这标志着我国营养改善计划的试点范围基本确定。目前，我国营养改善计划基本形成了国家试点地区覆盖原集中连片特困地区县与地方试点地区覆盖原国家扶贫开发工作重点县、原省级扶贫开发工作重点县、民族自治县、边境县、革命老区的运行模式。截至 2020 年 12 月，全国共有 727 个国家试点县、1005 个地方试点县（林焕新，2021），共覆盖约 3795 万人（欧媚，2021），基本实现了原贫困地区农村义务教育学生营养餐全覆盖的政策初衷。

十年来，我国营养改善计划完成了从追求数量扩张到更加关注供餐质量的转变，这主要体现在三个方面。

第一，试点范围基本确定，每年新增的试点县数、总覆盖学生数逐步减少，总试点县数、总覆盖学生数趋于稳定。国家试点县数、地方试点县数、总覆盖学生数都在 2019 年达到峰值，之后趋于稳定甚至略有下降（见图 1）。

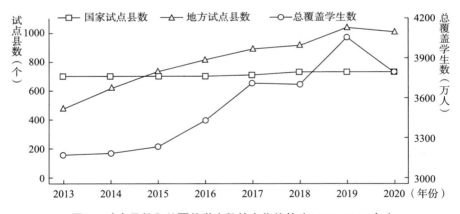

图 1 试点县数和总覆盖学生数的变化趋势（2013~2020 年）

资料来源：2013~2020 年全国学生营养办《全国农村义务教育学生营养改善计划实施进展情况通报》。

第二，多措并举提高膳食补助标准以助力供餐质量提升。我国的学生营养改善计划实行国家试点和地方试点并行的运行模式。国家试点和地方试点的最大区别在于资金来源不同。前者的膳食补助来自中央财政，后者的膳食补助则来自地方财政。国家试点地区的膳食补助标准经历过两次大的调整。国家试点地区初始的膳食补助标准为 3 元/（生·天），2014 年提高到 4 元/（生·天），2021 年进一步提高到 5 元/（生·天）（见表 1）。地方试点地区的膳食补助标准则由地方自主确定，中央依据地方出资标准予以奖补。地方标准越高，中央财政奖补力度也越大，而且中央财政面向地方试点地区的奖补政策不是一蹴而就的。一方面，对于达到国家基础标准的地方试点地区而言，中央财政持续加大面向这一类地区的奖补力度，奖补标准从 2011 年的 1.5 元/（生·天），提高到 2016 年 2 元/（生·天），再到 2019 年的 3 元/（生·天），直到今天的 4 元/（生·天）；另一方面，对于未达到国家基础标准的地方试点地区而言，中央财政持续减少面向这一类地区的奖补支持，从 2016 年的 1.5 元/（生·天），降低到 2019 年最高不超过 1.5 元/（生·天）的分档奖补，再到 2021 年的零奖补，这表明国家正向激励和反向激励的力度都在不断加大，最终达到倒逼地方试点地区对标国家基础标准、改善供餐质量的目的。

表 1　营养改善计划国家试点地区的膳食补助标准、中央奖补政策演变（2011~2021 年）

	2011~2013 年	2014~2020 年			2021 年
膳食补助标准	3 元/（生·天）	4 元/（生·天）			5 元/（生·天）
	2011~2015 年	2016~2018 年	2019~2020 年	2021 年	
中央奖补政策	达到 4 元/（生·天）的，奖补 1.5 元/（生·天）	达到 4 元/（生·天）的，奖补 2 元/（生·天）；否则，奖补 1.5 元/（生·天）	达到 4 元/（生·天）的，奖补 3 元/（生·天）；否则，分档奖补	达到 5 元/（生·天）的，奖补 4 元/（生·天）；否则，不奖补	

资料来源：《城乡义务教育补助经费管理办法》（2016 版、2019 版、2021 版）、《国务院办公厅关于实施农村义务教育学生营养改善计划的意见》（国办发〔2011〕54 号）、《关于深入实施农村义务教育学生营养改善计划的通知》（财教〔2021〕174 号）。

第三，配套费用支出责任逐步强化有利于长期稳定地开展食堂供餐，达到新增膳食补助资金全部用于提高供餐质量的目的。配套费用责任落实一直是实施营养改善计划的重点和难点，也是保障供餐质量的关键。早在

2012 年《农村义务教育学生营养改善计划中央专项资金管理暂行办法》（财教〔2012〕231 号）就指出"学校食堂（伙房）的水、电、煤、气等日常运行经费纳入学校公用经费开支。供餐增加的运营成本、学校食堂聘用人员开支等费用，由地方财政负担"。《关于深入实施农村义务教育学生营养改善计划的通知》（财教〔2021〕174 号）进一步明确"因供餐增加的运营成本、食堂聘用人员费用等支出应纳入地方财政预算""食堂（伙房）的水、电、煤、气等日常运行经费纳入公用经费开支范畴"。首先，与"食堂（伙房）的水、电、煤、气等日常运行经费纳入公用经费开支范畴"相配套的是生均公用经费标准的提高，中西部地区生均公用经费基准定额由 2014 年小学 600元 /（生·年）①，提高到 2021 年的小学 650 元 /（生·年）②，生均公用经费提高 50 元可以在一定程度上解决营养餐试点学校因食堂供餐而挤占公用经费的问题（宋乃庆、邵忠祥，2014）。其次，明确规定将食堂运营成本、食堂工作人员工资等配套费用纳入地方财政预算，这意味着配套费用的落实有了预算保障，相比之前的"由地方财政负担"有了一定的进步。最后，《关于深入实施农村义务教育学生营养改善计划的通知》（财教〔2021〕174 号）还强调"从 2022年起，各级财政部门要将地方试点地区所需资金足额列入地方财政预算"，这有利于增强地方试点地区供餐资金的稳定性和持续性。以上举措都旨在保障食堂长期稳定供餐，从而达到增加的膳食补助资金全部用于提高供餐质量的目的。

二 营养改善计划面临的主要难题

（一）配套经费负担重与地方政府主体责任落实不到位的矛盾

作为教育领域的一项基本公共服务，营养改善计划本质上是一项中央

---

① 《中央财政 2014 年再次提高农村义务教育学校公用经费标准》，http://www.moe.gov.cn/jyb_xwfb/gzdt_gzdt/s5987/201406/t20140610_170025.html，最后访问日期：2021 年 10 月 1 日。
② 出自《城乡义务教育补助经费管理办法》（2021 版）。

和地方共同财政事权的经常性事项①，该项目既要依靠中央政府针对地方政府的转移支付资金，也要依靠地方政府自身划拨的配套经费。在其他环节依法依规开展的前提下，资金落实责任问题多大程度上得到解决，学生吃得饱、吃得好的目标就能在多大程度上得以实现。在国家提高公用经费生均标准使食堂运营经费紧张的问题得到缓解后，地方政府主体责任落实主要体现在保障食堂工作人员工资待遇方面。食堂工作人员工资的保障程度直接决定食堂工作人员的稳定性和专业性，进而影响供餐质量。

在实际工作中，是否将食堂工作人员工资纳入地方财政预算更多取决于地方政府的偏好和财力，这一问题长期没有得到根本解决。一方面，既不能简单将这一任务落实情况纳入地方政府核心绩效考核目录，以免泛化和打乱现行政府绩效考核内容。毕竟与"六保""六稳""双碳"目标等硬约束相比，营养改善计划至多可以算作民生项目中的一个分项，与其同样重要和紧迫的民生项目不在少数，直接将其纳入政府核心绩效考核目标显然不是特别合适；另一方面，地方政府特别是县级政府的财政压力确实不容忽视。在现行规定下，国家试点地区和地方试点地区的配套费用特别是食堂工作人员工资应由地方政府负担，但是相当一部分省级政府承担配套费用的比例并不高，县级政府往往需要承担较高比例，部分地方甚至出现了几乎完全由县级财政承担配套费用的现象。而实行营养改善计划的地区大多为经济相对落后的地区，这些地区的县级财力本来就不是很强，高比例地承担配套费用大大加重了这些地区的财政负担。此外，按照相关规定，实施营养改善计划以后，食堂工作人员工资事实上就成为地方政府特别是县级政府的经常性人员支出之一。学校食堂正常运转一天，这项支出就存在一天。特别是对于先前没有寄宿生的学校而言，这项开支完全属于新增开支。因此，部分县级政府的财政压力是较大的且是长期性的。

---

①　按照《国务院办公厅关于印发教育领域中央与地方财政事权和支出责任划分改革方案的通知》（国办发〔2019〕27号）的规定，营养改善计划属于经常性事项，属于中央和地方共同财政事权。

（二）制定膳食补助标准本身的复杂性与现行膳食补助标准不成熟的矛盾

膳食补助标准本身的复杂性主要体现在学生群体差异大、各地情况差异大与统一补助标准之间的矛盾，以及膳食补助标准调整依据、调整周期与财力可持续性之间的矛盾。各地情况特别是财力和重视程度的差异较大，简单统一标准会扼杀地方的主动性和创造性；地方自主权过大可能造成各地标准差异过大，不利于后期的奖补和管理。膳食补助标准的调整力度过大、周期过短可能诱发财力不可持续性的问题；长期没有大的实质性调整又不能真正发挥营养餐的作用。

现行膳食补助标准不成熟主要表现在以下两个方面。

第一，现行膳食补助标准未能充分考虑学生群体的异质性。小学一年级到初中九年级所有学生的国家基础膳食补助标准均为 5 元/（生·天），但从食量的角度来看，九年级学生应该是大于一年级学生的，食量的不同势必带来成本的差异。因此，高年级和低年级中一定有一方存在资金不足或资金过剩的问题。如果 5 元/（生·天）对于小学一年级学生来说是适当的，那么对于九年级学生而言大概率是不够的；如果 5 元/（生·天）对于九年级学生来说是合适的，那么对于一年级学生而言就可能存在一定的资金浪费问题。同为面向义务教育阶段学生的补助，家庭经济困难学生生活补助就考虑到小学生和初中生的需求差异。小学生家庭经济困难寄宿生生活费补助标准为 1000 元/（人·年），初中生则为 1250 元/（人·年）[①]。

第二，营养改善计划尚未形成定期调整膳食补助标准的机制。虽然国家制定了统一的膳食补助国家基础标准，但在实际操作过程中，各地实行以县、市或省为单位的统一的膳食补助标准，各地补助标准参差不齐，部分地方生均膳食补助标准早已超过国家规定的 5 元/（生·天），但部分地区可能还没有达到国家基础标准。从中央层面来看，补助标准的调整往往依赖有关部门的调研，而调研容易受到主管部门负责人偏好和精力、基层态度、调研条件、媒体报道等主客观因素的影响。从地方层面来看，膳食

---

① 出自《城乡义务教育补助经费管理办法》（2021 版）。

补助标准的高低更多取决于地方政府主要领导对营养餐工作的重视程度和地方财力，重视这项工作的领导会明显提高辖区内膳食补助标准。可以说，这两个层面的因素都有较大的不确定性，不能很好地反映一线供餐成本特别是物价变化的实际状况，容易造成资金浪费、可持续性程度低或者资金不足、供餐质量不高的问题。

（三）学生营养不宜中断与营养餐应急供应体系不健全的矛盾

现行营养改善计划只能保障学生在校期间的营养，营养改善计划应急供应体系尚未形成。在面临突发公共危机时，学生营养面临中断的风险。《国务院办公厅关于实施农村义务教育学生营养改善计划的意见》（国办发〔2011〕54 号）规定国家试点地区营养膳食补助所需资金全部由中央财政承担，并明确提出"全年按照学生在校时间 200 天计算"。2017 年出台的《教育部办公厅 财政部办公厅关于进一步做好农村义务教育学生营养改善计划有关管理工作的通知》（教督厅函〔2017〕2 号）也提到"从 2018 年起，财政部、教育部将根据各地报送的学生实际在校平均天数，按相关补助标准核定中央补助资金预算"。不难看出，系列文件的精神是明确且一致的，现行营养改善计划只明确要求覆盖学生在校时间。发生重大突发公共危机时，学生是没有营养餐的，但实践表明学生营养不宜中断。

受罕见的全球公共卫生危机的影响，2020 年前 8 个月，全国义务教育学校大都没有开学。按照营养改善计划的相关规定，停课期间，营养餐停止供应。因此，全国有 4060.82 万①贫困地区农村义务教育学生因学校停课而中断了营养餐。学生停课在家期间，贫困地区农村义务教育学生的营养健康状况不容乐观。中国发展研究基金会的调查表明，学生停课在家这段时间，"4% 的孩子变瘦了，体重平均下降 4.2 斤，这 4% 变瘦的孩子中有

---

① 根据全国学生营养办《关于全国农村义务教育学生营养改善计划截至 2019 年 12 月底工作进展情况的通报》，"截至 2019 年 12 月底，全国范围内享受营养餐的义务教育学生总人数为 4060.82 万人，其中，国家试点县有 2151.13 万人，地方试点县有 1909.69 万人"。

78% 来自农村"（见表 2）①。如果按照 2019 年底营养改善计划覆盖 4000 万农村义务教育学生的规模来算的话，那么疫情期间大约有 160 万农村义务教育学生的营养得不到保障，这一数字相当于一个中等城市的人口规模，这说明重大突发公共危机下学生营养问题不容忽视。调查还发现，"不少孩子回家后营养摄入不足，甚至有些孩子家里连一日三餐都不能保证"②，这一现象不难解释。新冠肺炎疫情发生后的半年多时间内，农村家庭特别是原农村贫困家庭收入因大规模停工停产而骤减、学生营养餐因学校停课而中止。在这样的背景下，营养意识本就淡薄（宋乃庆、邵忠祥，2014）的原贫困地区学生家长往往容易忽视学生的营养健康问题。因此，为数不少的学生经历了比正常开学期间更为严峻的营养不足的考验。

表 2 疫情对农村地区儿童体重的影响

	体重减少			体重没有变化	体重增加
三种儿童体重类型占比（%）	4	来自村镇	78	59	37
		来自县城	22		
儿童平均体重变化（斤）	−4.2			0	5.8

注：中国发展研究基金会针对 36 个贫困县的中小学生做了问卷调查，有效样本量达到 18 万。
资料来源：2020 中国儿童发展论坛。

上百万欠发达地区学生经历了长达 8 个月③的营养中断，这暴露出我国营养餐项目还存在一定的问题，即无法保证突发公共危机情况下学生营养不中断，而学生营养中断显然不利于建设高质量教育体系。从长远来看，对于处于成长关键期的学生而言，超过半年的食物不足很可能会影响儿童的健康成长、人力资本积累和国家经济增长（Fore et al.，2020）。

---

① 《中国发展研究基金会秘书长方晋关于"社会支持"方面的主题介绍》，中国儿童发展论坛，https://edu.cctv.com/2020/06/01/VIDEhVPHhq10uDiwrVNdDwgU200601.shtml，最后访问日期：2020 年 10 月 3 日。

② 《方晋：新冠疫情加剧不公平现象，呼吁社会合力关注解决》，中国发展研究基金会，https://www.cdrf.org.cn/mtgz/5503.jhtml，最后访问日期：2020 年 9 月 10 日。

③ 从 2020 年 1 月底到 2020 年 8 月底。

（四）政府任务繁重与社会力量角色缺位的矛盾

自 2011 年实施营养改善计划以来，我国政府在营养改善计划实施过程中扮演了主要角色，承担了包括经费投入、人员投入、前期试点等多方面的工作。同时，社会力量还没有发挥其应有的作用。从经费投入来看，一方面，官方力量是我国学生营养餐项目的主要甚至是唯一资金来源。教育部督导局 2020 年 5 月发布的《农村义务教育学生营养改善计划实施情况总结报告》指出"2011~2019 年，中央财政累计安排膳食补助资金约 1472 亿元，地方财政累计投入约 700 亿元"。另一方面，与资助学生、捐助校舍等传统教育慈善项目相比，专门用于改善义务教育学生营养的慈善项目并不常见。很少有慈善组织直接为学生提供食物，限定使用范围的教育捐助也鲜见提及帮助学生改善营养这一用途，这既与提供食物本身的复杂性有关，也与现阶段营养餐事业中社会力量的缺位有关。

从现有实践来看，能够组织和动员社会力量并对政府决策产生影响的社会组织往往也都有一定的官方背景，这些组织并非完全意义上的社会组织。准官方组织中国发展研究基金会于 2007 年发起了"贫困地区寄宿制小学学生营养改善项目"①，该项目是营养改善计划的雏形，为营养改善计划在全国层面的大范围试点提供了重要的前期经验和决策依据。应该说，政府力量在营养改善计划实施以来一直发挥着主导作用。

从人员投入来看，面向供餐一线的志愿服务尚未真正建立起来。2013年 8 月出台的《关于建立农村义务教育学生营养改善计划志愿者服务制度的通知》（全国学生营养办〔2013〕2 号）规定，在国家和省级层面建立相应的志愿者服务制度。但工作内容主要集中在协助公职人员处理日常事务，真正服务一线的志愿活动并没有涉及，日常生活中更是鲜见为学生提供营养餐的社会组织和志愿服务者。

社会力量角色缺位是有原因的。从政策层面来看，社会力量参与营养

---

① 《国内外实施学生营养干预的成功经验》，中国发展研究基金会，http://tsf.cdrf.org.cn/Content/Detail/30/42/708，最后访问日期：2021 年 10 月 1 日。

餐事业的具体细则不明确，对享有的权利和应尽的义务缺乏详尽的规定，特别是未能给出吸引社会力量参与营养餐事业的具体优惠措施。《国务院办公厅关于实施农村义务教育学生营养改善计划的意见》（国办发〔2011〕54号）只提到"鼓励社会参与。鼓励共青团、妇联等人民团体，居民委员会、村民委员会等有关基层组织，以及企业、基金会、慈善机构，在地方人民政府统筹下，积极参与推进农村义务教育学生营养改善工作，在改善就餐条件、创新供餐方式、加强社会监督等方面积极发挥作用"，但未能给出吸引社会力量从事营养餐事业的具体条件，后续也缺乏相应的补充规定，这显然不利于社会力量的加入。

（五）供餐各环节亟待法律规范与立法条件不成熟的矛盾

亟须法律引导、约束和规范供餐各环节的行为，营养餐立法工作亟待推进。过去一段时间，各地偶尔出现的关于营养餐的负面舆情多数与供餐质量不高、食品安全问题相关，这些问题的出现往往是因为供餐过程中出现了弄虚作假、以次充好等道德风险行为，避免道德风险行为离不开法律的约束和规范（邵忠祥，2016）。只有将针对相关利益主体的治理和规范上升到法律层面，法律特有的引导、约束和震慑作用才能真正发挥出来，才能走出依靠舆情整治和规范供餐行为的怪圈，才能使供餐主体明确了解供餐过程中不能触碰的红线、底线和高压线。

有法可依是营养餐项目长期平稳发展的重要保证，推动营养餐立法也是我国营养改善计划一直在不遗余力努力的方向，但面临诸多障碍。2015年1月，时任教育部副部长的鲁昕在国务院政策例行吹风会上就明确提出"推动营养餐立法，为营养改善计划的长期实施提供法律保障"[①]，但直到今天，营养餐仍未纳入最新的全国人大立法五年规划[②]，遑论出台营养餐法。从2016

---

① 《国新办举行2014年社会救助等民生保障情况政策例行吹风会》，http://www.scio.gov.cn/32344/32345/32347/20150130/index.htm，最后访问日期：2021年10月1日。

② 《十三届全国人大常委会立法规划》，http://www.npc.gov.cn/npc/c30834/201809/f9bff485a57f498e8d5e22e0b56740f6.shtml，最后访问日期：2021年10月1日。

到 2017 年，教育部在答复全国人大代表和全国政协委员关于推动营养餐立法的建议和提案时，也提及立法工作迟迟没有太大进展的原因，即"立法工作涉及环节、部门较多，特别是经费保障和责任划分，需要实践积累经验"。①

一段时间以来，营养餐立法条件不是特别成熟主要体现在以下几个方面：地方试点地区膳食补助标准对标国家试点地区膳食补助标准、地方试点地区所需资金和食堂工作人员工资纳入地方财政预算，这两项做法是否可以大范围推广，长期坚持下去，尚处于观察效果的试点阶段；膳食补助标准定期调整依据、调整幅度和调整周期等还缺乏成熟方案；各地在试点过程中面临的困难是否大都已经暴露出来还不确定。应该说，这些问题的存在一定程度上阻碍了我国营养改善计划的立法进程。

三　新时代背景下我国营养改善计划的优化和完善

欠发达地区农村义务教育学生的营养健康状况与高质量教育体系的建设是分不开的。优化和健全我国营养餐项目在经费需求、标准调整、法律规范、突发应急、社会参与等方面的体制机制是建设高质量教育体系、服务 2035 年教育现代化目标的内在要求。为此，本文尝试从以下几个方面提出相应的建议。

（一）尽快建立激励相容的经费分担机制，注重发挥约束规范的补充作用

在县级财力有限、配套费用不可或缺的前提下，省级政府积极作为是落实配套费用的核心和关键。首先，要明确省级政府在落实配套费用过程

---

① 《教育部对十二届全国人大四次会议第 1932 号建议的答复 》，http://www.moe.gov.cn/jyb_xxgk/xxgk_jyta/jyta_ddb/201610/t20161018_285424.html，最后访问日期：2021 年 10 月 1 日；《教育部对十二届全国人大四次会议第 3209 号建议的答复》，http://www.moe.gov.cn/jyb_xxgk/xxgk_jyta/jyta_ddb/201609/t20160927_282418.html，最后访问日期：2021 年 10 月 1 日；《关于政协十二届全国委员会第五次会议第 2121 号（教育类 194 号）提案答复的函》，http://www.moe.gov.cn/jyb_xxgk/xxgk_jyta/jyta_ddb/201802/t20180228_328167.html，最后访问日期：2021 年 10 月 1 日。

中具有不可推卸的责任。省级政府的财政回旋余地更大，且省级政府是营养改善计划取得成效、当地人力资本积累的主要受益方。其次，多措并举确保省级政府在解决配套费用不足问题上积极作为。省级政府既可以采用奖补的思路来缓解县级财力不足的压力，也可以采用和地级市政府、县级政府共同分摊的方式来承担配套费用支出责任。

激励引导是落实配套费用的重要手段。为了调动县级政府将食堂工作人员工资纳入政府预算的主动性和积极性，也为了减轻县级政府的财政压力，省级政府可以借鉴中央财政对地方政府的奖补激励思路，建立省级政府对县级政府的奖补机制。将县级政府营养改善计划年度配套经费占该县年度一般公共预算支出的比重作为县级政府营养餐投入努力程度的衡量标准，并据此分配省级政府向县级政府的奖补资金，确保县级政府努力程度与省级政府奖补力度是一致的。省级财政重点帮扶投入努力程度高的县级政府，形成梯度有别、差异明显的奖补激励机制，从而达到激励县级政府积极作为、落实食堂供餐配套费用的目的。

对于既没有奖补政策也没有其他可行策略解决配套费用不足问题的省级政府，中央政府应施以必要的约束和规制。中央政府可以明确地方各级政府营养改善计划的投入责任（邵忠祥等，2016），要求省、市、县三级政府合理分担配套费用的比重。例如，省级政府承担配套费用的比例不得低于县级和地级市政府，配套经费不足部分由省级政府补齐。同时要求省级政府定期报送省、市、县三级政府分担配套费用的比重和相应的预算和决算执行报告，并对分担比例严重失衡、县级政府负担过重的省份予以约谈和指导。

（二）加快制定与学生成长需求相适应的膳食补助标准，形成定期调整的膳食补助标准调节机制

膳食补助标准的确定应充分考虑学生群体的异质性，为不同学段学生提供与其成长需求相适应的膳食补助标准。分学段制定膳食补助标准，至少应该保证初中生的膳食补助标准略高于小学生的膳食补助标准，以满足义务教育阶段学生健康成长的合理需求。总之，既要确保所有学生都能

"吃得饱、吃得好"，又要提高资金的使用效率，确保每分钱都能发挥出最大效益。

　　各地要逐步形成以物价和地方财力为主要依据的膳食补助标准调节机制，并合理确定膳食补助标准定期调整的周期。一方面，要根据各地物价上涨幅度、财力的可持续性逐省确定膳食补助标准的调整幅度，同时要考虑到民众的"福利依赖"心理，确保调节力度适度稳健。既要避免幅度过大造成财力不可持续的问题，又要避免形同虚设、流于形式的标准调节。从根本上改变一段时间以来标准调整主要依靠基层诉苦、领导偏好以及其他偶然因素的做法。另一方面，要结合各地实际、物价变动一般规律，明确给出膳食补助标准定期调整的周期，同时在每个周期结束后，都要对上一周期膳食补助标准的有效性做出相应评估，给出是否需要调整以及如何调整膳食补助标准的科学依据，审慎决定是否要进行膳食补助标准调整，最终形成成熟稳定、可持续性强的膳食补助标准调节机制。

（三）丰富学生营养餐的资助方式，积极探索以村（社区）为单位的学生营养餐应急供应体系

　　确保学生营养不中断是儿童人力资本积累的必然要求，也是国际社会的相对共识。疫情期间，印度、巴西、英国、加拿大、美国等国家都十分重视学龄儿童的营养问题，在确保儿童营养不中断问题上进行了积极的尝试①。各国往往是依托民间力量或政府力量，采用发放食物券、现金补贴或邮寄食物等手段来确保学龄儿童营养不中断。我国作为世界上最大的发展中国家，在保障学生营养这一问题上有必要向国际主流看齐。越是发生重大公共危机，越应该充分发挥营养改善计划的兜底和应急作用。因此，为解决突发公共危机下学生营养中断的问题，我们应依托村（居）委会、借助村集体（社区）的力量，建立以村（社区）为单位的学生营养餐应急供应体系。具体来看，发生重大公共危机时，村（社区）工作人员应定期向

---

　　① Foundation G. C. N., "COVID-19 & School Meals around the World," https://gcnf.org/covid/.

正常情况下参与营养餐项目的学生提供易储存、易加工、富含营养的食物，如肉、蛋、奶、蔬菜、水果等生活必需品，或以不低于学校营养餐的补助标准发放指定用途的消费券或购物卡等。同时，参加应急营养餐资助项目学生所在的家庭也可以向社会保障部门提出食物援助或食物补助的申请，即通过资助经济困难学生全部家庭成员的方式来确保学生营养补助都能吃到孩子嘴里[①]。学生本人食物补助、其他家庭成员食物补助所需的资金则分别由学生营养餐体系和其他社会保障体系承担。所有膳食补助均须通过消费券或购物卡在指定场所消费，并明确消费内容和消费用途，确保所有补助都用来达到满足学生基本营养需求这一根本目标（郭艳斌、苏洋、杜育红，2022）。

（四）鼓励社会力量参与学生营养餐事业，打造国家主导和民间参与并重的学生营养餐供给体系

长期以来，特别是中央提出重视发挥第三次分配的作用以来（厉以宁，1991；江亚洲、郁建兴，2021），国家鼓励和支持社会力量参与教育公益事业，这为吸引社会力量参与营养餐事业提供了不可多得的历史机遇和外部环境。为此，我们应积极响应国家提倡三次分配的号召，鼓励、引导和吸引专业的、非营利的慈善组织加入学生营养餐事业，发挥慈善组织在营养餐事业中应有的作用。第一，鼓励社会各界成立专门从事营养餐事业的慈善组织，并给予其相应的扶持措施。如提供税收、土地征用等方面的优惠，并允许其吸收社会捐款。第二，公开且规范地使用募捐所得，缓解政府供餐压力。慈善组织可以直接将募捐所得通过一定程序交给学校，由后者分配和使用资金，以缓解供餐经费不足的问题，也可以在符合国家有关规定的前提下直接向学生供餐，逐步形成以官方力量为主导、民间力量为补充的学生营养餐供给模式。第三，充分发挥政府的监管作用，重点关注食品安全和资金安全，严格准入和退出机制。市场监督、卫生防控等部门应不

---

① 资助全家可以在一定程度上避免本应用于贫困学生的营养补助被其他家庭成员占用的情况，这一做法在国外已有先例。

定期对供餐组织进行监督和检查，同时，有关部门定期对供餐组织的资金使用情况进行审计，确保资金使用公开透明。第四，慈善组织可以向学校等供餐实体提供志愿服务，协助学校采购、制作、发放和派送食物，以分担学校的供餐压力。第五，慈善组织可以在应急营养餐供应体系建设中发挥重要作用。发生公共危机时，支持具备条件的慈善组织在学生分布密集的村（社区）设立移动厨房、流动饭店，直接为符合条件的学生提供卫生安全营养的食物，所供应食物的标准不应低于学校营养餐的相应标准，确保学生营养不中断（郭艳斌、苏洋、杜育红，2022）。

（五）加快推动营养餐法进入立法议程，尽早建立立足长远、权责清晰的营养餐法律保障体系

各地应在教育部的指导下，抓住当前到下一次全国人大立法五年规划启动的窗口期，大胆试点、直面问题、持续探索，认真归纳和总结营养餐试点过程中发现的问题和积累的经验，为营养餐法进入立法议程做好做足前期准备工作。《关于深入实施农村义务教育学生营养改善计划的通知》（财教〔2021〕174号）以纳入地方财政预算的形式明确了食堂工作人员工资和地方试点地区所需资金等主要经费的保障路径，总体上扫清了营养餐立法过程中面临的经费保障困难、责任划分不清两大障碍。下一阶段，各地应主动作为，检验主要经费纳入地方预算这一方案的可行性、有效性和可持续性，及时发现和总结方案实施过程中遇到的新问题、新挑战，也可以结合当地实际情况，尝试探索适合当地的经费保障方案。

如果说先前讨论营养餐立法的条件还不是十分成熟，那么在下一个立法五年规划[①]启动之际，我国营养餐项目已经实施十年有余，营养餐试点范围早已确定，供餐过程中面临的主要矛盾和需要克服的主要困难在很大程度上都已暴露出来，许多行之有效的可推广、可复制的成熟经验和做法也已得到及时归纳和总结。因此，要利用届时营养餐项目自身运行已相对成

---

① 下届全国人大的任期将于2023年开始，并启动下一个立法五年规划。

熟的有利条件，争取营养餐立法进入下一次全国人大立法五年规划，推动营养餐法的早日出台，从而为营养餐事业长期平稳健康发展提供坚实的法律保障。

参考文献

郭艳斌、苏洋、杜育红，2022，《应急与兜底：重大突发公共危机下的美国学生营养餐项目研究》，《比较教育学报》第 2 期，第 32~46 页。

江亚洲、郁建兴，2021，《第三次分配推动共同富裕的作用与机制》，《浙江社会科学》第 9 期，第 76~83 页。

厉以宁，1991，《论共同富裕的经济发展道路》，《北京大学学报》（哲学社会科学版）第 5 期，第 1~11 页。

林焕新，2021，《喜见雏鹰振翅飞——农村义务教育学生营养改善计划实施十周年扫描》，《中国教育报》11 月 19 日，第 1 版。

欧媚，2021，《财政部教育部印发通知进一步提高学生营养膳食补助国家基础标准》，《中国教育报》10 月 1 日，第 2 版。

邵忠祥，2016，《农村义务教育学生营养改善计划政策执行问题研究》，博士学位论文，西南大学。

邵忠祥、范涌峰、宋乃庆、凌琳，2016，《农村义务教育学生营养改善计划政策执行的影响因素与对策建议》，《西南大学学报》（社会科学版）第 6 期，第 103~110、190~191 页。

宋乃庆、邵忠祥，2014，《义务教育学生营养改善计划实施的问题与对策》，《中国教育学刊》第 10 期，第 1~4 页。

Fore, H.H., Dongyu, Q., Beasley, D.M., and Ghebreyesus, T.A. 2020. "Child Malnutrition and COVID-19: The Time to Act is Now." *The Lancet* 396（10250）：517–518.

走入民族教育和乡土教材研究的心路历程

——滕星教授访谈

熊秉纯

访谈时间： 2018 年 5 月 5 日至 6 日

访谈地点： 北京中央民族大学社区独树斋

受访者： 滕星（中央民族大学教授、博士生导师）

访谈人： 熊秉纯（博士，多伦多大学社会学系教授，就任于多伦多大学蒙克全球事务学院东亚与亚洲研究中心，主要致力于中国定性研究的历史和发展研究，重点研究国家、知识分子和社会学学科之间的关系）

【人物简介】

滕星，中央民族大学教授、博士生导师，师承国际著名人类学家林耀华先生；中国人类学民族学研究会教育人类学专业委员会首任理事长；20世纪 80 年代以来，已发表学术论文 100 余篇，主编中国第一套"教育人类学研究丛书"60 余种、《教育人类学通论》等多部教材；主持翻译《理解人类的差异》等多部教材与著作；曾获全国高校人文社科优秀成果二等奖和国家图书奖二等奖等。

一　走入民族教育的心路历程

熊：滕老师，您可不可以谈一谈您走进人类学、民族学的历程？因为您刚刚讲到人类学主要是站在弱势群体的角度来看问题，那么，您作为一个汉民族学者，后来走入民族研究和民族教育研究的事业中，这是怎样的一个历程？

滕：我想所有的事情都不是个人主观要做就能做到的，很多事都是命运决定的。简单来讲，我从小在北京长大，"文革"时我们回了浙江绍兴老家，在农村进行了六七年的劳动，之后我又转户转到了北大荒插队落户。那里的草原过去都是蒙古族生活的地方，叫科尔沁草原，就是清孝庄皇后的老家。我在那边放了三年马，还当过小队会计、大队会计，我在农村插队落户整整 13 个年头。直到"文革"结束后恢复了高考，我才考上了大学。大学毕业的时候，我被分配到中央民族大学。当时我们学校还叫中央民族学院。那时，我对少数民族的概念不太清楚，只对我插队所在地方的蒙古族有一些了解。那时这所学校还没有教育系，有个教育学教研室。我来到这里，学校让我教全校教育学的公共课，因为有些学生毕业了要到民族地区当老师，同时也因为我在东北师范大学学的是教育学和心理学。

上的第一堂课就给了我很大的冲击力。那时中央民族学院有个干训部。干训部主要职能是训练民族地区县级以上干部。因为 20 世纪 50 年代，中央民族学院就是专门培训少数民族地区干部的。民族地区那些干部上不了其他学校，因为他们中的很多人不懂国家通用语言文字，甚至有的是文盲或者半文盲。因此，国家在全国成立了很多民族学院，开设预科班，专门为他们提供培训，先补中小学的知识，之后再进入大学学习。这就可以看出，民族学院跟一般大学的国民教育不一样之处就是它有预科，并使用国家通用语言文字和民族语言文字开展教育教学，这个传统后来就慢慢变成了国民教育体系的一部分。预科教育体系就这样在国民教育体系中存在着。

第一次课，就让我去教干训部的学员。我记得教的那个班的学员是新疆维吾尔族的县级干部。这些学员全都不懂普通话，而我也不懂维吾尔语。我上课怎么上的呢？一位翻译站在我身边，我每讲一段，翻译就翻译一段。所以学员们听没听懂我也不知道。这课就这样讲完了。

熊：您讲什么主题？

滕：教育学，就是普通教育学。当时中国的普通教育学主要还是20世纪50年代从苏联翻译过来的凯洛夫教育学体系的四大块：教育原理、教学论、德育论、教育管理。就这么四块组成的非常僵化的东西。我稀里糊涂地就把一学期讲完了，学员们听没听懂我也不知道。最后，期末考试的内容就是要每人写一篇3000字左右的小论文，写完了以后由我来批改。

熊：用汉字写？

滕：用维吾尔文。他们既不会说普通话也不会书写汉字。全都是维吾尔文我看不懂。翻译就给我念，念完我就根据印象给他们按照百分制来打分。我想根据我的印象给他们提高点分数，每个人都给他们打了80多分。我觉得这个分数可以了。结果分数公布以后学生们都炸开了锅。他们把我的宿舍里三层外三层地给围住了，把我堵在宿舍门口。他们说什么我也听不懂，我就把翻译叫来，翻译说我分数给他们打低了。我解释说我都往高里打了，怎么就打低了呢？他们说不行！这分数对他们回到工作岗位以后提干有着重要的影响。同时，学生们说道，滕老师，我们觉得您的课讲得很好，您的水平很高，翻译的人翻译得不好。他们也很会说话，不说我讲课讲得不好，不说我不公平，是翻译的人翻译得不好，所以你就给我们把分打低了，他们要求把分数提高。这件事给我的触动非常大。后来我想怎么解决矛盾呢？那只能给他们都打高分了，都给他们打了90多分。这件事也说不清道不明呀。怎么跟他们说呢？沟通也沟通不了，我也不能说翻译的水平不高，这不闹矛盾吗？我也不能说我讲得不好。这无疑对我是一次文化冲击（cultural shock）。我第一次感觉到我在东北师范大学教育系学的这套苏联凯洛夫教育学理论，在中央民族学院这种多民族高校的多元文化课堂教学实践中，根本就不管用。这也是我第一次感觉到东北师范大学教给我的教育学理论根本就无法解决中国多民族教育的问题，特别是少数民族地区的教育问题。因此，要想解决少数民族地区的教育问题，那就应该了解少数民族的文化。

那么哪里适合研究文化呢？恰恰就在我们中央民族学院。中央民族学院是当时中国社会学、民族学、人类学的大本营。1952年院系调整的时候，北大、清华等国内著名的民族学、人类学、社会学的学术大家全部都到我们中央民族学院来了，如潘光旦先生、吴文藻先生、费孝通先生、我的导师林耀华先生、杨成志先生等。这时候，我才知道有个学科叫人类学，或者说民族学，它是研究文化的。这个学科从20世纪50年代开始，主要研究中国的民族问题。那时候我才发觉，我要搞民族教育研究，就要学人类学。从那时起我就看了很多人类学方面的书。随后我考上了林耀华先生的博士，然后我就开始做田野调查。到目前为止，我做了30多年的田野调查工作。我每年都有两到三个月时间在民族地区做研究，我几乎跑遍了中国少数民族地区。我去的地方很多都是一般人去不了的地方，都是非常贫困、非常原生态的地方。我长期在云南的中缅边境、新疆的南疆、四川凉山等地做田野调查。有时候一个项目一做就是十年，有时候和我的学生同时做几个项目，在几个田野点做长期的田野观察。

你问我是怎么进入这一行的？这就是一件很偶然的事情。赶上了改革开放后的首轮高考，并考上东北师范大学教育学系。为什么我选择学教育学呢？当年刚刚高考，我来北京碰到发小，他在1977年考上北师大了。他跟我说，你高考报专业就报教育系，听说以后都是留在中等以上城市。我不想再回到偏远的地方了，所以就选择了教育系。那时候这个专业学什么我也不知道，后来才知道学教育学和心理学。毕业后国家把我分到中央民族大学教书，在民族学系继续攻读了民族学、人类学的博士，又到民族地区做田野调查，开始做民族教育和教育人类学的研究，逐渐才建构出我现在的学科研究知识体系。最近我主编的《教育人类学通论》一书由商务印书馆出版了。我觉得一门学科需要有本教材，这个学科没有教材就没办法把学科知识教授给下一代学子。这本专业书在国内目前应该算是学科体系比较全的一本教材了。总体来说，我进入这个行业是中国社会历史进程和个人的偶然性促成的。

熊：个人历史没有规律性。

滕：社会发展都是由每个社会成员个体的偶然性促成的。一个一个的偶然性促成了每个人的发展，进而推动了社会的发展。就像你父亲当年到台湾是由很多偶然因素促成的，然后你又到美国读书，去了加拿大工作。每个人的现状都是由各种各样的偶然因素促成的，都是由历史的大趋势来决定一个人总的发展历程。在这个大趋势下，你个人的奋斗能改变得很少，但实际上个人的奋斗还是被这个大趋势所制约的，在大趋势里你个人奋斗有一些改变而已。就是说你走到哪儿，关键不取决于你。当年如果改革开放晚两年，我就会在我当知青的北大荒农村找一个姑娘结婚，就在北大荒放羊放马和种地了，到今天我可能就有很多子孙，成为东北的一个地地道道的老农民了。但是，还好 1977 年恢复了高考，我的命运就发生了改变。经历过上山下乡、"文革"，经历过家庭的磨难以后，突然有一天国家允许我们参加高考，我很幸运经过激烈的竞争考上了大学（当时高考录取比例为 40∶1），毕业以后成为所谓的社会精英。我的那些小学和初中同学，很多人都在 20 世纪 80 年代末或 90 年代就下岗了。因为他们没有在社会急剧变革的大趋势下，通过教育改变自己的命运。

熊：就这个门槛。

滕：就这个门槛。现在国家给他们拿了低保，每个月 3000 块钱左右，那我至少是他们的好多倍呀，就差这个学历。我有更多的社会资源，他们就没有。其实大家都是在历史的大趋势下改变了命运，不用下乡了。但是不用下乡他们回来了以后，就在城里扫大街。因为我考上了大学，我大学毕业回到了北京，并在大学教书，现在是大学的教授。这个社会就是这样一个大的趋势。但是为什么会存在这些问题呢？这就是个人能不能抓住机遇。随着社会变化，你能抓住这个机遇，你赢了；你没抓住机遇，你就输了。因此，在社会急剧转型的时候，你能不能顺应这个社会，抓住这个机遇，我觉得是非常重要的。社会的浪潮可能给你抛到任何一个地方，你应该去适应这种社会文化。文化适应是人类学非常重要的一个概念。"文革"结束后，恢复了高考，我参加了高考并考上了大学，毕业后被分配到中央民族大学当老师，但是我在东北师范大学教育系学的教育学知识在这里很难用上。在民族教育研究领域里，当时又没有现成可以学的东西。那我就自己去发展。后来我就自己开辟了一个学科：民族教育学。以后又发展出教育人类学。

20 世纪 80 年代初，民族教育还没有形成一个学科，我自己摸索着来，经过几年的文献和田野研究后，我发觉国内的研究缺乏理论基础。当时国内开放还不像现在这样，现在是网络社会，当时没有网，搜索资料主要是到国家图书馆。那时候国家图书馆不在中央民族大学旁边，而是在北海。为了查阅文献，我每天骑自行车到国家图书馆。那时刚实行改革开放，国外的资料还不多，我当时检索到冯特主编十本一套的《民族心理学》，还查到国外一些教育人类学的文献和多元文化教育的资料。鉴于内地文献的有限性，我想我应该出去看看。因此，从 20 世纪 80 年代末期开始，我去了香港大学，后来又去了夏威夷大学一年。这两次外出学习的经历更加坚定了我要出去学习的决心。后来有了富布赖特（Fulbright）高访学者的机会。这个机会当时给了中国 15 个名额。这些名额全部都是给重点大学的教师，每个大学给一个名额，也要通过考试。我顺利地通过了考试，拿到了出国访学的名额，去了美国加州大学伯克利（Berkely）分校人类学系，跟着国际著名教育人类学家奥格布教授在一个办公室里做了一年的研究工作。那一年对我的影响非常大。奥格布教授把自己收集整理的有关教育人类学的全部资料都让我复印带回了国内。这些资料对我的教学和科研起到了极大的推动和提升作用。其间我先后两次拜访了斯宾德勒教授。那时他已经退休了，因此我去他纳帕河谷（Napa Valley）的家里拜访他和他的夫人。回来以后，我就把西方的理论和中国本土实际联系起来，并尝试用西方这套理论来做中国本土的研究，以此来检验西方理论在中国的适用性。这样做有什么优点呢？这样把西方这套研究的方法理论和中国本土研究结合在一起来做，对推进这个学科的发展起到了非常重要的作用。在此基础上，我出版了一些研究成果。这些研究成果主要集中收录在我主编的"教育人类学研究丛书"中，现在已经出版到第 55 本。这些著作都有长期的田野基础，既有田野数据，也有理论的阐释或建构。与此同时，我培养了一批在国内从事教育人类学研究的学生。目前，我一共培养了 33 个博士、62 个硕士，其中有 7 个学生在硕博阶段都跟我学习教育人类学。我相信这些学生会更好地把这个学科传承下去。

二　民族教育的实践

家乡人类学就是研究本文化的问题。人类学有个术语，叫作局内人。与之对应的一个概念叫作局外人。一个经过学术训练的学者去研究自己的家乡，就是局内的局外人。他是这个民族的人，但是他又来了北京上学，从本科到硕士再到博士，他已经接受了主流文化和学科训练。这时候他再回到家乡，跟原来那时候他看家乡的角度、视角、层次就完全不一样了。他对他的家乡既熟悉又陌生。这时他是个局内的局外人。他把他过去司空见惯的东西重新拿来审视，这样审视的视角就不一样了。因此，这种家乡人类学的研究有它的好处，也有它的弊端。在这个过程中很多熟视无睹的东西可能依然熟视无睹，或者有了新的启发，这都有可能会发生。就像我，进到某个民族，对于那个民族来讲我就是个陌生人。我不是个熟悉者，对于那个文化来讲我就是个陌生人。我的主要工作就是把陌生变熟悉这样一个过程。而家乡人类学研究就是要把熟悉变成陌生。这是两个不同的视角，我们看同样一个问题会有不一样的感觉。

我举个简单的例子。十五六年以前，我带五个研究生去中缅边境金三角附近做拉祜女童辍学问题的研究。当时正落实九年义务教育，学龄儿童都必须上学，而且是强制性的，上面来检查，学生必须都在学校里面，可是当地老百姓就是对上学这件事不感兴趣。因此上面要来检查了，老师就去做动员把学生弄到学校里，检查过去就不管了，学生也不来了，其实就是糊弄。我们下去就是要调查为什么学生不上学。因此，我们就到老百姓家里去做访谈。那地方全都是大山，我们要爬到山顶上拉祜族居住的寨子里去访谈。我有一次爬了两个小时才爬上去。当地把任务层层落实到班主任老师那里了，这班如果一个学生没来，那就扣老师工资，两个没来扣双倍，三个没来就扣得更多，反正把任务分给老师。乡村老师本来工资就不高，所以为了动员学生来上学，乡村老师就得走好几十里的山路去做家长的工作。那些家长也都对这些老师避而不见。后来我们就去做调查，白天老乡家里的门都是锁着的，晚上 11 点之后再偷偷溜回来。为了访谈，我们就坐在门口等他们回来。他们告诉我们说他们的孩子马上就要结婚了。我说十二三岁的孩子怎么马上要结婚了？他们说孩子已经十八九了。我说瞎说，不才 12 岁嘛。总之，家长反正就找各种各样的理由不让孩子去上学。

那天夜里我们沿着山路往回走，几十里的山路，深一脚浅一脚地走回学校，把我们累得够呛。我的学生就一边走一边抱怨："滕老师，怪不得拉祜族穷啊！"我说，怎么了？他们说："你看他们家长，思想观念太落后了，不送孩子上学，怪不得他们穷呢。他们不重视教育，你看我们北京的家长，礼拜六礼拜天也不让孩子歇着，什么舞蹈班啦，钢琴班啦，绘画班啦，外语班啦，有多少钱全都投在教育上了。"我说："你这就是客位的观点了。那你不想想为什么北京的家长对教育有这么大的积极性？他们都送孩子读书。为什么拉祜山的家长就不让孩子读书呢？你想过这个问题没有？你说落后，已得出结论，落后就是因为他们不重视教育，但是你再深深地想一想，为什么他们不重视教育？如果你拿经济学理性人的理论来看这个问题又会是什么样的观点呢？理性人的理论说，不论一个人接受教育程度的高低如何，每个人的每次行为都是经过深思熟虑的，都是理性的。他觉得这件事符合他的利益，他就去做；不符合自己的利益，就不去做。你要从理性人的角度来看，家长认为送孩子上学是没有任何利益的，反而对他的家庭是有害的。"我说："你看啊，1949 年这里建立了有史以来的第一所学校，到今天已经 50 多年过去了。可是从小学到初中，没有培养出一个初中生来，而且小学毕业了以后回去又变成文盲。由于教学质量太低，家长们都不愿让孩子上学。"这种教育实际上是国家权力延伸到它的神经末梢最边缘的一个地方的表现。

　　随着距离政治中心地理距离越来越偏远，国家权力越来越式微，到这个地方的时候已经非常微弱了。国家权力的影响力除了行政和强力机构外，管理主要是通过学校教育来体现的。可是由于边疆学校师资太差，老师都是当地的代课老师，很多都是小学毕业教小学，自己的普通话和规范汉字都还不太通，或者根本不通，你说能教出什么来。一代代地复制下去，复制到今天，学校教育就成了一个摆设。所以，家长看到的是孩子上学给他的家庭和孩子带来不了任何利益。而在那里设立学校的目标是，能够让贫困地方的年青一代通过学校教育实现向上流动。第一，学校在这里设立了50多年根本起不到这个桥梁作用，家长眼里没有看到一个榜样。当他们看到这个事实的时候，觉得做这件事没有任何回报，而且还对家庭有拖累。本来这孩子在家可以看护弟弟妹妹，上了学就没法看护了。第二，本来不上学她们能到山上去采蘑菇、采野菜，家里还有一点收入，而上学之后这些事都不能干了。第三，义务教育在当地是寄宿制，孩子到乡里读书就要带米。本来这个地方的拉祜族过去过的是采集狩猎的生活，是个原始母系残余制部落。后来汉族人进去了以后教他们种地，他们把山开了，修了梯田。他们当地有三种田：第一种叫保水田，第二种叫二手田，第三种叫雷响田。保水田就是山沟里面的，山沟沟里开出一个小盆地来，因为山沟里面有水，所以那个地方种的稻子一年四季都是稳获丰收的，但是山涧里的地非常非常小，稻谷产量非常低。二手田就是山腰里开出一点田，那种田稻谷的产量没有保证，山上有水流下来它才能长苗，没水流下来就不长苗。最后一种就是雷响田，山顶上开的一些田，只有打雷下雨之后才长苗，不打雷不下雨就不长苗。所以当我们十几年前去做田野工作时，他们已从一个原始采集狩猎民族变成了半农耕、半狩猎、半采集的民族。他们每年产的粮食只够吃六到八个月，剩下的都要到山里面采蘑菇、采竹笋，打一些变脸猴等小动物或掏野蜜蜂窝来维持其他几个月的生计。首先，像这些半农耕、半采集的民族个体生命维持的食物能源补充主要靠人力。当你的人力（孩子）都去上学的时候，家里的生计就会更加困难了。其次，孩子上学要带米。本来就只能吃六到八个月，当一个孩子或者两个孩子带米去上学，家里的米就更不够吃了。最后，当时还没有免费义务教育，还要交学费。如果要交学费，没有钱就只能卖米。交学费要卖米，书本费要卖米，然后还要交煤火费、电费、住宿费，所有都要卖米。本来能吃八个月的粮，这样一来就只能够吃六个月，让家庭更加贫困了。因此，家长一算，孩子还不如不上学，这样不仅可以减轻家里的负担，而且可以为家里的经济做一些贡献。这就是家长不送孩子上学的原因。

从经济学理性人的角度来看，他们采取了最符合他们利益的一种行动。因为那里的学校没起到让学生向上流动的作用。本来学校教育就有一个社会筛选功能，可是它起不到这个作用，因为教学质量太低。这个田野工作中遇到的案例和课堂中学习的理论放到一起讨论，理论联系实际，学生们觉得获益匪浅。所以，研究者不进入社会实践就发现不了这些问题，学的理论就没有地方应用。这就是为什么既要学习理论也要下到田野里进行理论的碰撞，从不同角度看问题。所以，在民族教育研究当中，做田野调查是非常重要的。它是一个对理论进行验证的过程，对理论限定修饰的过程。

我还在那里做了一个慈善项目——拉祜女童资助项目。支持了师资，为最贫困的 46 个家庭的学龄女童提供资助，支持她们从小学一年级读到初中，完成九年义务教育。这个项目还拍了一个片子——*Children of Blessing*。这个片子在国际上很有名，记录了拉祜女童从小学四年级到五年级的学习和生活，讲述她们如何克服语言文化的障碍，通过学校教育进入主流社会，她们都遇到过哪些问题。当然，这部片子只是记录了她们求学历程中的一个小缩影。

我是如何来做这个事情的呢？在这个实验中，我并没有先把这 46 个女童放到学校里面去，而是把她们放在一个养老院里面进行教学。那个养老院几乎是空的，只有七个老人在里面居住，就是影片里看到的那个很大的院子。同时，我成立一个对照班。这个班有 18 个木嘎乡汉族干部的学龄儿童。两个班都在养老院里面进行教学，即一个拉祜女童班，一个汉族对照班。我给他们配备了四位老师，其中有三位是拉祜族老师，有一位汉族老师教授语文课同时兼任班主任。我为什么要这样做？我就是要做一个实验。这个实验就是要证明在同样的环境、同样的老师、同样的教材、同样的教学用语等客观条件之下，经过几年的学习，拉祜族学生和汉族学生之间的学业成就有何不同？

　　为什么要做这种对照呢？因为我在美国做研究的时候，美国关于学业成就有各种各样的理论，其中一个理论就是詹森斯提出来的遗传基因差异理论。这个理论认为美国黑人孩子的学业成就低，是由他们的遗传基因差异导致的。这个理论是在20世纪60年代提出来的，那时候刚刚"二战"结束不久，从而导致这个观点受到了政治上的攻击。但是从生物学的角度来看，我们需要反思种族基因的差异是否真的不存在。1992年我在伯克利做富布赖特高访学者的时候，正好哈佛大学一个生物学教授和一个心理学博士在这个领域做出了一个重大的研究成果，又重新把这个问题提出来了，说种族差异的确是存在的。我就在想我回国以后做一个实验来检验一下这个理论。因此，我就选择了拉祜族女童和汉族学生来做这么一个实验。

　　1987年，国家对全国56个民族做了唯一的一次关于营养、生理和心理的测试。数据显示，拉祜族的综合指标非常低。因为拉祜人长得又瘦又小，肤色又黄，1949年以前他们都生活在树上和山洞里面，并且近亲结婚相当普遍，所以1949年以前拉祜族是个原始母系制社会。到我们去做研究的时候，这种母系制社会基本还存在，她们山寨部落里面几乎都是母系社会，家庭、寨子都是母系制，还有原始公社的痕迹，谁家杀了猪大家都要去吃，寨子里的东西很多都是共有的，基本还是处在这么一种状态。然后我就想为什么在1987年做调查的时候，他们的体质、心理和智力测试指标那么低？同时，从资料来看，拉祜族学生的学业成绩也排在末位，在云南省各地每年的测评里面也排在末位。要知道，拉祜族在云南那一带并不是人口最少的民族，布朗族、哈尼族等少数民族的人口都比拉祜族少，但是这些民族的孩子学习成绩都比拉祜族学生的好。那么，这是不是种族基因遗传的问题？我就想做一个实验，来验证詹森斯的遗传种族基因差异理论是否正确。因此，我就做了这么一个实验。可能你要问，为什么不放在中心小学？如果这个实验放在中心小学来做的话，影响因素就太多了，不好控制。放在养老院里面就非常简单了。这个环境里只有两个班，同样的四个老师，这样就把无关的因素排除了，就可以做这个实验。

这个实验挺有趣。两个班的起点不一样，汉族班的学生在乡里上过幼儿园，到小学的时候他们已经认识了1500个左右汉字，基本上能读懂幼儿科普的一些画册，普通话也说得很好。这些拉祜女童在乡里上学之前就没见过汉字，也没听过普通话，更不会说。这些拉祜女童和汉族学生放到一起，由三位拉祜族老师和一位汉族老师来教。这个汉族老师是我从离那个乡还有五小时路程的一个山村小学里找来的，她当时正在那个小学做代课老师。她是澜沧师范学校毕业的，毕业以后没有找到工作。因为那个县里面的老师指标数是有限的，都占满了，财政收入又低，没办法扩编。那怎么办？只能去偏远的地方，因为那些地方缺老师，可以去那里当代课老师。代课老师和公办老师干的工作都一样，但是工资差异非常大。那时候代课老师的工资每个月只有150元，公办老师的工资最低是每个月680元。那为什么还要做代课老师呢？因为他们希望有一天能转正。但是我找到澜沧县县委书记，他跟我讲这个县一共有4500位老师，代课老师有1500人，每年县财政只能拿出10个转正的指标。如果是这样，那么这1500位老师全部转正就需要150年，所以有的代课老师从年轻一直干到退休，还是代课老师。大部分代课老师都是这样，转不了正。这个老师在那里已经当了两三年代课老师。我去听她的课，发觉这个20岁的姑娘普通话讲得非常好，语文教得非常好，逻辑非常清晰，是个好老师。然后我就跟她谈，问她能不能来拉祜女童班当班主任，带这个班六年。如果带好了，我跟县里商量给她转成公办教师，而且把她调到县民族小学当老师。其实我放的这个"诱饵"是非常诱人的，为了做这个实验，我跟县里达成一致，然后她去带这个班。

做这个实验的第一年，实验结果是，对照班语文数学都比实验班好。第二年发生变化了，语文对照班比实验班强，数学两边一样。第三年，实验班语文数学都比对照班好。这里面肯定有皮格马利翁效应。因为这个班在全国都有名了，上过中央电视台。这帮孩子也"鬼"，认识到原来我们是这么受关注的，那个班是不受关注的。各级领导都给我们带礼物，都来看我们。镇里面的领导来，县里面的领导来，省里面的领导来，地区的领导来，北京的领导也来，他们都来看我们，我们是受关注的，我们要努力。这就是皮格马利翁效应。但是不管是不是存在皮格马利翁效应，这里都需要回答一个问题：遗传基因差异到底存不存在？我想遗传基因差异是存在的，但是后天教育的作用比遗传基因差异的作用要大，它完全可以通过后天教育来改变遗传基因差异。这主要还是后天教育的问题。所以这个实验可以给詹森斯的理论提供一个中国本土的回应。黑人的学业成就问题，其实不完全是遗传基因差异的问题，还有后天的教育问题，还有语言文化差异的问题，还有公立学校这种学校制度存在的一些问题等。这就是通过中国本土的个案研究来回应西方的理论。因为一个理论能否跨文化、跨语言，是否具有这种张力，需要经过实验来检验。任何理论是不是都能放诸四海而皆准呢？这个实验就证明了一个理论放在不同的文化情境里可能就不一样了。他有一个文化检验的问题，这个实验就检验了这个问题。所以对于拉祜族来说，我觉得只要把学校教育做好了，她们还是能够通过教育这个系统实现向上流动的。

但是这里存在另外一个问题，影片放完以后有人就说，本来人家千百年都在山里这么生活挺好的，你去了不是一种文化干涉吗？让她们自生烦恼吗？本来我这个项目是想为拉祜族培养46位有文化的母亲，是一个未来母亲工程。因为在田野中我就反思她们为什么穷啊？是观念。我就在思考要改变她们应该从什么地方入手呢？她们之前是原始母系社会，母亲在家庭和社会中有着极高的地位，那么我就培养46位母亲。这样就能改变她们千百年的生活方式和习惯，包括她们的育儿方式等。这就是美国的文化人格学派米德、本尼迪克特他们做的那些事情，也就是通过文化改变母亲抚养孩子的行为，进而改变这个民族。因此，这个实验的目标就是为这个民族培养46位有文化的母亲，从此改变这个民族。但是我们这个实验到初中毕业，很多学生不愿回去了。这跟我们的初衷完全不一样。我因为这个问题苦恼了一年多，后来我想明白了，我觉得应该给拉祜女童文化选择权，不能因为原来我的项目设想是让她们回去她们就必须回去。她们也有人权。她们既然已经融入了主流社会，从人类进化论理论来讲，她们看见了好的事物，看见了霓虹灯、看见了网吧、看见了电脑、看见了柏油马路、看见了汽车等。她们进入工业化、城市化社会以后，才发觉原来在拉祜山以外还有另外一种社会生活方式。她们也会比较，她们也希望过好的生活。她们也向往有空调的房间，不想住在茅草棚里，晚上冻得要命，白天热得要死。她们也不想过这样的生活。不能说项目让她回去她就得回去。因此，我想给她们权利，让她们自己来选择。所以，很多项目开始设想的事情会在研究过程当中发生一些变化，会产生很多东西。

三　校本教材开发

滕：中国从 1949 年开始，即中华人民共和国成立以后，在教育上实行了一个强力的国家整合的方针政策。因此，在中小学教材编写上，基本从 1949 年以后实施高度统一的国家教材编写大纲。从 1949 年一直到 20 世纪 90 年代初，我们把这一阶段的教材编写称为"一纲一本"，即一个教学大纲，一本教材，全国统一。不管你是城乡差别、东西部差别，还是阶层和族群的差异，大家用的都是一样的教材。但是从 20 世纪 90 年代开始，经过我们多方呼吁，教育部开始松动，开始了"一纲多本"的时代。也就是说，不仅只有人民教育出版社出版教材，一些先进的省市也可以编写中小学教材。比如说在上海、江苏，一些高校也可以编写教材。从 20 世纪 90 年代到 2000 年这十年，教材的编写叫"一纲多本"，但本质上还是大一统的思维，因为它还是一纲，只要是一纲，编多少本教材都不能违反这个教学大纲，所以还是大一统的东西，本质上没有变，只不过把这个教学编写权下放了一点而已。这种情况一直持续到 21 世纪初，经过学术界的不断呼吁，国家终于出台了国家课程、地方课程、校本课程和三级教材编写思路，政策规定国家课程要占整个课程的 80%，地方课程和校本课程占 20%。这

20%就由省以下的教育管理者自己去掌握，这个权力就交给地方了。我认为这样的改变应该说是整个共和国历史上教材编写的一大进步。因为不管是过去的"一纲一本"，还是"一纲多本"，实际上都忽视了我们国家的民族差异、地区差异、阶层差异和语言文化差异等问题。三级课程已经开始注意到我们国家是个具有文化多样性的国家，因此教材要反映地方性，要反映民族文化多样性，要考虑语言文化差异性等。这说明国家已经意识到这些问题了，这是一个巨大的进步。但是，为什么是80%和20%的比例呢？有什么依据吗？70%和30%行不行呢？这个比例有没有经过详细的研究和讨论呢？是否全国都要"一刀切"呢？全国各地国家一体化的程度千差万别，怎么"一刀切"呢？有的地方国家通用语言文字普及化水平高，有的地方国家通用语言文字普及化水平低，都按照80%、20%的比例？这根本没有因地制宜和反映族群、语言和文化的多样性。像这样的政策出台一定要进行一个区域类别性的划分，国家通用语言文字普及水平高的地方是多少比例？国家通用语言文字普及水平低的地方是多少比例？能不能根据不同区域的差异来划分比例？这是一个很重要的概念。另外，更为严重的一个问题是，颁布的三级课程文件中规定，地方课程、校本课程谁开发、谁买单？民族地区一般比较贫困，这些地方的学校本来就没有钱，让他们自己花钱开发、编写和出版地方乡土教材无异于缘木求鱼。因为民族语言文字开发的教材在印刷、编写、图片制作等方面都要花钱，这些钱一般的学校是没有能力解决的。从理论上来说，文化多样性的保护应该是国家和地方政府的行为。政府不能让校长和学校出。目前这个政策严重制约了地方校本课程的开发。因此，我觉得既然制定三级课程的政策，国家和地方政府就应该考虑到后续人力、物力、财力的配置，如果不考虑人力、物力、财力的配置，实际上就是个虚的东西。目前三级课程开发就是这么一个状况。所以各个地方的乡土教材，用他们的行话叫作校本课程设计和教材的编写，目前主要受制于人力、物力、财力。国家的软实力也是一种非常重要的实力，文化多样性就是国家的软实力，软实力既然是国家的资源，那就应该由国家来建设和保护。因此，中央政府和地方政府就要投入经费。

如果中央政府不拿钱，那么地方政府必须得拿钱来解决这个事情，否则三级课程就是个虚的东西，就是画饼充饥。因此，这个问题一直是制约中国乡土教材、地方课程和校本课程开发的重要问题。地方性知识的传承和保护，目前是我们学校教育面临的一大问题，不仅是民族地区，其他地区也是如此。这就是我对目前这个问题的看法。

我为什么要去编写乡土教材，就是我常年做田野时发现了这些问题。因为我常年在民族地区跑，那里都是最贫困、最基层的地方，所以我了解了大量的这种情况。过去这种贫困地区的孩子不上学是因为穷，那时候教育是收费的，后来实行了免费义务教育以后学生还是不上学。为什么不上学？我们最后了解到，关键是学校教的东西家长都认为没有什么用。我们教育的主要目的是把一个小孩通过学校教育带入主流社会，但是边远贫困地区的师资水平、教材内容带他们进入主流社会和城市的机会很小，所以在边远农村学校初中毕业以前，就有百分之七八十的学生在不同程度上辍学了，也就是有不到20%的学生上了高中，最后从高中升入大学的也就不到10%。所以我们这套学校教育体制是个选拔体制，它在不同的教学年级不断地往下淘汰。因此，你去看贫困地区从小学到初中辍学问题有多严重。所以，在我们现行的教育体制下，边远地区农村学校能上大学的学生只有10%左右，再往东部可能20%、30%，越往东部越高。北京这边高，基本上百分之七八十都能上。

因此，面对我们国家这种选拔性的教育，一方面，国家的教育经费不多；另一方面，我们的教育经费又在极大地浪费，都浪费在这种选拔功能上，为那百分之几的少数人服务。大部分学生都在学校教育的不同阶段中断了学业。这些学生离开学校以后，回家他又不愿干农活，他们认为自己读过书，不愿像父母那样面朝黄土背朝天地每天都干农活。他反而看不起他父母和千百年这种祖上传下来的那套生存的知识。他们既不愿回归传统的农耕社会，又无法通过教育向上流动进入主流社会，进入城市，进入现代化社会。这种人我们把他们叫作文化边缘人。现在这个社会存在大量的文化边缘人。所以我就在想，怎么能让当地的家长对学校教育产生兴趣，愿意把孩子送到学校里面去？我们如何让学校教育能够对学生家庭的生计有帮助？我们现在学的东西对家庭没有任何帮助，都跟他们身边的事情没有太大的关联。我觉得我们的教育内容，有必要改一改了，应该提高地方性知识在学校教学内容中的比例。因为地方性知识一直是我们现代学校教育忽视的东西。

过去中国的农耕社会，人类组成血缘或姻缘自然村，相对分散居住。这种分散性有什么好处呢？第一，它能自给自足。第二，它良性进化，家族会管理社会事务，它会让土地可持续发展，绝不会让它像现在这样被农药、化肥破坏。因为过去的土地是私有化的，谁会对自己家的土地下手呢？社会出现纠纷的时候由家族来调解，它有一套体系、一套制度来做这个事情。如果这个村发生了瘟疫，只要一隔绝，别的村就没有。现在我们都住在一起了，你怎么隔离呀？所以过去的祖先崇拜文化非常重要。因为祖先崇拜这种仪式增强了家族的凝聚力。因为我们这群人有一个共同的祖先，我们是一家人，会有凝聚力，都是张家、李家、王家……这些东西，它是血缘关系的一套体制。它还是个农耕社会，自给自足，所有的吃、穿、住等在地里都可以解决。这种生活可能收入不是很高，但是能解决温饱，而且能够实现可持续发展。现在你看，现代化导致所有的农作物都在用化肥和农药，大家也都不再精耕细作，土地反正不是自己的。我承包这两年我就使劲用它，用完了以后，生态被破坏了，我就不管了。所以，我们静下来去想想，过去的那些东西是不是有它合理的地方？我们怎么继承祖先的智慧？这些地方性的知识支持中华民族至少生存了几万年，而且能持续地生存下去。看看我们现在都是在过度开发，现在我们开始警觉这个问题了，可是我们书里教的东西呢？都是所谓的现代化、城市化、主流化的知识，和他们地方性生存没有太大的关系。

刚才我讲了两个。一个是百分之八九十在高中以前就回到当地社区了，他们要想在这些地方生活，书本里教的东西都没有用，还是从祖上传下来这套农耕知识、游牧知识能够维系他们的生存，可是学校不教这个，所以家长就觉得把孩子送去学校没有什么用，相反，这些孩子受过教育反而看不起这些东西了。今后那些孩子就只能到北京等地去打工。现在大量的年轻人来北京打工，他们不用祖先的知识在土地上生活了，他们只要学会在城市里的知识，懂得红绿灯，懂得上下班制度，懂得契约精神，懂得送快递，懂得用手机，懂得上网，就能在北京生存。现在中国面临最大的问题就是这种过度的现代化、城市化导致大量农村的青年人全部涌入城市。他们再也回不到家乡了。现在中国面临的是城市过度拥挤和乡村荒芜这样两个极端的问题。中国乡村荒芜以后，中华民族将面临一个重大的问题。那就是一旦国际形势不好了，国家被封锁了，大家吃饭都是一个问题。现在我们大量的粮食都主要从国外进口。

最典型的就是新农村建设。一开始都说盖房子。是，把乡村的房子弄得好一点，弄得现代化一点，住得方便点，这都不错。但是乡村的人不进行现代化的话，乡村永远都治理不好。第一，乡村那些人的卫生观念、契约观念、地方性知识、如何进行农耕等，他们都不了解，那你怎么办？可是我们的学校教育一直没有履行这种职责。因为我们学校教育就是大一统的教育。虽然我们已经从"一纲一本"到"一纲多本"，再到后来的三级课程，但是三级课程实际上并没有真正实施，没有真正落到实处。我当时看到这个情况之后，就想去开发一套乡土教材。这个事情政府不做，我们社会力量来做。我们来给大家探索怎么编写乡土教材。然后这套乡土教材编写出来了以后我们做实验，看看到底能不能得到家长们的欢迎。为此，我就开始着手申请一个乡土教材编写的课题。

我做课题论证的时候就在想，从哲学层面上，我们国家为什么要搞乡土教材？因为我们过去特别是改革开放以后的指导思想，就是遵循"三个面向"，教育要面向现代化、面向世界、面向未来。因此，整个教材编写、师资培养都是遵循"三个面向"。现在回过头来看，"三个面向"对中国改革开放、科学技术发展、培养人才是非常重要的，你可以看得见这40年中国培养了大量的人才，这和执行"三个面向"直接相关。过去是闭关锁国，过去教育是为无产阶级政治服务。后来教育方针变成"三个面向"，我觉得非常好。但现在回过头来看，我觉得它有缺陷。面向现代化、面向世界、面向未来，这都是对的。但是有一个非常重要的面向必须要提，那就是面向本土。因为一个人浑浑噩噩地去面向现代化、面向世界、面向未来，结果他都不知道我是谁，我从哪里来，我向哪里去，就会导致一个人没有根！如果缺了面向本土的话，就连我是谁，我从哪里来，我向哪里去都不知道。人生最根本的东西都没搞明白，那你还面向什么未来、什么世界、什么现代化。所以在"三个面向"的基础上，我提出来要再加一个面向，应该是"四个面向"。第一个先是面向本土。你面向本土了以后再面向现代化、面向未来、面向世界。一个人不面向本土，那他就没有根。没有根他根本就不知道为什么要那三个面向。这是最根本的，从哲学上来讲的问题。实际上从哲学层面、从教育方针上，我们的教育都缺少了一个面向本土。所以地方性知识进入学校教育是我们修补"三个面向"最重要的方面。所以我们学校教育必须是四个面向，要补齐这个短板，即面向本土。

教育面向本土，就需要思考地方性知识如何进入学校教育。首先，要进入教材。在教材方面，现在国家开了个口子，给了20%的比例，那我们就要充分利用好这20%，我们来编写教材。编写教材当然有很多方法，但国家课程不能动，教学大纲不动。那我们就要另寻他法，用添加法，编一套乡土教材，然后我们把它纳入课程当中。因为地方课程占总课程的20%，这是国家规定的。因此，我们就去做这件事。为此，我当时申请了一个项目。

这样的话，问题又来了。你到哪里去给他们编写乡土教材呢？这就是面临的第一个问题。我当时用了人类学的知识，就是我的导师林耀华先生在20世纪60年代从苏联引进的理论——经济文化类型理论来编写教材。整个中国有14亿人生活在这片热土上，我们祖先创造的七种经济文化类型，中国是否还存在？目前考察的结果是这七种经济文化类型在中国都不同程度地存在着。首先农业存在吧？牧业还存在吧？哈萨克族、蒙古族、藏族、裕固族，好多民族都是牧业。渔业有吧？舟山群岛有打鱼的，沿海也有打鱼的。所以，采集狩猎也还存在，西南山地里的人们，现在还是半农耕半采集。可见，在中国这些不同的经济文化类型都还存在着。至于手工业，现在很多地方的生活用具都是手工业品。像我老家的竹椅竹凳竹筐，都有专门编这些东西的师傅。同时，像陶瓷这些工艺，现在各个地方的工艺师很多都成了非物质文化遗产的传承人。这些经济文化类型都还在我们的生活中不同程度地存在着。实际上，我们已经进入了数字文化和数字经济以及数字网络信息社会，但是这七种经济文化类型还不同程度地存在着，还没有完全依靠数字经济。如果这 14 亿人全依靠数字经济，那大家的温饱都成问题了。地谁种啊？羊谁放啊？我们不是还得靠这些东西来存活嘛！所以我们国家的教材必须要反映这七种经济文化类型。那么，是不是全国都一样呢？当然不是，各地要根据情况来编写自己所需要的教材。所以当时我就想怎么去做这件事情，当时我的学生也就不到 20 个人，要是这七种经济文化类型各选一个样本的话，我顾不过来。因此，我就选了两种经济文化类型来做：一个是农业经济文化类型，另一个是牧业经济文化类型。农业我就选了云南西双版纳的南方稻种农业，牧业我选了西北甘肃祁连山上的裕固族高原牧业。然后我就把博士生和硕士生搭配成两个小组，一组派到了西双版纳，另一组派到了甘肃祁连山上的两所学校去做长期的田野调查。编写的教材你没拿吧？

熊：没有。这是什么？小学还是初中？

滕：初中。我编写了两套教材。一套是农业经济文化类型的教材，另一套是牧业经济文化类型的教材。一套三本，初一一本，初二一本，初三一本，三本编在一起了。你可能会好奇，为什么编在初中学段呢？因为当地 90% 的学生初中读完了以后就不念书了，那他回到家里就要干活。可是他们父母做的那些活很多他们都不懂。所以，我们就编写一套教材来让他们学。那我们怎么编呢？我们这两个组去之前我先培训他们编写教材的相关知识，包括什么叫经济文化类型，如何调查经济文化类型，什么叫教材，如何编写教材，什么叫教学大纲，怎么来编写教学大纲，然后如何根据教学大纲来编写教材，包括教材编写的一些原则。这一套知识，在他们走之前都系统性地培训过，请不同的专家来讲课、培训。先培训我的学生，然后我的学生下去以后，他们第一步跟着我做地方性知识调查。我们就用人类学的方法到田野里去观察和访谈。访谈当地各行各业的专家，比如说西双版纳有热带雨林的水稻专家、种橡胶树专家、所有关于热带动植物和亚热带动植物的专家，反正就是涉及生活在西双版纳社区方方面面的知识。这就包括农作物、各种动植物、生态方面的知识。然后我们划分了板块去访谈。我们把这些知识调查完以后，下一步就讨论哪些知识应该进入教材。因为地方性知识很多，到底哪些知识应该进入教材？进入教材它应该占多大比例？进行了充分讨论后，我们就请当地专家一块来讨论，把他们组织起来成立专家组。在此基础上，我们形成一个大纲，大纲确定了以后，经过反复讨论确定，我们再来编写教材。教材编写出来以后，我们就来培训老师。老师掌握了以后，就成了教学的主力军。因此，教材编写的主体就是老师，我们主要承担培训任务。

熊：嗯，培训老师。

滕：对，培训老师。当时我们去的时候，他们连计算机都没有，也不会计算机。所以我给他们买了计算机，从学习计算机开始，然后培训老师，到最后这套教材都是老师们亲手编出来的。我们还给他们买了照相机，老师们去拍照片、去排版。我们教他们排版，就从最细微处着手，一步一步地推进这项研究。我那两个小组一待就是五年。他们最后跟当地人都打成了一片，到现在那些地方的人还记得他们，他们和当地人的关系非常好，最后把老师都训练成专家了。后来，我把我们编的教材拿给人教社的编辑看，他们说："不比我们编的差。"我有个学生在人教社当编辑。人教社原来的社长是我的小师弟，拿给他们看，他们说："哎哟，比我们编得要好。"所以基层农村老师其实很聪明的，你只要教他们，他们慢慢地就学会了，并且上手非常快。这帮年轻人潜力巨大。由我的两个学生主编的《地方性知识与校本课程建构——教师论文与田野日志集》一书里详细记载了这个项目中老师们的感受。

滕：这套教材编完以后，非常受家长欢迎。为什么呢？因为我们的教材跟他们的生活息息相关。比如祁连山上的整个生态循环是人、牲畜、草原构成了整个生态循环。就是这样一个生态循环，牛依靠草原，草原好，牛羊就吃得肥，牛羊吃得越肥，人就更富有，人就能获取更好的乳制品、更多的羊毛，经济收入就会上来。那人依靠牲畜，牲畜依靠草原，人保护草原。它就是这样一个良性循环的生态。所以所有的知识都围绕生态循环圈在运作，那这里面包含哪些具体知识呢？

第一，这个草场就这么大，它和牲畜有个量的关系。就这么一个草场，比如说，只能放1000只羊，放多了以后，草场就会被破坏。高原牧场生态极为脆弱，它那个草场是经过几万年才演化出来的，土质层是很薄的。你过度放牧，一旦羊把草根吃掉，这地方的草就几百年都恢复不过来了。所以当地的牧民都知道这套知识，他们也有应对的策略。所以这一块地方能养1000只羊绝不能放1100只。

第二，这个草场不能过度放牧，他们必须要转场。所以他们就演化出冬季草场和夏季牧场这样的概念。冬季牧场一般都在家门口的牧场。夏天的时候，这地方是不放牧的，这草是养着的。他们就转到雪山那块去放牧。然后到冬天的时候，那些地方都被大雪覆盖了，牛羊就到家门口的草场来吃。所以他们必须要有夏季牧场和冬季牧场这一套知识。如何维护草场，他们也有一套知识。因为这草场有时会长毒草，牛羊一旦吃了以后会全都死掉，因此怎么避免草场长毒草就很重要。如何避免毒草的发生，他们有一套土办法去治守。

第三，羊病了，怎么治？关于牲畜的防疫问题，这又需要一套知识。然后还有草场的承载力是有限的，但是牧民想多增加收入，那想什么办法呢？这个时候，羊毛就成了他们的主要收入。因此，你就要改良羊毛。为此，他们引进了澳大利亚的羊和当地的羊杂交，获得更好的羊种，从而获得更多的羊毛。这套增产的知识，在同样的草场能够获得更多的收入。这时候配种又是一套专业的知识，什么时间配种、怎样来配种这些很关键。所以你看要在当地生存就需要这套知识，包括当地气候的知识也是一套地方知识，可是这些知识我们的学校教育根本都没有教。我们的教材把这些知识都编进去了，所以学生毕业回家以后，他比他父亲都明白，因为我们有实践课。比如怎么给羊配种，就专门有实践课，让学生去当地的配种站实习。再比如毒草方面的知识，就教给学生都有什么样的毒草，让他们学完之后到草场上去找，在草场上解释为什么会生毒草，怎么避免草场长毒草，用什么药来治理毒草。而薅羊毛、剪羊毛等技术，我们的教材里也全都有，而且我们的教材安排了很多实验课。

在西双版纳，橡胶树是摇钱树，所以家家户户都在种橡胶树。当地有一句俗语叫"看谁富不富就数橡胶树"，所以西双版纳的人都不喜欢上大学。西双版纳的人都很富，年收入都有四五十万元。你还要上什么大学？上了大学没多少钱。有的送了孩子上大学，毕业以后工作，家长一看收入，算了，你在这儿找工作挣不了多少钱，还是回家种橡胶树。但是橡胶树有个技术活——割胶。橡胶树需要长五六年才产生胶。割好了能割30年；割不好，八九年就死了。所以如何割胶，是一个很关键的问题。我们实验的那个学校里有橡胶林，然后专门请有割胶经验的师傅，上这门课的时候我们就去割胶。割胶师傅会告诉学生有好多种割法，哪一种割法最好。在这个过程中，我们把实践课和理论课有机编排在一块。我们设置初——门课，初二一门课，初三一门课。这门课在初中开设的好处是，当他们初中毕业后，就能够动手去谋生了。他们了解了家乡都有什么，家乡的生产方式是什么，生活方式是什么，有什么节日，这些节日有什么意义，有什么信仰，这是一套地方性知识。所以上完这门课他们对家乡就有了很深的认识。这对学生的发展起到了很重要的作用。这两套教材编写好了以后，他们试行了几年，反馈的效果非常好。但是现在有一个很大的问题没有解决，就是我们的考核制度。考核学校校长是看学校有多少人考上高中、有多少人考上大学。这弄了半天就又回到选拔这一套机制上来了。他们校长总跟我说，这套东西好是好，问题是他们考核我不算啊。所以考核制度也得变，老师开发了乡土教材的课程，也要算在他的考核里面。现在我们国家的这套考核制度也要完善，虽然建立了三级课程体系，但它的考核制度不管这些。

四　乡土教材的收藏

熊：你说乡土教材，我很好奇当初你是怎么开始想收集这些材料的？

滕：为了收集材料呀。

熊：在这个过程当中，你的理想是要做到什么程度？

滕：因为下面考察多了呢，我就看到好多地方过去的乡土教材。

熊：都还在吗？

滕：有的地方就有。比如我去民族地区，20世纪50年代用民族文字编写的扫盲课本。这些教材都快没了，我在底下调查的时候无意中发现了这些教材。我就收集了好多。有一年我去日本，日本大阪有一个全世界最棒的民族博物馆。他们馆长邀请我和校长去参观民族博物馆。在参观过程中，我发现民族博物馆的一个角落里展览了好多中国的民族乡土教材。我就问他们馆长，你们这儿还有这个呀？他说，有啊！我说，我家里就有不少这个。

熊：什么时候搞过去的？真是。

滕：那馆长说，要不你来我们这儿工作怎么样？我们按教授级馆员聘您，您月薪60多万日元，一个月六万多人民币。那时我还挣不到1000元人民币。我说，好啊！这挺好的。后来我一想，不行！为什么给他收集呀，咱们自己收集。然后我就开始重点关注这件事情。

熊：这是哪一年？

滕：这已经都是20年前的事了。然后我在心里老是惦记着这件事。我说一定要做这件事。而且这些乡土教材和过去的老教材，经过"文革"以后，大部分都丢失了，现在越来越少了。我觉得这些都是宝贝。教材是个有形的资产，教材里面的内容是无形的非物质文化遗产。它记载了彼时彼刻的乡土知识。很多东西现在都没有了，但当时的教材就有记载。所以我一想，应该赶紧把这些教材收藏起来，不然以后随着时间的流逝，这种东西可能就随着老人离世都没了。我在2005年时申请了一个课题，专门做全国乡土教材的收藏与研究。后来我又申请了香港乐施会的一个课题，他们给了我50多万元。在此基础上，我组建了一个乡土教材收藏小组，准备收藏清末以来所有的乡土教材。

这里面有一个问题，就是怎么来定义乡土教材？我们的定义主要包括两个方面：第一，教材呈现的是地方性知识；第二，用于学校的教学。中国这么大，这些教材收藏不过来。怎么办？我就让我的学生培训新人，让这些新人下去收集。学校每年都有寒假和暑假，我就在寒假、暑假开始前，让我的学生办班。我的学生就在校园里拉一条横幅，招募志愿者。每个学期都有100多人参加，这些学生利用假期回家的时间去收集当地的乡土教材。我们学校的学生来自全国各地，学生回家就将收集材料当作他们的暑期社会实践课。另外，我给他们报销来回的路费。这样学生的积极性就很高。招聘完了，我们就培训，教他们怎么去收集乡土教材。在培训的过程中就给他们说，你们回到了自己的家乡，问你们家里的爷爷奶奶、亲戚以及寨上的老人有没有他们上学时候的教材。如果有，你们就收集起来。另外，就是去当地的图书馆、档案馆等地方去查。最后还要教他们写研究报告。这个主要就是让他们写是如何收集乡土教材的，在收集乡土教材的过程中他们学到了什么。等他们收集上来之后，我们再把这些乡土教材进行整理、鉴定、录入、拍照等。这些事情我们都有一套程序来完成。在每一届培训活动中，我们都会对上一届的志愿者进行评选，分别评选出一等奖、二等奖、三等奖，并给予一些奖励。这个工作一直持续了十年，一共收集了5000多种教材，经过筛选之后现在目前有5000余册乡土教材。乡土教材的收藏大概就是这么个情况。

后来因为没有了经费，这件事就中断了。目前为止，全国乡土教材的收藏中，我是收藏得最多的。同时，我在北京西山举办过一次全国最大的乡土教材研讨会。那个会开得很隆重，全国人类学、民族学、教育学等学科的专家都来了。在这次会议召开的过程中，我就把我收藏的乡土教材放在大厅进行展示，与会的学者都非常惊讶。他们都觉得这件事做得非常有意义。现在我年龄大了，没有力量再去做这件事情了。原来我是希望学校来支持这件事，建一个乡土教材博物馆，然后我拉起乡土教材研究队伍继续把这件事做下去。学校不支持，这件事情就中断了。

中国社会学会 2022 年学术年会
"共同富裕、乡村振兴与教育发展"论坛综述

李　涛　黄嘉欣 *

　　7 月 30 日，由教育部人文社会科学重点研究基地东北师范大学中国农村教育发展研究院和东北师范大学乡村振兴研究院牵头，中国社会科学院中国教育发展智库、西南大学教育政策研究所、《探索与争鸣》编辑部、《中国农村教育评论》编辑部、《华东师范大学学报》（教育科学版）编辑部、《东北师大学报》（哲学社会科学版）编辑部等多家单位共同主办的中国社会学会 2022 年学术年会"共同富裕、乡村振兴与教育发展"论坛在线圆满召开。本次论坛共同负责人是李涛、邬志辉、李春玲、李玲、杨九诠和秦卫波。

　　教育既是实现共同富裕的内生动力，又是组成共同富裕的内在要素。在全面推进乡村振兴的关键之年，教育如何巩固拓展脱贫攻坚成果同乡村振兴有效衔接？如何助力乡村振兴、实现共同富裕？众多现实问题亟待学界回顾历史、总结经验、审视现状、发现问题、研判未来。本次论坛紧密围绕"共同富裕、乡村振兴与教育发展"中心议题，共设立七个子议题，

　　* 　李涛，东北师范大学中国农村教育发展研究院教授，博士生导师，《中国农村教育评论》副主编兼执行主编，主要研究方向为教育政策、农村教育、教育社会学等；黄嘉欣，东北师范大学中国农村教育发展研究院博士研究生，《中国农村教育评论》编辑，主要研究方向为农村教育。

分别是"共同富裕、乡村振兴与教育理论""共同富裕、乡村振兴与学生发展""共同富裕、乡村振兴与教师发展""共同富裕、乡村振兴与学校发展""'双减'、课后服务与教育流动""教育促进发展的经验反思：国际经验和本土案例""教育阻断贫困代际传递：女性、青年与寒门博士"。共有来自北京大学、南京大学、浙江大学、中国人民大学、北京师范大学、华东师范大学、东北师范大学、西南大学、陕西师范大学、南京师范大学等多所国内知名高校与科研院所的 42 位发言人作汇报发言。发言人聚焦促进共同富裕与乡村振兴的教育理论和实践问题，通过历史回顾、国际比较、规律探索、变迁观测、前瞻研判，结合我国国情直面热点，聚焦难点，探索富有中国特色的学理之路。

论坛首先由东北师范大学乡村振兴研究院院长邬志辉教授、中国社会科学院中国教育发展智库副理事长李春玲研究员分别致辞。邬志辉教授讲道，共同富裕是社会主义的本质要求，也是人民群众的共同期盼。党的十九大报告指出，我国社会的主要矛盾已经转化为人民群众日益增长的美好生活需要和不平衡不充分的发展之间的矛盾。城乡发展不平衡、不充分在这个矛盾体系中尤为突出，实现共同富裕、促进乡村振兴，教育在其中发挥着重要作用，一方面要以优先发展教育为基本战略，建设人力资本强国，另一方面要更加注重精神资本建设。共同富裕不单是物质上的富裕，更是精神上的富裕，通过教育将精神富裕代代相传，打破"等、靠、要"贫困恶习，保持艰苦奋斗、自力更生的优良传统，保住弱势群体受教育的基本底线。过去五年我们国家教育发展取得了重大成就，但离我们的目标还相去甚远，我们希望通过教育发展来影响和改变个人，从而改变整个国家，这也是本次论坛"共同富裕、乡村振兴与教育发展"的基本宗旨。他向中国社会学会对本论坛的大力支持表示感谢，向积极参与本次论坛的与会学者表示欢迎，并预祝本次论坛取得圆满成功。

李春玲研究员讲道，尽管受疫情影响，两次会议都以线上举办的形式进行，但论坛依然得到学界和社会的广泛关注，参会论文质量之高、参与者之多都表明论坛正在成为乡村教育研究者进行学术交流的重要平台，同时也表明乡村教育受到学界和社会公众高度关注。当前，我国经济社会正朝着共同富裕和乡村振兴的发展方向迈进，实现共同富裕和乡村振兴必然离不开高质量的教育发展。乡村教育质量虽然总体上在不断提升，但乡村教育仍是高质量教育发展的薄弱环节，因此希望通过本次论坛研讨，深化对"共同富裕、乡村振兴与教育发展"这一主题的研究与认识，为促进共同富裕、乡村振兴，发展乡村教育贡献力量。乡村教育需要直面挑战，寻求新的突破口，以多元化、多层次、多功能、多方式的教育模式满足乡村民众差异化和不断提升的教育需求，让更多的农村子弟也能享有高质量的公平教育，从而建设高质量的乡村教育体系，确保乡村振兴战略顺利推进，加快实现全体人民共同富裕的步伐。她向积极参与本次论坛的与会学者表示欢迎，并对未来乡村教育论坛的进一步深入研讨寄托了殷切期望。

在第一单元"共同富裕、乡村振兴与教育理论"中，共有五位学者先后发言。学者们运用教育理论对共同富裕、乡村振兴的内涵进行阐释与论证，剖析了教育促进共同富裕、助力乡村振兴的理论机理。北京理工大学人文与社会科学学院庞海芍研究员从自身年少时期对乡村教育"艰苦而美好"的回忆出发，反思当下乡村学校消亡及乡村文化衰落的现象，指出乡村教育呈现应试化、城市化倾向，教学内容与乡土社会脱离，导致乡土特色缺失的现状，进而提出素质教育要"让乡村教育扎根乡土"的建议。浙江大学教育学院博士研究生刘燕丽梳理了教育促进共同富裕的内涵、理论机理、现实障碍，进一步提出教育实现共同富裕的三个实践进路：一是通过优化人才培养体系提升物质共同富裕程度；二是强化公平正义格局助力多维共同富裕使命；三是发挥教育的文化作用加速精神共同富裕实现。上海师范大学教育学院魏峰教授梳理了民国时期乡村建设的整体状况，基于文化人类学视角分析了晏阳初、陶行知和梁漱溟的乡村教育思想与乡村建设实践，并呼吁在乡村振兴中，知识分子要承担起责任和使命，引领农民发挥主体作用，以系统化、整体性的农村教育高质量发展为乡村振兴提供动力。北京师范大学博士后姬冰丝从生态文明背景下乡村教育跨越发展的内涵与特点出发，提出乡村教育跨越式发展要注重系统推进，推动乡村教育发展从局部的、机械的发生机制向整体的、有机的发生机制转化。中国人民大学哲学院博士研究生杨毅然探讨了乡风教育推进乡村振兴，进而实现人的全面发展、促进共同富裕的内在逻辑，以马克思劳动教育思想为理论指引，以中华传统文明为依托，通过乡风教育与生产劳动相结合的路径，实现物质生活与精神文明的统一。

本单元由《东北师大学报》（哲学社会科学版）常务主编秦卫波主持，中国社会科学院中国教育发展智库副理事长李春玲研究员点评。李春玲研究员对学者们的精彩发言表示感谢，并指出学者们从不同的角度解读了教育在推进乡村振兴、助力实现共同富裕中的作用，从农民、乡村的角度出发，强调了农民的主体性，这是我们在讨论和研究乡村教育发展议题时的核心共识与重要前提。同时，她建议进一步提升研究的创新性，在借鉴前人的思想时，应该基于历史的情境与当下的情境对其进一步改造升级，立足更高起点创新发展思路。

在第二单元中，共有六位学者围绕"共同富裕、乡村振兴与学生发展"主题展开论述。西南大学教育政策研究所李玲教授作了题为《基于脑科学的西部农村儿童早期发展评估及养育策略研究》的报告，通过对西部儿童的脑科学数据采集与分析，选取并构建了儿童早期脑发育水平指标体系，结合孕检、儿保数据、贝利测试数据与儿童成长环境数据，对每个被测儿童个体提出针对性的评估、建议与干预策略，该研究同时尝试构建中国特色哲学社会科学理论与话语体系。南京大学教育研究院余秀兰教授探究了社会变迁中农村学生教育获得，将宏观社会背景与微观家庭背景结合起来，并纳入历史维度，提供了一个解释农村学生教育获得的动态变迁框架，尝试与国内外理论开展对话，从而识别中国教育发展的本土情境。陕西师范大学教育学部常亚慧教授探讨了弱势儿童学校教育与家庭教育之间的互动关系，发现了弱势学生家长的教育参与和情感支持能够对孩子的学业成就发挥显著的促进作用，通过家校之间良好互动关系的构建与教育赋能，增加弱势家庭学生阶层跃迁的可能性。广州大学粤港澳大湾区社会发展与教育政策研究院谢爱磊副教授和广东省轻工业技师学院教师王晨爽就技校教师的"贴标签"行为与中技生厌学现象之间的联系共同作了主题发言，他们发现学生不论对教师的"贴标签"行为采取反抗还是顺从的行动，都在一定程度上产生了厌学心理和厌学行为，从而自证了中技生"厌学"的预言。北京教育考试院肖立宏副研究员以北京市前三届新高考学生为例，探究了新高考背景下学生选科满意度的城乡差异，得出了基础教育优质资源均衡是促进高考选科公平、缩小城乡间高等教育获得上差距的关键着力点等结论，并进一步提出在硬件设施的基本均衡基础上，重视城乡学校在师资水平、育人理念、社会资源等软件上的差异，充分发挥学校在促进阶层流动中的正向作用等建议。北京大学教育学院硕士研究生何文皓从新冠肺炎疫情对高校毕业生职业生涯带来冲击与挑战的现实背景出发，通过追踪式调查分析并发现，在新冠肺炎疫情的冲击下，高校毕业生在职业生涯规划与实际去向之间发生了多元模式的转变。新冠肺炎疫情导致高校毕业生放弃升学或脱离原有职业生涯设计轨道，放大了不同青年群体职业生涯发展的不平等结果。

本单元由东北师范大学中国农村教育发展研究院邬志辉教授主持，复旦大学社会发展与公共政策学院张乐天教授点评。张乐天教授肯定了跨学科研究对学科发展的重要意义，并进一步建议学者们将研究融入历史对比、国内外对比和城乡对比等多样化视角中，提升学术论证的适切性；将个案放入宏观的社会文化环境中，提升研究深度。要根据中国当下的情境提出解决中国农村教育问题的本土理论。

第三单元的主题为"共同富裕、乡村振兴与教师发展"，共有五位学者聚焦乡村教师职业发展，围绕如何让乡村教师"下得去、留得住、教得好"等方面展开深入探究。东北师范大学中国农村教育发展研究院李涛教授在《乡村教师支持计划（2015—2020年）》实施五周年后，对乡村小规模学校教师生活画像、职业境遇、从教心态和留任意愿四个方面展开调查，发现乡村小规模学校教师呈现明显的本土化特征，当前除了师范类院校出身的教师留任乡村小规模学校外，非师范类院校毕业生也正在成为乡村小规模学校教师补充来源的"主力军"，乡村小规模学校教师在职称评聘和职业晋升方面实现了快速发展，同时乡村小规模学校教师的收入水平和工资满意度在差异中稳步提升，留任率较高但事实流动率高于观念流动率等。他进一步提出要持续优先解决乡村小规模学校教师的后顾之忧，塑造他们真正的成就动机和原创价值，使其在乡村振兴的大田野中真正成长为"大先生""新乡贤""人民教育家"等建议。成都大学师范学院邓泽军教授探讨了利益统筹视域下的城乡教师流动利益导向机制，并进一步提出必须努力建构以下几种机制，从而促进城乡教师合理流动及城乡教育公平发展，分别是与教师利益相契合的流动保障与协调机制、基于教师利益需求的补偿与激励机制、基于教师利益诉求的政策配套与公平推进机制等。北京师范大学教育学部讲师程猛博士通过县域乡村名师工作室文化构建的个案研究，深度剖析了当下县域乡村名师工作室中资源同质性、合作被动性、动机功利化的现实困境，通过"日常关系与专业关系"解释框架分析了名师工作室中"日常关系的秩序"和"专业关系的秩序"相互交缠的状态，尝试为乡村名师工作室文化构建提供多种可能，即创设以多元、平等、反思、赋权为主的超脱日常关系的专业成长空间。浙江师范大学教师教育学院博士研究生蔡馨宇探讨了共同富裕背景下乡村教师队伍建设的科学内涵、价值取向、实现路径，进而提出从加强乡村教师本土化培养、拓宽乡村教师来源渠道、探索乡村教师发展路径、改革乡村教师管理体系、优化乡村教师发展环境等方面发力，不断提高乡村教师队伍建设质量水平。东北师范大学教育学部博士研究生彭佳基于自我决定理论，探究乡村小学青年教师任教动机与职业幸福感的关系，并发现了随波逐流、自我实现、生活享乐、自我控制、外控成就等几种乡村任教动机类型，基于此进一步建议学校、领导未来多关注青年教师群体的深层心理需求与取向，在满足基本心理需求的基础上，使不同类型教师在精神上获得相匹配的组织支持，促进工作动机内部转化，进而达到有效提升教师职业幸福感的目的。

本单元由上海师范大学教育学院魏峰教授主持，中央民族大学教育学院滕星教授点评。滕星教授指出，近年来我国乡村小规模学校发展取得瞩目成就，但目前我们仍需要通过培养本土化和具备地方性知识的教师来达成"下得去、留得住、教得好"的目标，并进一步建议研究者们以对乡村教师为主体进行研究时，尝试融入不同学科和研究领域的理论思维解释乡村教师发展现状与问题，发挥教师在促进乡村振兴、实现共同富裕中的重要作用。

在第四单元中，共有六位学者围绕"共同富裕、乡村振兴与学校发展"这一主题展开论述。研究者们分别从学前教育、义务教育、中等教育、高等教育等各级各类学校，探讨学校发展助力寒门学子获得公平而有质量的教育，进而促进乡村振兴、实现共同富裕的深层逻辑。陕西师范大学教育学部赵丹教授基于甘肃省临夏州的实证调查，从脱贫地区乡村小规模学校"保正义""补短板""提水平""传文化"等方面的重要价值展开论述，进一步提出通过促进教育资源有效供给改善小规模学校办学环境、深化课程与教学改革提升学生学习获得感、创新办学模式促进小规模学校内涵式发展、建立个性化评估督导机制提升脱贫儿童学业质量、多元主体协同建设小规模学校助力脱贫地区教育振兴等建议。渤海大学教育科学学院硕士研究生李娇聚焦教育评价改革，指出当前我国乡村学校亟须破除"唯升学""唯分数"等应试教育理念，进一步建议通过建立多元文化融合的评价理念、探索家校社协同参与的评价模式、构建"以生为本"的评价结果等方面，重构乡村学校增值评价有效实施路径。河南科技学院职业教育与经济社会发展研究中心张社字教授从物质层面的富足感、社会层面的尊严感、精神层面的获得感、综合层面的幸福感四个维度阐释了美好生活的内涵，并进一步揭示了职业教育通过"教育"实现"技术化"并与职业匹配，通过"劳动"为社会创造财富实现自身价值的过程，从而论证了职业教育实现美好生活的作用机制。陕西青年职业学院王欣副教授分享了我国西部某高职院校助力寒门学子技能获得的典型个案，个案中的高职院校通过技能融入与共情式干预、吸纳企业等外部资源缓解自身的发展压力，同时降低了寒门学子技能获得成本，帮助寒门学子踏上技能发展的新道路。南京师范大学教育科学学院硕士研究生高钰霞分析了当前乡村幼教发展面临乡土社会价值生产能力下降的"外患"与乡村幼教内生动力不足的"内忧"，以及乡村幼教肩负"在乡村""融乡村""领乡村"等使命职责，因此建议将服务乡村作为乡村幼教价值定位，各主体通力合作激活乡土社会价值生产能力，建立"村"与"园"、"民"与"园"、"家"与"园"的联系，在共生共荣中重建乡土社会秩序和乡村幼教生态。北京大学社会学系博士研究生徐海东关注了人口流动背景下的高等教育人才培养与留存现状，发现我国高等教育主要由省级政府财政负担，欠发达地区难以保证其投入水平，而源源不断的人才流入也同样会降低发达地区的投资意愿。他进一步提出政策改进建议，包括尊重人才流动的客观需要，创造人才流动友好型的制度环境；向西部地区配置更多的高等教育资源，扩大人才培养规模；加大高等教育的财政转移支付力度，提高国家层面的财政统筹能力和水平等。

本单元由《华东师范大学学报》期刊社副社长胡岩主持，东北师范大学中国农村教育发展研究院邬志辉教授和华东师范大学教育学部周勇教授分别点评。邬志辉教授建议青年学者要注重对核心概念和研究问题的严格界定，在未来的研究中可以从"如何从源头上治理乡村教师补充""如何促进乡村学校课堂教学方式变革"等方面进一步深化和拓展。周勇教授认为职业教育中强调的"技能"应该引起教育学界和社会学界的重视，几位发言人就职业教育发展的优秀经验作了很好的分享，并鼓励青年学者走进田野，通过实证材料与文献开展深度对话，进一步挖掘乡村教育的深层问题。

第五单元的主题是"'双减'、课后服务与教育流动"，共有六位发言人针对这一主题介绍了国内外、城与乡课后服务的实践经验，并针对乡村学子教育流动现状与深层原因展开论述。东南大学人文学院社会学系张晶晶副教授以教育资本和符号互动论为理论切入点，深入探究乡村非正式补习班所展现的教育逻辑和教育实践，发现了以"看管"为主要功能的乡村补习班沦为托管机构，偏离了提高学生成绩、推动乡村学生向上流动的教育功能和目标等。北京师范大学教育学部中国教育政策研究院博士后赵阳梳理了改革开放以来专项减负政策，并基于全国追踪调查数据分析证明了"双减"政策是应对当前问题、完善公共教育治理体系的必然选择，为政策的进一步发展提出实施全域优质教育发展战略、坚持校内外协同治理、坚守校外教育公益属性等建议。宁夏大学教育学院博士研究生黄一帆阐释了农村地区课后服务遭遇经费保障不足、内容供给狭窄、服务质量不高、家校合作不畅、社会支持薄弱等现实情况，尝试通过以下策略寻求农村学校课后服务公共性的突破，如凝聚各主体参与协同育人的共识；形成以农村学校为主导、多元主体深度参与的关系网络；挖掘地方课程资源促进学生发展，建立多方参与的有效组织机制以增强可持续性；建设线上线下一体式课后服务共享数字资源库等。浙江大学社会学系博士研究生杨程越介绍了发达国家课后服务普遍遵循"中央政府统一立法—州政府协调分配—学校社区通力落实"的三级管理模式，分析了日韩以学校为主场所、英澳寻求学校与社区共担、美法以社区为主阵地的三种课后服务实施机制，进一步建议我国短期内宜采取以学校为主场所的日韩模式，同时应充分挖掘社区与社会力量，鼓励英澳与美法模式试点等建议。复旦大学社会学系硕士研究生张悦探究了自我教育期望、班校质量与初中生认知能力的关系，结合中国教育追踪调查 2013~2014 学年基线调查数据分析，发现了城市户口、家庭父母关系好、家庭社会经济地位高、心理健康水平高、自我教育期望高对学生认知能力均有正向作用的总体性结论，并进一步提出了打工子弟学校教育期望对认知能力具有负面效应的研究发现。陕西师范大学社会学系硕士研究生汤宇卓以报考"国家优师专项计划"的高考学生为研究对象，发现学生选择该项目具有偶然性，其"盲目性、功利性、非自主性"的选择在一定程度上消解了政策的初衷，存在"临时选择、择机而动、终将离乡"的潜在风险，提出了培养职业伦理、增强价值认同、完善相关政策、改善现有农村教师待遇、承续乡土文化、弘扬乡土伦理等政策优化建议。

　　本单元由《探索与争鸣》主编叶祝弟主持，东北师范大学中国农村教育发展研究院秦玉友教授和北京大学教育经济研究所鲍威研究员分别点评。秦玉友教授对发言人积极关注乡村教育与国家大政方针的学术研究情怀致以敬意，他指出政策渐进过程中产生的一些问题为我们提供了很好的研究视角，同时建议研究者们要更加注重乡村教育本身的立场，个案研究丰富而细腻的特点应该被进一步挖掘并在研究中呈现。鲍威研究员肯定了本单元发言主题的研究价值，进一步提出借鉴国外经验时要充分考虑我国本土社区发展的特点和支持条件、通过追踪式调研丰富实证研究的立体感、鼓励研究者大胆跳出传统的师资培养模式、对现有框架进行批判与彻底反思等建议。

在第六单元中，共有七位研究者围绕"教育促进发展的经验反思：国际经验和本土案例"这一主题进行发言。辽宁师范大学教育学院博士研究生徐亦宁介绍了日本人口减少地区普通高中的"地方创生"政策，具体为：利用地区特有资源优势，实施初高中教育的融合和建设社区学校；提升地区教育水平和人口素质，奠定地方创生的基础并保障稳定生源；强化社会关系资本，促进人力资本的形成和积累等。东北师范大学教育学部博士研究生吴瑶通过日语"僻地"一词的词源追溯对比，发现"僻地"一词最早出自古汉语，后传至日本并渐为日语所吸收接纳，又进一步被日本教育界通过推动"僻地教育"专项立法，大大改善了其乡村僻地教育的资源不均衡状况，将学术研究与推动政策变革、改善贫困地区教育生态等结合在一起，其成功经验和启示对中国的乡村振兴战略和农村教育改革具有现实意义。沈阳师范大学教育科学学院硕士研究生路雅馨介绍了省级师范院校助力偏远乡村未来人才振兴的创新实践与探索，提出通过为偏远地区学校提供免费的线上学习课后服务、发挥省级师范院校全科专业优势、践行育人新理念、为乡村青少年提供丰富的"五育融合"课后服务等创新方式助力乡村教育发展。吉林医药学院讲师顾海亮介绍了吉林省安图县松江镇桃园村驻村工作队乡村治理经验，通过开展"爱心课堂＋"行动整合教育扶贫、农家书屋、党建工作、环卫整治、文化建设等多项具体内容和措施，拓宽了村级治理新渠道，实现了村民自治"活起来"。华中科技大学教育科学研究院李伟副教授通过学生、教师、学校、社会、文化等不同层面论述了乡村校社合作的价值定位，从乡村校社合作的系统论取向、文化论取向、生活论取向、教育论取向等方面对乡村校社合作进行了理论阐释，进一步建议通过提高思维格局唤醒与培育乡村校社合作力、推进关系重构共建乡村校社共同体、开展多维实践构建乡村校社合作行动框架等举措促进乡村教育高质量发展。云南大学民族学与社会学学院社会学系硕士研究生孟闪以云南大理地区的乡村教育创新实验个案为例，提出把乡村儿童成长环境贴近自然、融入自然的天然优势与"自然教育"理念相结合，从在地育人空间建构、本土文化场域营造、情感教育方式实施以及村落公共生活重建等方面，使家庭、学校和村庄之间建立良性互动机制，进而重塑村落共同体。西南大学教育学部讲师徐龙博士聚焦当前乡村教师向城市流动的问题，对当前乡村教师"为乡村人口留守""为乡村教育留守""为自身发展留守"等多重误区进行了辨正分析，进一步提出应该以开放的态度看待乡村教师流动，并建议教师资源配置应精准施策，与人口流动的方向保持一致，具体应通过逐步构建教师资源供给与常住学龄人口挂钩的机制，提高乡村教师资源的使用效率和城市教师资源的承载力等措施促进城乡教师队伍建设的优质均衡。

本单元由陕西师范大学教育学部常亚慧教授主持，西南大学教育政策研究所李玲教授点评。李玲教授指出，在提供国际视野和理论介绍的同时，融入比较教育的因素分析法深入探究，更有利于考察和辨析对我国具有借鉴意义的具体经验，同时对青年学者基于丰富的田野资料进行学理升华提出了期待，并进一步建议青年学者要充分思考当前我国现代与传统、全球化与在地化交织等特点鲜明的社会环境。

第七单元的主题是"教育阻断贫困代际传递：女性、青年与寒门博士"，共有七位学者先后发言。东北石油大学人文科学学院东波教授将研究重点聚焦农村女性教育程度普遍偏低对乡村振兴的负向隐性影响，进一步提出通过宏观层面"政策法律保障＋社会合力运作"促进农村女性受教育权显著释放、通过中观层面"资源链接＋功能促进"强化催生家庭教育正向功能、通过微观层面"女性精英示范＋云互助小组"实现新型女职业农民培养常态化等建议。闽南师范大学马克思主义学院郑育琛副教授以张桂梅校长的先进事迹为典型个案，阐述了张桂梅校长如何通过价值领导、情感领导、伦理领导、实践领导等方式有效阻断了女性贫困代际传递，并进一步建议校长应兼顾自我德行塑造与以德治校，坚持以生为本，实现自我成就和学校发展的双赢，真正落实学校立德树人的根本任务，推动教育实现高质量发展。上海理工大学印刷与艺术设计学院讲师张莎莎博士关注留守儿童的心理健康和社会交往问题，通过分析七位青年人童年时期留守农村的经历发现，不同的留守方式会衍生出不同的创伤记忆，其成因并非源自父母分离造成的情感伤痛，而更可能由父母的忽略、拒绝、暴力对待以及代理监护人的排斥等多重剥夺综合形成，进一步建议通过给予儿童足够的关爱、频繁有效的沟通、与代理监护人建立安全依恋等方式为儿童营造良好的心理健康成长环境。华东师范大学博士研究生刘雨航以新制度主义为理论进路，对后脱贫时代教育扶贫制度得以为继的两大机制进行论述：一是教育扶贫制度与教育扶贫实践之间的制度维持机制，二是伴随着教育维持过程而发生的教育扶贫制度的扩散机制。其进一步得出了两大机制的作用过程具有同一性，两者紧密交织，共同推动后脱贫时代教育扶贫制度向乡村教育振兴的新使命迈进的结论。江苏师范大学教育科学学院硕士研究生刘铖提出部分乡村定向师范生的身份认同存在"排斥型"的观念认同与"积极型"的行动认同，二者交织共存于乡村定向师范生身份认同之中，塑造了部分乡村定向师范生"两面人"身份的分化状态，建议通过原生自主性的培养、师范教育着力点的转移、发挥组织场域的作用、培养重心下移等方式进一步优化政策。安徽大学社会与政治学院博士研究生朱镕君从寒门博士的"逆袭"与走出"再生产"出发，关注了一个乡村"混子"的成长与教育经历，解释了中国底层学子制造"反文化"并不是西方社会压迫的微观缩影，而是城乡教育资源二元差异的呈现与乡村社会环境熏陶的造化使然，并进一步指出我国教育部门增加入学机会、经济帮扶、情感治理等社会机制的建立与不断完善，不仅增加了底层学子实现向上流动的机会，而且为寒门学子走出"再生产"提供了可能性。河南大学教育学部博士研究生宋小香采取扎根理论的研究范式，从教师和学生的主位视角对乡村小学的样态进行描述，发现教师关注的更多是乡村小学的落后局面和发展难题，而在学生心中乡村小学是充满希望的成长家园，并据此提出在乡村教育振兴中，一方面应着力于守护学生的成长希望，激发学校的生命活力，另一方面应重视村小教师的思想建设，提升教师职业认同等建议。

本单元由陕西师范大学教育学部赵丹教授主持，南京大学教育研究院余秀兰教授和北京师范大学教育学部王曦影教授分别点评。余秀兰教授充分认可了各位发言人选题角度的现实性和研究问题的真实性，同时指出今后的研究应尽量优化选样，避免出现样本偏差，更加注重相互关联、层层递进的逻辑推理过程。王曦影教授进一步建议质性研究资料应以足够饱和为前提开展深度分析，研究对象的选取应该包含不同类型的典型性，基于此探讨政策的适切性才更有价值。

在论坛的最后，复旦大学社会发展与公共政策学院张乐天教授和中央民族大学教育学院滕星教授分别对青年学者作了寄语。张乐天教授说道：青年学者在研究中应当充分考虑中国的社会情境、城乡状态、外部关联、权力关系和体制关系等要素，因为一旦脱离了这些实际情境，学者将很容易陷入自己想象的乌托邦里。他从四个方面对如何更好开展中国式的本土理论探究与构建进行了阐释：一是重新理解农民、重新理解中国农村的生活方式、重新理解中国的传统；二是充分挖掘乡村本土、乡村生活实践、乡村教育中存在的中华文明基因；三是明确乡村教育中"培养怎样的人"这个核心问题；四是在与时俱进的实践中发掘乡村教育的生命活力。他进一步指出，中国乡村教育具有色彩鲜明的中华文明风格，因此非常期待青年学者们能够创造一种方式，开辟原创性的理论和思想。他同时表示希望在今后的研讨中，从方法论层面就"如何做原创性的研究"这个问题跟大家作进一步深入的探讨。滕星教授说道：田野工作、民族志、理论建构被称为人类学的"看家法宝"，这三者在研究工作中缺一不可，因此年轻学者要实现中国式的本土化理论建构，必须要以足够的理论知识为前提，并将这些理论放入田野实践中进行碰撞，进而提出自己的"草根"理论，并重复不断地与经典理论进行学术对话，才有可能最终生成原创性理论。他同时强调，青年学者要进行广泛的、跨学科的阅读学习；从书斋走向田野，获取最真切的一手田野资料；要提高理论与实践对话的学术能力。

《东北师大学报》（哲学社会科学版）常务主编秦卫波和东北师范大

学中国农村教育发展研究院李涛教授分别对论坛进行了总结。秦卫波主编总结道：论坛主题紧密联系我国社会发展前沿热点，具有重要的现实意义和研究价值；论坛内容涉及领域丰富多元，对教育学和社会学等领域开展了跨学科、跨区域深入研究；论坛形式创新出彩，创造性地运用技术手段实现了线上会议平行论坛研讨，扩大了论坛的容量和丰富性。李涛教授总结本次论坛"有内容、有情怀、有理论、有思想、有实践、有路向、有期待"。在内容上，本次论坛整体呈现了一幕史诗一样的学术画卷；在情怀上，本次论坛聚集了来自祖国各地的教育学、社会学、经济学领域的专家学者，他们作为一个学术共同体在乡村教育领域探索着辽阔的中国田野，诠释着鲜活的中国故事，体现出浓浓的人文关怀；在理论上，本次论坛在"传统与现代""中国与世界""当前与未来"三重维度中探索中国乡村教育宏观、中观和微观的问题，并达成批判与反省，蕴含着深刻学理；在思想上，很多论文在经验研究的基础上，对概念、框架、理论都展开了尝试性的解释，提供了乡村教育研究的新视角；在实践上，学者们扎根乡土，用实际行动践行着将论文写在祖国大地上的誓言；在路向上，许多研究在应用建议层面提出了很多值得进一步探索的政策改变和干预项目；在期待上，学界前辈对发言人进行了精彩点评，并向青年学者提出了值得期待的要求。最后他总结了四点反思意见：一是如何通过改进议程设置促成有深度有质量的学术对话和研讨；二是如何在学术审美与论题雅趣中插上学术想象力的翅膀；三是如何在有限时间内实现准确完整的学术表达；四是如何在数字技术下适应新的会议形式和会议记录。

本次论坛共收到参会论文 113 篇，有 47 篇论文被录入论文集——《共同富裕、乡村振兴与教育发展》，其中 42 篇论文被论坛接受并邀请作者发言，总接受率为 37.17%，来稿作者共计 136 人。受邀发言者既有教授、副教授、讲师（博士后）等，也有博士研究生和硕士研究生等；既有学术前辈，也有学术新锐，还有长期服务于乡村教育的一线工作者。这呈现了参与学者群体广泛的分布性和丰富性。

主编的话（征稿启事）

《中国农村教育评论》系教育部人文社会科学重点研究基地东北师范大学中国农村教育发展研究院和中国教育学会农村教育分会联合主办的国际性学术集刊，主编为邬志辉教授，副主编为李涛教授。

本集刊是为了提高中国农村教育研究学术水准、促进与国际学术界对话交流而搭建的一个学术平台，每辑突出一个主题。本集刊的宗旨是面向城镇化、工业化、信息化和农业现代化进程中的中国，研究社会转型过程中的重大农村教育理论与实践问题，推动运用社会学、教育学、经济学、文化学、人类学等多学科视角与方法观察和研究农村教育，推进规范的实证主义、解释主义、批判主义等研究范式在农村教育研究中的应用，促进以农村教育为主题的研究之间开展学术对话，提升中国学术话术的国际影响力，生产农村教育新知，服务国家重大决策，改进农村教育实践。本集刊具有以下特点。

首先，国际化视野与本土化行动交融。我们正处在社会转型的大时代，全面记录、深刻省思社会变迁进程中的农村教育问题，既具有中国价值，也具有世界意义。农村教育问题既是中国本土特有的问题，也是世界发达国家和其他发展中国家共同面临的问题，国际经验和教训可资中国借鉴，中国经验和教训亦可供世界参考。我们期盼"中国农村教育发展道路"能够和"世界农村教育发展道路"进行对话，并形成各自的民族教育自觉，生成中国本土的教育理论思维与教育实践模式。

其次，学理性探索与实证性研究兼顾。从事农村教育研究受到最多的批评是"没有理论"。农村教育问题并不是天然地没有理论，20世纪二三十年代我国出现的一大批农村教育家，如陶行知、晏阳初、梁漱溟等，都有自己的农村教育思想，因此本集刊重视农村教育理论的生产。同时，我们注重"用数据说话"和开展规范的实证研究，并倡导对数据进行深度挖掘和可视化处理。

最后，前沿性问题和最新进展结合。在迈进共同富裕、乡村全面振兴的社会进程中，中国农村教育还面临着一系列重大的理论与实践问题。回应国家重大关切、反映理论最新进展、总结实践典型经验，实现理论、政策与实践的三重观照是我们办刊的宗旨，也是本集刊的特色。因此，我们特别关注国家社科基金重大项目，国家社会科学（自然科学）基金或全国教育科学规划重大、重点项目，教育部重大项目，国际组织资助的重大项目的研究进展，并为之提供标志性研究成果的发表平台。同时，本集刊关注学界热点问题及对热点问题的深度反思。

本集刊分设"教育理论""教育调查""教育文化""教育政策""学术书评""会议综述"等栏目。"教育理论"栏目侧重于从社会学、经济学、政治学、人类学等跨学科视野审视农村教育问题，反映交叉学科理论与方法的新进展，与经典学术观点对话，推动农村教育学术思维的深化。"教育调查"栏目侧重于反映农村教育真实面貌的调查报告、个案研究，既鼓励运用国家公布的统计数据做深入的时间序列化研究，也欢迎基于调研工作所做的截面数据调查报告，更倡导运用自主开发的时序化数据库数据进行研究。"教育文化"栏目侧重于从文化视角分析农村教育与农村社会之间的关系，形成富有洞见的农村教育文化解释。"教育政策"栏目侧重于对国家已经颁布的重大农村教育政策的评价与评论、对国家拟出台农村教育新政策的建言与提案，关注农村教育政策变迁的历史梳理与分析，同时推动教育政策研究最近理论与方法的引介与运用。"学术书评"栏目侧重于推介中国学术话语，更以开放的眼光关注具有重大理论意义的国内外、教育学科内外相关重要学术著作，推进农村教育学核心概念、支撑性理论的形成和学科理论体系的构建。"会议综述"栏目侧重于全景展示和立体反映学术会议的研究成果与思想交锋。学术会议是学者集中发表研究成果、展开学术对话、提示未来学术发展的平台，好的学术会议对学科建设和学术发展具有划时代的意义。

本集刊拟向下列读者群提供服务：一是从事农村教育研究的国内外学者与研究人员，二是各级教育行政部门的决策者与管理者，三是农村各级各类学校、农业院校及普通高校涉农专业的实务人员，四是从事农村教育研究的硕士研究生和博士研究生，五是关心和支持农村教育的各民主党派、非政府组织、社会工作机构、新闻媒体等的工作人员。

本集刊面向国内外公开发行，我们诚挚欢迎各位专家学者赐稿。本集刊接受中英文两种语言投稿。来稿原则上是未正式发表或未公开出版的原始稿件。除学术书评和会议综述外，论文要求在字数2万～5万字。作者若有好的选题，也可主动与本刊联系，共商研究写作计划，以保证本刊的学术风格。投稿时请寄纸质文稿1份，同时将电子文本（*.doc 格式）发至邮箱 lit456@nenu.edu.cn。纸质文稿寄至：130024，长春市人民大街5268号东北师范大学中国农村教育发展研究院《中国农村教育评论》编辑部。信封上请注明"投稿"字样。来稿收到，即复回札。来稿采用匿名评审，时间约为2个月。如果评审专家评审通过，编辑部将与作者联系。如不拟采用，原稿不再退还，作者若需返还，可来电来函与编辑部联系。编辑部有权对来稿做必要的处理，并与作者联系。

衷心期盼《中国农村教育评论》能成为你学术研究道路上的新朋友、农村教育改革中的新伙伴、农村教育政策制定中的新智囊！

邬志辉

《中国农村教育评论》主编

Review of Chinese Rural Education

Vol. 5

Table of Contents & Abstracts

The Innovative Practice and Prospect of Rural Schools

Han Jialing / 1

Abstract: In China's vast rural areas, there are large numbers of small rural schools. As the result of the urbanization of rural population and socioeconomic transformation, these schools have been educating students from arguably the most disadvantaged background for years and thus playing a critical role in the reduction of education inequality. However, the geographic dispersion, lack of financial accounting and personnel authority, dependency on the main schools have become obstacles against comprehensive upgrading of small rural schools.Despite the mounting challenges, however, the government, NGOs, school consortiums, experts and educator have been exploring ways to improve educational quality of small rural schools and find new pathways for school development and student growth. Through fieldwork, ten representative rural small–scale schools are selected. Their exploration and practice are local, sustainable, low–cost and replicable, which is an important standard for the selection of the schools in this book.

Keywords: Small School; Rural Education; Rural Teaching; Community

Knowledge Delivery or Behavioral Discipline: A Landscape of Classroom Teaching in County Schools

Lin Xiaoying / 17

Abstract: Classroom teaching occupies a major part of school life. This article shows the classroom teaching activities in a village school composed of children whose families have no conditions to go to town and can only stay in the village to study, and special post teachers. The delivery of teaching material knowledge has become the main task of classroom teaching. It also shows the mathematics classroom record of an ordinary county high school experimental class. Teachers freely intersperse the behavior discipline of students with knowledge delivery, which has long been a typical classroom in ordinary high schools in China. This shows that teaching or educating, teaching and educating, the way should be adapted to local conditions, there is no certain regularity. In today's advocacy of "comprehensive education", how to be comprehensive, who to educate, and what kind of person to cultivate all need to adapt according to the situation.

Keywords: County High School; Village School; County Education; Classroom Teaching

The Significance, Quality Dilemma, and Policy Suggestions of Small Rural Schools in Ex-poor Regions

—Based on the Survey of Linxia Prefecture, Gansu Province

Zhao Dan　Zhou Zhaohai　Lin Chenyi　Zhao Kuo / 54

Abstract: Small rural schools are crucial educational carriers for school-age children in ex-poor regions to enter schools nearby and receive quality education equitably. They play an important role in ensuring spatial justice for the right to education of of vulnerable children, providing high–quality educational services, and helping to effectively connect poverty alleviation with rural revitalization. Based on the survey in Linxia Prefecture, Gansu Province, which is belonging to three districts and three prefectures, the study finds that the current situation of educational quality of small schools in ex–poor areas still needs to be improved. The main difficulties are: low spatial accessibility, low level of educational resource allocation, and the quality of educational processes and outcomes needing to be improved. Therefore, this article proposes some policy suggestions: increasing the effective supply of educational resources and improve the environment for small rural schools; Deepening curriculum and teaching reform to enhance students' sense of learning gain; Innovating the mode of running schools and promote the connotative development of small rural schools in ex–poor areas; Establishing a personalized evaluation and supervision mechanism, focusing on hidden factors in education quality; Multi–participants engaging in collaborative construction of small rural schools to assist in the revitalization of education in ex-poor regions.

Keywords: Ex–poor Regions; Small Rural Schools; Education Quality; Educational Resources

Staying the Village School: Spatial Displacement of Teachers Drawn by Home-School Life

Chang Yahui   Feng Luyao   Bai Haiping / **73**

Abstract: As a practical activity, rural teachers' mobility is a strategic choice made by subjects in a specific space and time. Based on spatial theory, this paper uses oral history to recreate the spatial displacement of rural teachers from the founding of New China to the establishment of the market economy system in this period, and to explore the implied clues and rules.On the basis of the subjective practices of rural teachers, the journey of their mobility is interpreted under the spatial representation.This paper finds that the mobility trajectory of rural teachers revolves around home–school life within the countryside, and in this mobility journey, they gradually unfold through the refinement of institutional identities and the expression of collective emotions, and this "self–adjustment" nests individual development into the field, forming a space for group identity in a particular era.

Keywords: Mobility of Rural Teachers; Spatial Displacement; Home–School Life

Daily Relationship and Professional Relationship
—A Case Study on the Culture of Rural Master Teachers' Studio
Cheng Meng　Song Wenyu　Deng Anqi / 93

Abstract：Master teachers' Studio has become one of the important paths for the professional development of rural teachers, but it also faces problems such as utilitarian motivation, homogeneous resources and passive cooperation. This study takes seven rural master teachers' studios distributed in five counties in four provinces as cases, and attempts to analyze the cultural construction dilemma faced by rural master teachers' studios in the process of taking root. Under the institutional background of managerialism, the construction of master teachers' studios in county area is faced with the contradiction between "instrumental purpose" and professional enthusiasm, harmony or professionalism, and the community culture of independent and open and "top-down" administrative logic. "Master teachers" sift through attitudes, emotional callings, formal instituations and informal situations to resolve the tension between everyday and professional relationships, but still feel confused. Rural master teacher studio is still in the stage of "touch stone across the river", We need to re-examine master teachers' studio in county locate in the teaching and research system, explore the weak security administration, strong autonomy of teachers learning community building mode, enhance the capacity of master teachers' studio responsive and connection, linkage outside universities, public welfare organizations and enterprises resources fully, Work together to build a diversified, open, reflective and empowered studio system for rural master teachers.

Keywords: Master Teachers' Studio;Cultural Construction; Autonomy; Empowerment

A Study on Job Satisfaction of Young Teachers in Rural Primary Schools from the Perspective of Social Ecology
—Occupational Psychological Status as a Mediator Variable

Peng Jia   Yu Haibo   Ding Ziyuan   Huang Jianping / 116

Abstract: Job satisfaction of young rural primary school teachers is an important indicator of their professional survival and psychological status, and an important factor that affects the stability of rural teachers, the quality of school running, and the development of students. The paper investigated 7606 young rural primary school teachers from 35 counties in 18 provinces in the eastern, central, and western regions. Through multiple linear stepwise regression, it explored the impact of macro social status, mid school organizational context, and micro occupational psychology state on job satisfaction of young rural primary school teachers from a social ecological perspective. The results show that: (1)The overall level of professional psychological state and job satisfaction of young teachers in rural primary schools is not high; (2)In addition to having a direct positive impact on job satisfaction, the subjective social status (present status/future status) in the macro social status can also indirectly affect job satisfaction through the micro occupational psychological variables "professional identity, individual teaching effectiveness, sense of unfairness, and job burnout"; (3)The quality of students, curriculum and teaching level, teaching equipment and educational resources, work atmosphere,democratic management, and the school surrounding environment in the medium school organizational context have a direct positive impact on job satisfaction, while the micro professional psychology state plays a "bridge" intermediary role between the two. Therefore, we can construct a differentiated mechanism for teacher salary compensation from the perspective of social development structure to improve the individual environment matching degree. School organization and management, optimize the work resource support system, and continue to explore effective paths for the independent development of rural young teachers. Professional psychological resources, focusing on the macro and medium perspective, taking into account the micro perspective to make improvements.

Keywords: Rural Young Teachers; Job Satisfaction; Subjective and Objective Social Status; School–running Quality; Professional Psychology State

The Influence of Junior Middle School Teachers' Career Satisfaction on Students' Academic Achievement
—An Empirical Analysis Based on CEPS

Huang Shaolan   Hao Wenwu   Wu Dongfang / **164**

Abstract: Teachers' career satisfaction is the attitude and emotional experience of teachers who are satisfied or not with their own career. It is the key to building high–quality professional and innovative teachers and improving the quality of education. Students' academic achievement is the formation of human capital such as cognitive ability, non–cognitive ability and physical and mental health after receiving school education, and is the core index of educational quality evaluation. Based on the data of the 2013-2015 school year of China Education Tracking Survey, this paper constructed panel data including baseline and tracking survey for two years, established a fixed effect model for students, and analyzed the influence of teachers' career satisfaction on the academic achievement of grade 7 students. Based on the cross–sectional data of the 2014—2015 school year, a multiple regression model was established to analyze the influence of teachers' career satisfaction on the non–cognitive ability and physical and mental health of all students. The interaction model is used to analyze the heterogeneity of the influence of teachers' career satisfaction on students' academic achievements from different backgrounds. The result shows that teachers' material return satisfaction and teaching satisfaction positively affect students' academic achievement Teaching satisfaction positively affects students' cognitive ability of new things and physical health level; Non–teaching satisfaction positively affects students' self–regulated ability; Material return satisfaction positively affects students' judgment. The results of the interaction model show that teachers' career satisfaction only has heterogeneity on students' achievement, and there is no difference between non–cognitive ability and physical and mental health. Therefore, this paper puts forward the following suggestions: (1) clarify the job responsibilities of teachers to improve the satisfaction of teachers' non–teaching work; (2) do a good job in adapting to the new era of teacher salary system top–level design to improve the satisfaction of teachers' material return; (3) establish a "dual cycle" promotion mechanism in and out of school to improve teachers' teaching satisfaction; (4) pay attention to disadvantaged students group and pursue high-quality and balanced development of compulsory education.

Keywords: Teachers' Career Satisfaction; Students' Academic Achievement; Factor Analysis; Multiple Regression

School and Family Life Patterns and Characteristics of Boarders
—Fieldwork Based on Rural Boarding Schools

Fan Xiuli   Liu Linhuan / 232

Abstract: Rural boarding schools can solve the problem of students being far away from school and ensure that rural school–age children and teenagers complete compulsory education. However, boarding schools have problems such as poor infrastructure, inadequate school management and inadequate staffing. Through observing the school and family life patterns of rural boardering students, this paper finds that under the influence of examoriented education, schools indefinitely extend the school life of boarding students, which not only shortens students' extracurricular activities, but also affects parent–child interaction. The lack of emotional education brought about by the fragmented home–school life is not conducive to giving full play to the advantages of the boarding system model, nor is it conducive to the healthy growth of children's physical and mental health. Solving these problems requires the joint efforts of society, schools and families.

Keywords: Boarding Schools; Rural Boarders; Lifestyle

Review and Prospects over the Past 10 years: Nutrition Improvement Program for Compulsory Education Students in the Rural Region

Guo Yanbin / 256

Abstract: In the past ten years, school meal project in China experiences process of growing out of nothing, finishes the transition from pursing quantity to more value school meal quality, obtaining the stage fruit of nutrition improvement of rural students. However, there are some problems, including the big demand gap of supplementary fee and absence of local government responsibility, the complication making dietary standard and immaturity of extant dietary standard, continuous need of student nutrition and imperfectness of urgency supply system excess burden of government and absence of non–government participation, regulation needs in every step providing school meal and immaturity of legislation conditions. We quickly establish fee share mechanism of incentive compatible, form periodical adjusted dietary subsidy mechanism, positively explore school meal emergency supply system based on the community or the village, build school meal supply system supported by both nation and non–official organization, drive school meal act to enter into legislation scheme to form school meal system adapting high quality education system.

Keywords: School Meal Project; Rural Compulsory Education; Legislation of School Meal; The Third Distribution

图书在版编目（CIP）数据

中国农村教育评论. 第五辑 / 邬志辉主编；李涛副
主编. -- 北京：社会科学文献出版社，2023.4
ISBN 978 - 7 - 5228 - 1622 - 7

Ⅰ.①中…　Ⅱ.①邬…　②李…　Ⅲ.①乡村教育 - 研
究 - 中国　Ⅳ.①G725

中国国家版本馆 CIP 数据核字（2023）第 052876 号

中国农村教育评论（第五辑）

主　　编 / 邬志辉
副 主 编 / 李　涛

出 版 人 / 王利民
组稿编辑 / 谢蕊芬
责任编辑 / 孟宁宁
责任印制 / 王京美

出　　　版 / 社会科学文献出版社·群学出版分社（010）59367002
　　　　　　地址：北京市北三环中路甲 29 号院华龙大厦　邮编：100029
　　　　　　网址：www.ssap.com.cn
发　　　行 / 社会科学文献出版社（010）59367028
印　　　装 / 三河市龙林印务有限公司

规　　　格 / 开　本：787mm × 1092mm　1/16
　　　　　　印　张：20.75　字　数：309 千字
版　　　次 / 2023 年 4 月第 1 版　2023 年 4 月第 1 次印刷
书　　　号 / ISBN 978 - 7 - 5228 - 1622 - 7
定　　　价 / 128.00 元

读者服务电话：4008918866